LOIN DE PARIS

POISSY. — TYP. ET STÉR. A. BOURET.

LOIN
DE PARIS

PAR

THÉOPHILE GAUTIER

PARIS
MICHEL LÉVY FRÈRES, LIBRAIRES ÉDITEURS
RUE VIVIENNE, 2 BIS, ET BOULEVARD DES ITALIENS, 15
A LA LIBRAIRIE NOUVELLE
—
1865
Tous droits réservés

LOIN DE PARIS

EN AFRIQUE

I

DE PARIS A MARSEILLE

Le mois de juin venait de finir, et l'été, sourd aux appels des pantalons de nankin et des paletots de coutil, ne se décidait pas à faire son entrée. Las de l'attendre, nous résolûmes d'aller au-devant de lui; car nous commencions à ressentir les atteintes d'une maladie bizarre à laquelle nous sommes sujet, et que nous appellerons la *maladie du bleu*. Aucune nosographie n'en fait mention à notre connaissance. Elle se développe chez nous, après une saison pluvieuse, sous l'influence d'une atmosphère grise et attristée de brouillard; nous tombons d'abord dans un dégoût de toutes choses, dans un marasme profond. Nos amis nous deviennent insupportables, les plus douces relations nous sont à charge, aucun livre ne nous amuse, nul spectacle ne nous distrait; nous avons la nostalgie de l'azur : dans nos rêves, il nous semble être bercé par des vagues de saphir sous un ciel de turquoise. Nous sommes en proie à des hallucinations de cobalt, d'outremer et d'indigo; et, comme dans la strophe de Byron, nous voyons s'élever, du bleu foncé de la mer vers le bleu foncé du ciel, des dentelures de villes éblouissantes de blancheur.

Tous ceux qui ont eu le bonheur, ou, si vous l'aimez mieux, le malheur d'aller en Espagne ou en Italie, à Cadix ou à Naples, nous comprendront sans peine; on se sent exilé dans sa propre patrie; et le seul remède au mal, c'est de partir du côté où vole l'hirondelle. Aussi, le 3 juillet, nous sentant mourir de mélancolie à l'aspect de ces nuages qu'aucun rayon de soleil ne vient jamais percer, nous grimpâmes dans la diligence de Châlon-sur-Saône en compagnie de notre excellent camarade Noël Parfait.

Nous n'avons pas la prétention d'avoir découvert Châlon-sur-Saône, et la route par laquelle on y va n'a rien de fort curieux.

Qu'il vous suffise donc de savoir qu'au moment où la voiture nous déposa, le long du quai, près d'un pont orné de pyramides de pierre dont les pointes se découpaient sur la pâleur du matin comme les pieds d'une table renversée, la cheminée du bateau à vapeur qui devait nous conduire à Lyon crachait déjà des flots de fumée noire et blanche.

Il était cinq heures environ, et le jour venait de se lever, lorsque les palettes des roues commencèrent à battre les eaux de la Saône.

La Saône est une rivière endormie, d'une teinte jaunâtre, au cours huileux, qui ne semble pas pressée d'arriver; — elle a raison, car ses rives sont charmantes. Ce sont d'abord des berges où descendent boire des troupeaux, où nagent dans l'herbe des vaches tachetées qui lèvent leur mufle au passage du bateau, et d'un air rêveur le regardent fuir. Puis les terrains se relèvent, les bords se coupent en escarpements plus abrupts; de jolies collines, des coteaux *modérés*, pour employer le style de Sainte-Beuve, ondulent gracieusement à l'horizon.

Tournus, que signale son église à tours jumelles, est dépassé.

Voici Mâcon la vineuse avec ses maisons à terrasses,

ses toits de tuiles à l'italienne que dore un rayon attiédi déjà, ses chariots traînés par des bœufs, ses paysannes au costume pittoresque, au coquet petit chapeau de dentelles noires. — Le souffle lointain du Midi arrive jusqu'à Mâcon; les tons gris du Nord, les formes sévères et revêches des contrées où la pluie est fréquente font place à des nuances égayées, à des contours plus adoucis. Le ciel est d'un gris plus azuré.

Trévoux, que nous nous attendions à voir paraître sous la forme d'un dictionnaire, est une ville d'un aspect original et charmant, bâtie en amphithéâtre, et qui baigne ses pieds dans la Saône. Sa silhouette est dentelée de trois tours en ruine : l'une ronde, l'autre carrée, la troisième octogone.

Encore quelques instants, et nous sommes à Lyon. — Voici l'île Barbe, posée au fil de l'eau comme une corbeille de fleurs et de feuillages. L'entrée de Lyon par Vaise est riante, pittoresque, et ne fait guère pressentir la tristesse et la monotonie de l'intérieur; les hauteurs de Fourvières couronnent heureusement la ville de ce côté.

Notre séjour à Lyon ne fut pas de longue durée; ce centre d'activité manufacturière ne pouvait pas avoir grand intérêt pour nous, et une course de quelques heures sur son affreux pavé en cailloutis satisfit pleinement notre curiosité.

Le lendemain, à trois heures du matin, nous nous embarquâmes pour Avignon sur le bateau à vapeur *l'Aigle*, encombré de marchandises et de ballots destinés à la foire de Beaucaire. Les voyageurs, à cette époque de l'année, ne sont considérés que comme l'accessoire très-vague des paquets : ils se placent où ils peuvent; mais tout est sacrifié à la commodité des *colis*. On regrette presque en cette occasion de n'être pas une caisse.

Le Rhône est un tout autre gaillard que sa commère la Saône, dont les eaux troubles se distinguent encore longtemps dans la limpidité du courant. Ce n'est plus cette tranquillité stagnante; aussi, les rives filent avec la rapidité de la flèche, villes et châteaux s'envolent à droite et à gauche, vous laissant à peine le temps de les entrevoir.

Vienne, la patrie de Ponsard, l'auteur de la *Lucrèce*, est déjà bien loin avec son église gothique enveloppée d'un tourbillon d'hirondelles, et son vieux pont dont quelques arches sont romaines. C'est près de Vienne que, s'il faut en croire la légende, se trouve le tombeau de Ponce-Pilate.

Le lit du Rhône est plus profondément creusé que celui de la Saône; la tranchée qu'il s'ouvre vers la mer sépare en deux de hautes collines d'abord, des montagnes ensuite. — Sur ces pentes, chauffées par le soleil méridional, mûrissent le vin de Côte-Rôtie et celui de l'Ermitage. Le mont Pilat se présente et disparaît. — Tournon et son château en ruine restent bientôt en arrière. Déjà le mont Ventoux dessine sa croupe à l'horizon lointain. L'Isère verse ses eaux d'un gris sale dans le Rhône, dont la rapidité s'accroit en raison des affluents qu'il absorbe. — Cette ville, c'est Valence; ces murailles effondrées perchées sur le haut d'un roc inaccessible, ce burg qui ne serait pas déplacé sur les rives du Rhin, c'est le château de Crussol.

Le Rhône est une espèce de Rhin français; ce que les guerres et les années ont émietté de châteaux et de forteresses dans cette onde qui ne s'arrête jamais est vraiment prodigieux; à chaque instant, une tourelle ébréchée, un pan de rempart démantelé s'ébauche dans un rayon de lumière; un reste d'enceinte gravit en zigzags désordonnés les flancs d'un tertre abrupt; une poterne s'ouvre en ogive sur le cours du fleuve; les villes mêmes, à part quelques rares taches de maisons blanches, ont conservé l'aspect qu'elles devaient avoir au moyen âge; et l'illusion serait complète si une foule d'affreux ponts suspendus, que le tuyau du bateau à vapeur est obligé de saluer, ne venaient la déranger.

Il est difficile de rien voir de plus beau que cette descente du Rhône : de grandes roches mêlent çà et là leur âpreté d'arêtes à la douceur harmonieuse des contours : tantôt ils bossellent la crête des collines, tantôt ils s'avancent jusque dans le courant même, qu'ils semblent vouloir barrer.

Le mont Ventoux, dont la taille grandit sensiblement, mord le bas du ciel de ses deux dents bien distinctes. Les montagnes s'escarpent et atteignent par endroits quinze cents et deux mille pieds. Les trois roches de lave qui surmontent Roquemaure ont des attitudes pyramidales et singulières. Son château est d'un aspect féodal à réjouir un poëte romantique, si les poëtes romantiques étaient capables de se réjouir.

Montélimart, Viviers, Pierre-Latte, Saint-Andéol se succèdent avec une éblouissante rapidité; les donjons, les castels, plus ou moins endommagés par l'injure du temps ou des hommes, se montrent plus fréquemment que jamais des deux côtés du fleuve; le château de Soubise, entre autres, est encore très-beau, et ses robustes murailles ne sont écornées et frustes que juste ce qu'il faut pour être vénérables.

Le pont Saint-Esprit, dont le passage était regardé autrefois comme difficile et dangereux, a perdu, grâce au bateau à vapeur, beaucoup de son prestige d'effroi. On prend cependant encore un pilote avant d'y arriver, et les gens nerveux ne peuvent guère se défendre d'une espèce de frisson en voyant la proue dirigée sur la pile. Le Rhône, à cet endroit, galope de toute la vitesse de ses jambes, et la voûte s'envole sur votre tête comme une ombre noire. — Le pont Saint-Esprit offre cette particularité d'arches-fenêtres pratiquées dans les intervalles des arches véritables, à l'effet sans doute d'alléger la masse de la bâtisse et de donner passage aux eaux quand elles sont hautes. — Cette disposition est heureuse et pleine d'élégance.

A partir de Pont-Saint-Esprit, le Rhône coule entre des rives moins hautes, moins resserrées; les tons blancs et mats du Midi revêtent les objets, nettement dessinés par la transparence de l'atmosphère ; le gris laiteux du ciel fait place à un azur assez vif. — Notre guérison commence. — Divers donjons en ruine, d'anciennes forteresses se montrent encore çà et là, que nous ne pouvons désigner plus précisément; car, en

France, l'on ne sait jamais où l'on est. Soit ignorance, soit mauvaise grâce, ni postillon ni marinier ne vous donnent de renseignements sur rien. Ils doivent pourtant connaître les noms des monuments et des villages situés sur les routes qu'ils parcourent toute l'année. On peut dire à leur excuse qu'ils ne vous comprennent pas. Quand on ne sait que le parisien, on a besoin d'un drogman en France, comme si l'on était dans les échelles du Levant. La majorité des Français parle d'affreux charabias aussi parfaitement inintelligibles pour nous que du chinois ou de l'algonquin.

Le mont Ventoux, blanchâtre vers la cime, avait passé de l'horizon à notre gauche, et les tours du palais des Papes émergeaient petit à petit du sein des eaux au bord du ciel. Avignon, caché d'abord par une anfractuosité du terrain, se montra bientôt avec ses admirables vieux remparts couleur de pain rôti, denticulés de créneaux et chaperonnés d'une corniche de machicoulis. — Il pouvait être trois heures du soir. A l'aide de la vapeur et du courant, nous avions en moins d'une journée accompli un trajet assez long pour avoir changé de climat. La Provence, c'est presque l'Italie; Avignon, c'est presque Rome; c'est la ville des papes et du soleil, et Pétrarque ne s'y trouvait pas trop dépaysé.

Nous avions entendu raconter les choses les plus effrayantes sur la brutalité féroce des portefaix du Rhône, espèce de Samsons et de Goliaths provençaux qui se disputaient les voyageurs comme une proie avec des jurements affreux, et se mettaient cinquante pour porter une malle et un carton à chapeau. — Ces sacripants s'appelaient les *robeïroous*. — Nous devons dire, au détriment de la couleur locale, que leur corporation a été dissoute depuis longtemps, bien que les touristes continuent par tradition à se plaindre de leurs excès.

L'idée d'Avignon est inséparable, pour nous, d'une ronde enfantine bien connue :

> Sur le pont d'Avignon,
> L'on y danse tout en rond.

Aussi, à peine étions-nous débarqués, que nous courûmes au pont cité par la ballade : il existe, en effet, quoique rompu et séparé de la rive par l'absence de deux arches ; nous pouvons affirmer que *l'on n'y dansait pas tout en rond*, et que même il n'y pourrait danser personne. On a établi des jardinets sur la chaussée, ce qui prouve qu'à aucune époque de l'année on ne s'y livre à des rondes.

Vous avez sans doute vu, au Salon dernier, la *Vue*

du palais des Papes de Joyant ; cela nous dispensera de vous en faire une description : — c'est un mélange de palais, de couvent et de forteresse d'un effet extraordinaire ; il est difficile d'inscrire plus lisiblement sa triple destination sur le front d'un édifice ; jamais situation ne fut mieux choisie, et, de la plate-forme, on jouit d'un immense panorama. — Le palais des Papes est devenu une caserne. — Dans ce siècle positif, ce n'est qu'à la condition de se rendre utiles que les ruines obtiennent leur grâce. — Une vieille sinistre et sordide, une vraie Guanhumara, vous en montre l'intérieur. On voit encore aux murs de la chapelle, transformée en magasin, quelques ombres de fresques peintes par Giotto ; dans la tour de l'inquisition, la salle du bûcher se reconnaît à sa voûte en pain de sucre, noire de la fumée grasse des sacrifices humains ; des fragments d'inscriptions gravées dans la pierre avec un clou témoignent du passage des victimes dans les cachots. On nous fit remarquer la tour de la Glacière, à qui les massacres ordonnés par Jourdan Coupe-Tête ont fait une sanglante célébrité.

L'église des Doms est belle, mais elle a été refaite à plusieurs reprises et en style rajeuni, à l'exception d'un portail très-ancien. — C'est dans cette église, à la chapelle de la Vierge, que sont les peintures sur muraille d'Eugène Devéria. Depuis Paul Véronèse, on n'a rien fait de plus brillant ni de plus argenté en fait de coloris; malheureusement, la fraîcheur des nuances et la gaieté du pinceau sont telles, qu'on croit regarder un plafond d'Opéra. Nous ne demandons pas des fétiches byzantins, des figures de jeu de cartes; mais la Vierge n'est pas Vénus, et les chérubins ne sont pas des Cupidons. Il est à regretter que ces peintures, faites sur un enduit de mauvaise qualité, s'écaillent déjà largement.

En redescendant du palais des Papes à la ville, jetez un coup d'œil sur la façade bizarre de l'ancien hôtel des Monnaies, dont l'attique est couronné de gros oiseaux de pierre aux ailes éployées comme les aigles du blason.

Un bateau partait pour Beaucaire, nous profitâmes de l'occasion. Le bleu progressif du ciel nous attirait du côté de l'Orient et ne nous permettait pas les longs séjours.

Beaucaire nous ravit par son air espagnol : — des *tendidos* de toile jetaient de l'ombre dans les rues fourmillantes de population. Les préparatifs de la foire, qui est encore une des plus considérables du monde, quoique déchue de sa splendeur primitive, donnaient à la ville un air de fête et d'activité. — Nous vîmes là des boutiques en plein vent d'eau de neige et d'orgeat, comme à Madrid ou à Valence-du-Cid. — Tarascon la guerrière fait face à Beaucaire la marchande, et semble la regarder d'un air un peu dédaigneux du haut de son pâté de tours.

Le soir même, nous débarquions sur le port d'Arles la romaine. — Ses femmes au profil grec, coiffées d'un bonnet qui rappelle le bonnet phrygien, ses arènes où les tours de Charles-Martel posent sur les gradins de Jules César, son théâtre aux deux colonnes restées debout, son cloître de Saint-Trophime sont trop connus et ont été trop de fois décrits pour que nous prenions la peine d'une redite inutile.

Les rives du Rhône, en approchant de la mer, s'abaissent et changent complétement de caractère. Ce sont des berges affaissées bordées de végétations confuses. Le fleuve, en se divisant, forme de nombreux îlots où se vautrent en liberté, dans l'herbe et la vase, des troupes de bœufs et de taureaux sauvages. Ces îles et les différents canaux qui les entrecoupent ont reçu le nom de Craü ou de Camargue. Les crues et les inondations changent souvent une partie de ces steppes en marécages.

Le bateau à vapeur que nous montions était d'une plus grande dimension et d'une force plus considérable que les précédents, car il devait nous conduire jusqu'à Marseille.

Une brise assez fraîche et saturée de parcelles salines nous annonçait le voisinage de la mer; et bientôt une barre de lapis-lazuli se dessinant avec vigueur à l'horizon, au-dessus des terres plates d'une anse, nous fit chanter en chœur les vers de don César de Bazan, ainsi modifiés :

> Nous allons donc enfin, aimable destinée,
> Contempler ton azur, ô Méditerranée!

Quelques heures après, nous étions à Marseille, la capitale du royaume de Méry, premier du nom. — Nous passâmes six jours dans les Capoues de sa conversation, oubliant le voyage, et l'Afrique rêvée, et le temps qui s'écoulait, oubliant tout. Le feu d'artifice commençait dès le matin sans craindre le soleil, et c'étaient des bombes, des fusées et des bouquets d'esprit à se détacher sur la plus pure lumière comme des diamants sur un fond d'or! Méry ne devrait marcher qu'accompagné de six sténographes. Il se promène dans la vie semant des trésors sur les chemins comme ces magnats hongrois qui vont au bal avec des bottes couvertes de perles mal attachées et qui s'égrènent au courant de la valse. Il improvise des romans, des sonnets, des tragédies, des poëmes *ad libitum ;* il sait toutes les histoires, toutes les géographies, toutes les musiques, toutes les littératures. Il nous a décrit la Chine mieux que sir Henri Pottinger, et l'Inde mieux que William Bentinck ou lord Elphinstone. C'est lui qui raconte aux voyageurs les pays qu'ils vont voir.

Il fallut enfin nous arracher à cette enivrante causerie, qui vaut tous les enchantements du haschich. — *Le Pharamond* était en partance pour Alger. — Arrivé de la veille par un temps de mistral, il avait eu passablement à souffrir de la mer, et sa cheminée blanchie par l'eau salée montrait que les vagues avaient plus d'une fois balayé le pont.

II

TRAVERSÉE

Nos adieux faits, nous montâmes sur *le Pharamond* à cinq heures du soir par un temps très-beau, bien que la mer ne fût pas encore tout à fait apaisée de sa colère de la veille.

Le Pharamond eut bientôt dépassé les îlots de rocher sur l'un desquels est bâti le château d'If, ce séjour peu récréatif qui a fourni à Lefranc de Pompignan le prétexte de tant de rimes en *if*. Les environs de Marseille, quoique arides et nus, sont constellés de bastides ou maisons de campagne qui, vues de la mer, ressemblent à des dés répandus sur une table de jeu. Les fenêtres figurent assez bien les points. — C'est là qu'ont lieu ces fameuses chasses au châtre dont on fait de si belles histoires. La montagne, couronnée par Notre-Dame-de-la-Garde, domine la ville et se profile pittoresquement à l'horizon. — Les côtes sont hérissées de rochers des formes les plus bizarres, et de falaises spongieuses, grenues et sèches comme de la pierre ponce que le soleil calcine et mordore de ses rayons. C'est déjà l'Afrique!

Rien n'est plus gracieux et plus gai que le mouvement d'embarcations légères qui se fait à l'entrée du port. C'est un va-et-vient d'étincelles blanches d'un effet charmant; on dirait des plumes de cygne promenées par la brise. Le même vent fait aller tout cela en sens inverse, grâce à certaines impulsions obliques qu'on nous a souvent expliquées sans pouvoir nous les faire comprendre. Deux trois-mâts tâchaient d'arriver avant le coup de canon de fermeture, et se couvraient de toile depuis les bonnettes basses jusqu'aux pommes de girouette. Nous en distinguions les moindres détails, quoique nous en fussions assez éloignés, tant l'air était transparent.

Peu à peu les canots deviennent rares, les rives décroissent et prennent des apparences de nuages; la solitude se fait sur la mer. Vous n'avez plus de vivant autour de vous que les marsouins, qui semblent vouloir lutter de vitesse avec le navire et exécutent des cabrioles dans le sillage.

Les poëtes ont débité beaucoup de tirades et les prosateurs beurré beaucoup de tartines sur l'immensité de la mer, cette image de l'infini : la mer n'est pas grande ou du moins ne paraît pas telle; quand vous avez perdu de vue toute terre et que vous êtes, comme on dit, entre le ciel et l'eau, il se fait autour de vous un horizon de six à sept lieues en tout sens qui se déplace à mesure que vous avancez; vous marchez emprisonné dans un cercle qui vous suit. Les vagues, même lorsqu'elles sont hautes, se déroulent avec lenteur et régularité dans une espèce de rhythme monotone, et ne ressemblent nullement aux vagues échevelées de la plupart des peintres de marine. Quelles que soient la force du vent et l'agitation du flot, le bord du ciel se termine toujours par un ourlet d'indigo sans la moindre dentelure. — Vous êtes placé beaucoup trop bas pour embrasser un grand espace, et d'ailleurs la déclivité de la mer est telle, qu'on aperçoit les agrès d'un navire deux heures avant que la coque émerge.

Les moutons secouaient leur laine blanche sur la cime des vagues ; le soleil se couchait dans des braises attisées par le vent ; le navire tanguait et roulait. Souvent une de nos roues agitait ses spatules dans le vide. — Quelques flocons d'écume se résolvaient en pluie sur le pont. Craignant d'offrir une libation involontaire aux nymphes de la Méditerranée, nous descendîmes à nos cabines en décrivant les zigzags les plus bizarres, bien que nous n'eussions bu que de l'eau rose à notre dîner, et nous nous insérâmes le plus délicatement possible dans les tiroirs de commode qui devaient nous servir de lits.

Malgré le *trantran* insupportable de la machine haletante, les gémissements affreux des boiseries en souffrance, et les plaintes inarticulées que rendent tous les objets mal à leur aise dans un navire qui fatigue, nous ne tardâmes pas à nous endormir, mais d'un sommeil lourd et mêlé de rêves plats comme celui que procure une tragédie.

Le lendemain, la mer était plus calme, quoique la houle expirante soulevât encore de temps à autre le navire pour le laisser retomber avec un mouvement de roue de fortune bien désagréable aux cœurs sensibles.

La journée se passa sans autre incident que l'apparition lointaine d'une voile, le saut de quelque poisson et les plongeons successifs des passagers dans la cabine.

Vers le soir, des brumes grisâtres sortirent du sein des eaux à notre droite : c'étaient Mahon et Palma, que nous rangeâmes sans y aborder. De grands archipels de nuages bizarres et splendides laissaient tomber par leurs déchirures, sur les deux îles, de larges bandes de lumière dorée. A peine pûmes-nous distinguer l'échancrure de la rade, la silhouette de quelque montagne et çà et là des taches blanchâtres aux places des habitations et des villages.

On nous réveilla par une bonne nouvelle, c'est qu'avant midi nous serions en vue des côtes d'Afrique. En effet, vers onze heures, à grand renfort de lorgnettes, nous aperçûmes très-indistinctement sur la ligne extrême de l'horizon, — comme une espèce de banc de vapeur à peine appréciable et que nous n'eussions pas remarqué si l'on ne nous avait pas prévenus, — les premières cimes de l'Atlas. En mer, il est extrêmement difficile de distinguer les côtes lointaines des nuages. Ce sont exactement les mêmes teintes, les mêmes jeux d'ombre et de lumière.

Nous allions donc, au bout de quelques heures, être dans une autre partie du monde, dans cette mystérieuse Afrique, qui n'est pourtant qu'à deux journées de la France, parmi ces races basanées et noires qui diffèrent de nous, par le costume, les mœurs et la religion, autant que le jour diffère de la nuit; au sein de cette civilisation orientale que nous appelons barbarie avec le charmant aplomb qui nous caractérise; nous allions donc voir un de nos rêves se réaliser ou s'écrouler, et s'effacer de notre tête une de ces géographies fantastiques que l'on ne peut s'empêcher de se faire à l'endroit des pays qu'on n'a pas visités encore. Notre émotion était extrême, et nous n'étions pas seuls à la ressentir. L'annonce de la terre a cette propriété de guérir le mal de mer mieux que les citrons, le thé, le café noir et les bonbons de Malte. Il n'y a ni roulis ni tangage qui tienne. Tout le monde est sur le pont; les femmes elles-mêmes, éclipsées dès le commencement du voyage, se hasardent sur les dernières marches de l'escalier. On voit sortir de tous les coins du bateau des gens qu'on n'y soupçonnait pas.

Les bandes de terre, estompées par un brouillard lumineux, prenaient des formes de plus en plus nettes; les parties éclairées laissaient déjà démêler quelques détails; le reste nageait dans cette ombre azurée particulière aux pays chauds. Des barques à voiles posées en ciseaux allaient et venaient comme des colombes qui quittent ou regagnent le colombier. La pointe Pescade et le cap Matifou, l'une à droite et l'autre à gauche (en venant de France), figurent les deux cornes de la baie en forme d'arc au fond de laquelle se trouve Alger. Les premières croupes du petit Atlas, surmontées par un étage de cimes lointaines, viennent mourir en falaise dans la mer. A leur pied s'étend la Mitidja.

Une tache blanchâtre coupée en trapèze commence à se dessiner sur le fond sombre des coteaux, pailletés çà et là d'étincelles d'argent dont chacune est une maison de campagne : c'est Alger, Al-Djezaïr, comme les Arabes l'appellent. — On approche; autour du trapèze, deux ravins aux tons d'ocre entaillent le flanc de la colline, et ruissellent d'une lumière si vive, qu'on dirait qu'ils servent de lit à deux torrents de soleil : ce sont les fossés. Les murailles, bizarrement crénelées, escaladent la roideur de la pente par des espèces d'assises ou d'escaliers. Deux palmiers et quatre moulins à vent occupent les yeux par leur contraste : le palmier, emblème du désert et de la vie patriarcale; le moulin à vent, emblème de l'Europe et de la civilisation.

Alger est bâtie en amphithéâtre sur un versant escarpé, en sorte que ses maisons semblent avoir le pied sur la tête les unes des autres. Rien n'est étrange pour un œil français comme cette superposition de terrasses couleur de craie; on dirait une carrière de moellons à ciel ouvert, un immense tas de pains de blanc d'Espagne. Quand la distance est moins grande, on finit par discerner dans l'éblouissement général le minaret d'une mosquée, le dôme d'un marabout, la masse d'un grand édifice, comme la Kasbah ou la Djenina; des fenêtres imperceptibles ponctuent les pages vides des murailles. Quelques maisons françaises à toits de tuiles et à contrevents verts réalisent sous le ciel africain le vœu de Jean-Jacques Rousseau, et se font remarquer par l'affreux jaune-serin de leur peinture. Des nuées d'hirondelles voltigent sur la ville en poussant mille petits cris joyeux. — L'Escurial est le seul endroit où nous ayons vu autant d'hirondelles. Leur tourbillon mouvant ne se repose jamais. A Paris, elles ne sont pas si gaies. La tour du phare, l'espèce de temple grec qui sert de douane; les coupoles passées à la chaux, et les murs dentelés en scie de la grande mosquée se distinguent déjà dans tous leurs détails; le débarcadère n'est plus qu'à quelques encablures. Voici la rade du commerce avec sa forêt d'agrès et d'esparres où sèche le linge des matelots.

Notre bateau dégorge son trop plein de vapeur; des canots de toute forme et de toute grandeur viennent à notre rencontre. Ils sont montés par des Maltais, des Mahonnais, des Provençaux, des canailles de tous les pays du monde. En voici un conduit par des Turcs, un autre par des nègres! Rien n'est plus simple, et cependant la vue de ces costumes orientaux nous fit un grand effet. — Nous autres Parisiens, nous ne croyons guère aux Turcs hors du carnaval. Nous avons l'habitude de les voir signés d'un coup de pied au derrière, ou débitant des pastilles du sérail faites avec le bitume des trottoirs. — Rencontrer dans la réalité ce qui jusqu'alors n'a été pour vous que costume d'Opéra et dessin d'album, est une des plus vives impressions que l'on puisse éprouver en voyage.

Comme vous le pensez bien, nous choisîmes une barque manœuvrée par deux grands gaillards cuivrés, coiffés d'un fez, et dont le large pantalon à la turque laissait à découvert des jambes sèches et nerveuses qu'on aurait pu croire coulées en bronze. En quelques coups de rame, ils nous conduisirent, nous et nos paquets, au débarcadère, où une foule de gredins bigarrés se jetèrent sur nous et nous auraient déchirés en morceaux sous prétexte de nous rendre service, si l'inspecteur des portefaix, More d'une trentaine d'années, ne fût tombé, à coups de bâton dans les jambes, sur toute cette engeance, avec une impartialité vraiment remarquable, et ne nous en eût débarrassés en choisissant lui-même ceux qui devaient se charger de nos malles.

III

ALGER

— Intra muros —

On entre dans Alger, en venant de la mer, par la porte de la Pêcherie et par celle de la Marine. La rampe de la Pêcherie, bordée de marchands de fruits et de coquillages, aboutit à la place du Gouvernement; la porte de la Marine, où l'on arrive par une suite d'escaliers assez roides, conduit sur la même place par une rue nommée également rue de la Marine.

L'aspect de la place du Gouvernement est des plus bizarres, non par son architecture, mais par la foule qui s'y presse; et l'étranger, en y mettant le pied, éprouve comme une espèce de vertige, tellement ce qu'il voit est en dehors de ses habitudes et de ses prévisions. On ne peut croire que quarante-huit heures de navigation dépàysent à ce point.

Cette place a été faite, comme vous le pensez bien, par les Français. Livrer ainsi de larges espaces à l'air et au soleil n'est pas dans les mœurs des Orientaux. En 1830, les constructions, baraques, échoppes, boutiques, s'avançaient jusqu'à la mer, confuses, enchevêtrées, s'épaulant l'une à l'autre, surplombant, liées par des voûtes, dans ce désordre si cher aux peintres et si odieux aux ingénieurs. Des démolitions successives, puis un incendie, ont nettoyé le terrain et formé une large esplanade entourée en grande partie de maisons à l'européenne qui ont la prétention, hélas! trop bien fondée, de rappeler l'architecture de la rue de Rivoli.

— O maudites arcades! on retrouvera donc partout vos

courbes disgracieuses et vos piliers sans proportion?

Par bonheur, la façade de la Djenina, ancien palais du dey, dont le grand mur, orné d'un cadran, occupe le fond de la place, à l'endroit où débouche la rue Bab-el-Oued; les dômes blancs et le minaret, incrusté de faïence verte, de la petite mosquée, située à droite de la porte de la Pêcherie, et que le génie a bien voulu ne pas détruire, corrigent à temps la banalité bourgeoise de ces bâtisses modernes.

On a fait à plusieurs reprises, sur cette place, des plantations d'arbres de différentes essences qui n'ont guère prospéré, soit par le manque d'humidité, soit parce que leurs racines rencontrent trop tôt les voûtes des anciens magasins murés qui forment les substructions du terre-plein.

Le côté de la mer s'escarpe en terrasse et s'ouvre sur l'azur sans bornes qui étincelle à travers un noir réseau d'agrès : — c'est là que s'élève la statue équestre de Son Altesse royale le duc d'Orléans, de Marochetti.

L'hôtel de la *Régence*, l'hôtel du *Gouvernement*, des boutiques et des cafés occupent ces vilaines belles maisons en arcades dont le modèle se produit dans les rues Bab-Azoun et Bab-el-Oued, et plusieurs autres d'Alger, au grand regret des artistes et des voyageurs.

Quand nous arrivâmes dans Alger la Guerrière (c'est ainsi que les musulmans la surnomment), il était environ cinq heures : le soleil avait déjà perdu un peu de sa force ; la brise de mer s'était levée, et la place du Gouvernement fourmillait de monde. C'est le point de réunion de toute la ville, c'est là que se donnent tous les rendez-vous ; on est toujours sûr d'y rencontrer la personne qu'on cherche ; c'est comme un foyer des Italiens ou de l'Opéra en plein air. Tout Alger passe forcément par là trois ou quatre fois par jour. Pour les Français, c'est Tortoni, le boulevard des Italiens, l'allée des Tuileries ; pour les Marseillais, la Cannebière ; pour les Espagnols, la Puerta del Sol et le Prado ; pour les Italiens, le Corso ; pour les indigènes, le fondouck et le caravansérail. Il y a là des gens de tous les états et de tous les pays, militaires, colons, marins, négociants, aventuriers, hommes à projets de France, d'Espagne, des îles Baléares, de Malte, d'Italie, de Grèce, d'Allemagne, d'Angleterre ; des Arabes, des Kabyles, des Mores, des Turcs, des Biskris, des juifs ; un mélange incroyable d'uniformes, d'habits, de burnous, de cabans, de manteaux et de capes. Un tohu-bohu ! un capharnaüm ! Le mantelet noir de la Parisienne effleure en passant le voile blanc de la Moresque ; la manche chamarrée de l'officier égratigne le bras nu du nègre frotté d'huile; les haillons du Bédouin coudoient le frac de l'élégant français. Le bruit qui surnage sur cette foule est tout aussi varié : c'est une confusion d'idiomes à dérouter le plus habile polyglotte; on se croirait au pied de la tour de Babel le jour de la dispersion des travailleurs. L'accent n'est pas moins divers : les Français nasillent, les Italiens chantent, les Anglais sifflent, les Maltais glapissent, les Allemands croassent, les nègres gazouillent, les Espagnols et les Arabes râlent. — Les Européens affairés circulent activement à travers des îlots flegmatiques de naturels du pays qui ne semblent jamais pressés. — Le long des murailles, de pauvres diables en guenilles dorment roulés dans un morceau de couverture, ou tiennent en laisse les chevaux des promeneurs venus des environs d'Alger; d'autres traversent les groupes d'oisifs portant des paquets sur la tête ou des fardeaux suspendus à un bâton qui fait palanquin; rien n'est plus gai, plus varié, plus vivant que ce spectacle. Les endroits les plus fréquentés de Paris sont loin d'avoir cette animation.

En errant pour trouver à nous loger, nous aperçûmes, sous les premières arcades de la rue Bab-Azoun, une jeune juive en costume ancien; son visage était découvert, car les juives ne se voilent pas.

Nous fûmes éblouis de cette manifestation subite de la beauté hébraïque : Raphaël n'a pas trouvé pour ses madones un ovale plus chastement allongé, un nez d'une coupe plus délicate et plus noble, des sourcils d'une courbe plus pure.

Ses prunelles de diamant noir nageaient sur une cornée de nacre de perle d'un éclat et d'une douceur incomparables, avec cette mélancolie de soleil et cette tristesse d'azur qui font un poëme de tout œil oriental. Ses lèvres, un peu arquées aux coins, avaient ce demi-sourire craintif des races opprimées ; chacune de ses perfections était empreinte d'une grâce suppliante ; elle semblait demander pardon d'être si radieusement belle, quoique appartenant à une nation déchue et avilie.

Deux mouchoirs de Tunis, posés en sens contraire, de façon à former une espèce de tiare, composaient sa coiffure. Une tunique de damas violet à ramages descendait jusqu'à ses talons ; une seconde un peu plus courte, aussi en damas, mais de couleur grenat et brochée d'or, était superposée à la première, qu'elle laissait voir par une fente partant de l'épaule et arrêtée à mi-cuisse par un petit ornement. Un foulard bariolé servait à marquer la ceinture ; sur le haut du corsage étincelait une espèce de plaque de broderie rappelant le pectoral du grand prêtre. Les bras, estompés par le nuage transparent d'une manche de gaze, jaillissaient robustes et nus de l'échancrure des tuniques. Ces bras athlétiques, terminés par de petites mains, sont un caractère distinctif de la race juive, et donnent raison aux peintres italiens et aux femmes qui se penchent du haut des murailles dans le *Martyre de saint Symphorien* de M. Ingres. — Cela vient-il de ce que, toujours exposés à l'air, ils acquièrent ainsi de la force? Est-ce une disposition congéniale, ou bien les regards, particulièrement attirés par cette nudité, la seule du costume, sont-ils portés à en exagérer l'importance? Ce qu'il y a de certain, c'est que nous n'avons jamais vu une juive ayant les bras minces. Les tuniques, dont nous avons parlé, sont étroites et brident sur les hanches et sur la croupe. Les yeux européens, accoutumés aux mensonges de la crinoline, aux exagérations des sous-jupes et autres artifices qui métamorphosent en Vénus Callipyges des beautés fort peu hottentotes, sont surpris de voir ces tailles sans corset et ces corps qu'enveloppe une simple chemise de gaze moulés par un fourreau de damas ou de lampas qui fait fort peu de plis; mais on en prend bientôt l'habitude, et l'on apprécie la sincérité des charmes qui peuvent supporter une pareille épreuve.

Nous étions comme en extase devant cette belle fille, arrêtée à marchander quelque doreloterie, et nous y serions restés longtemps si les Biskris chargés de nos paquets ne nous eussent rappelés au sentiment de la vie réelle par quelques mots baragouinés en langue *sabir*, idiome extrêmement borné, et qui sert aux communications de portefaix à étranger.

Il n'y avait pas de place à l'hôtel *Richelieu :* nous allâmes à celui du *Gouvernement,* sur la place de ce nom, où nous trouvâmes une chambre — pour trois. De la terrasse de cet hôtel, on jouit du mouvement perpétuel et bigarré des promeneurs. On aperçoit les dômes blanchis à la chaux des deux mosquées, le phare, la jetée, les vaisseaux qui appareillent et les bateaux à vapeur qui chauffent, les navires à l'ancre, et, plus loin, la mer gaufrée par les courants, frisée par la brise, tachetée de blanc par les ailes des mouettes ou les voiles des barques de pêcheurs. Cette perspective nous occupa plus que notre dîner, bien que nos sacrifices aux dieux glauques de l'abîme eussent dû nous aiguiser l'appétit.

Le crépuscule, dans les pays chauds, dure beaucoup

moins longtemps que chez nous; le soleil disparait presque subitement, et en quelques minutes il est nuit complète : aussi nous avions eu à peine le temps de faire disparaître de notre succincte toilette de voyageurs les désordres inséparables de toute navigation, que l'ombre avait enveloppé de ses plis le blanc massif d'Alger; ce qui ne nous empêcha pas de nous lancer avec beaucoup d'aplomb à travers la ville, sans aucun guide, ne haïssant rien tant que les *cicerone* de profession, et nous fiant au hasard pour nous faire tomber sur les choses curieuses; — d'ailleurs, tout n'est-il pas également curieux dans un pays neuf comme l'Afrique?

Nous avions fait ce raisonnement fort simple : la ville haute doit s'être conservée dans toute sa barbarie originelle; les Européens, avec leurs idées de rues larges et planes, leurs charrois et leur mouvement commercial, doivent être restés au bas de la montagne, aux alentours du port; — toute barbarie traquée par la civilisation se réfugie sur les sommets; les vieux quartiers sont toujours haut juchés, les quartiers neufs cherchent la plaine. Les hauts quartiers sont donc les plus intéressants; c'est par eux qu'il faut commencer. — Pour nous retrouver dans ce dédale inextricable de rues, de ruelles, de passages, d'impasses, il suffira de redescendre les pentes, qui nous ramèneront infailliblement aux portions françaises de la ville. La rencontre d'un jeune officier, dont nous avions fait connaissance sur *le Pharamond*, nous débarrassa de toute inquiétude d'orientation : il eut cette charmante complaisance de vouloir bien nous accompagner dans notre incursion.

Les vieilles rues d'Alger ne ressemblent en rien à ce que nous entendons en Europe par ce mot : les moins étroites ont à peine cinq ou six pieds de large; les étages surplombent de manière que souvent le faîte des maisons se touche; les architectes mores ne se préoccupent nullement de la régularité; et comme, avant la conquête, il n'y avait ni grande ni petite voirie, ce sont à chaque instant des saillies et des retraites, des angles désordonnés, des coudes imprévus, des hasards de cristallisation comme ceux des stalactites dans les grottes. — L'intérieur *repousse* le dehors, les chambres se prolongent sur la rue, les cabinets sont appliqués aux murs comme des garde-manger; l'espace qui manque en dedans est pris sur la voie publique.

Toutes ces constructions parasites sont soutenues par des rangées d'étançons qui supportent les encorbellements, et figurent des espèces de moucharabys.

Quelquefois une maison se continue de l'autre côté

de la rue au moyen d'une voûte plus ou moins longue ou de plusieurs avances formant l'escalier renversé et communiquant par le sommet.

La perpendiculaire est rarement observée dans les constructions algériennes; les lignes penchent et chancellent comme en état d'ivresse, les murailles se déjettent à droite et à gauche comme si elles allaient vous tomber sur le dos. Rien ne porte, rien n'est d'aplomb. Les maisons, plus larges d'en haut que d'en bas, font l'effet de pyramides sur la pointe. Tout cela s'écroulerait sans doute si des poutres et des perches allant d'un côté à l'autre de ces coupures semblables à des traits de scie dans un bloc de pierre, ne retenaient à distance les murailles, qui meurent d'envie de s'embrasser.

Ce système d'échafaudages et d'arcs-boutants, qui paraît d'abord bizarre et disgracieux, a pourtant son utilité. Ainsi reliées, les maisons se soutiennent mutuellement, sont solidaires les unes des autres, s'épaulent, se tassent, et forment des pâtés laissant peu de prise aux tremblements de terre, qui renverseraient des bâtisses en apparence mieux ordonnées. Si les fenêtres sont les yeux des logis, on peut dire des demeures algériennes qu'elles sont louches, borgnes et souvent aveugles. Les Mores, les gens les moins curieux de la terre, ne se soucient pas plus de voir que d'être vus, et pratiquent le moins d'ouvertures possible à l'extérieur; ils s'éclairent par la cour, centre obligé de toute habitation orientale. L'imposition des portes et fenêtres serait chez eux d'un mince rapport. Ces détails, qui nous devinrent familiers par la suite, ne se laissaient deviner que d'une manière confuse, avec ce grossissement et ce mirage que la nuit prête aux objets.

De rares lanternes tremblotaient de loin dans ces fissures, où deux hommes ont peine à passer de front; souvent même nous marchions dans l'obscurité la plus opaque, tâtant les murailles jusqu'à ce que la ligne, se redressant, permit au pâle rayon d'arriver à nous. De temps en temps, d'une porte basse entre-bâillée, d'un grillage, d'une petite fenêtre, d'une boutique encore ouverte filtrait la lumière avare d'une chandelle de cire, d'une lampe ou d'une veilleuse, qui projetait sur la paroi opposée des silhouettes bizarres et grimaçantes; de longs fantômes blancs filaient silencieux, rasant les murs des rues, tantôt couverts par l'ombre, tantôt trahis par quelque lueur subite. — Nous montions toujours. — Aux pentes roides avaient succédé les rampes taillées en escalier. Les Européens devenaient de plus en plus rares ; nous étions au cœur même de la ville more : près de la Casbah

L'architecture dont nous avons essayé de donner quelque idée tout à l'heure prenait dans la nuit les apparences les plus mystérieuses et les plus fantastiques. Rembrandt, dans ses eaux-fortes les plus noires, n'a rien imaginé de plus bizarrement sinistre. A la nuit se joignait l'inconnu. Nous entendions près de nous des chuchotements étranges, des rires gutturaux, des paroles incompréhensibles, des chants d'une tonalité inappréciable ; des figures noires, accroupies au seuil des portes, nous regardaient avec des yeux blancs. Nous mettions le pied sur des masses grisâtres qui changeaient de position et poussaient des soupirs.

Nous marchions comme dans un rêve, ne sachant si nous étions éveillés ou endormis. Ayant aperçu une lueur assez vive qui sortait d'une porte basse ouvrant sa gueule rouge dans les ténèbres, nous demandâmes ce que c'était ; on nous répondit : « Un café ! » Nous aurions plutôt cru à une forge en activité, à un atelier souterrain de cabires et de gnomes.

Une chanson nasillarde, accompagnée d'accords chevrotés, sortait du trou. — Nous plongeâmes dans l'antre avec une assurance que nous pouvons qualifier d'héroïque, tant l'endroit avait l'air rébarbatif et mal hanté. Il faut dire aussi, pour être juste, que l'uniforme de l'officier nous rassurait un peu.

Figurez-vous une cave de sept à huit pieds carrés, à voûte si basse, qu'on la touchait presque du front, éclairée fantastiquement par le reflet d'un grand feu brûlant dans une espèce d'âtre-fourneau, près duquel le cawadji (cafetier), drôle basané à mine farouche, se tenait debout, cuisinant sa marchandise en proportion des demandes ; car, en Afrique, le café se prépare tasse par tasse, à mesure qu'il se présente des consommateurs.

Tout autour, sur un rebord en planches recouvertes de nattes, assez pareil au lit de camp des corps de garde, mais beaucoup moins large, se tenaient, accroupis ou couchés dans des poses bestiales appartenant plus au quadrumane qu'à l'homme, des figures étranges en dehors des possibilités de la prévision : c'étaient des nègres aux yeux jaunes, aux lèvres violettes, dont la peau luisante miroitait à la lumière comme du métal poli ; des mulâtres à tous les degrés possibles, de vieux Bédouins à courte barbe blanche, à teint de cuir de Cordoue, rappelant les statuettes indiennes qu'on voit chez les marchands de curiosités ; des enfants de dix à douze ans, dont la tête rasée de frais se colorait de teintes bleues et verdâtres comme la chair de perdrix quand elle se faisande. — Tout cela était enveloppé de nobles haillons d'une saleté idéale, mais portés avec une majesté digne d'un empereur romain.

Dans un coin, trois musiciens étaient assis en tailleurs : l'un jouait du rebeb, violon que l'on tient entre les jambes comme la contre-basse; l'autre soufflait dans une flûte de roseau, et le troisième marquait le rhythme en frappant sur un tambour semblable à un tamis.

La chanson qu'ils exécutaient rappelait, par les portements de voix et les intonations gutturales, les *copias* andalouses; ressemblance qui n'a rien de surprenant, puisque le peuple espagnol est à moitié arabe. L'assistance paraissait écouter avec plaisir ce concert barbare, qui eût fait se boucher les oreilles à un habitué du Théâtre-Italien. Nous avouons, à notre honte, ne l'avoir pas trouvé désagréable.

Nous nous assîmes sur la natte à côté d'un gaillard à face patibulaire, qui était peut-être le meilleur garçon du monde, et, l'officier ayant prononcé les mots : *Cawa, sepsi!* un jeune enfant nous apporta du café et des pipes.

Une petite tasse de porcelaine, posée dans un autre

un peu plus grande, qui lui sert de soucoupe et empêche qu'on ne se brûle les doigts, contient le café, apprêté d'une manière différente de la nôtre. Il se sert avec le marc, et n'a pas cette âcre amertume et cette force qui en rendent chez nous l'usage dangereux. On peut boire dans sa journée une douzaine de tasses de café more sans s'agiter les nerfs et sans courir risque d'insomnie. Comme il n'y a pas de table, vous êtes obligé de tenir votre tasse à la main ou de la faire asseoir à côté de vous, jusqu'à ce que l'impalpable poudre brune se soit précipitée.

Les pipes n'ont rien de particulier, sinon qu'elles sont bourrées d'un tabac fort doux et se fument sans bouquin, à même le tuyau. Les Européens payent cette consommation deux sols et les indigènes la moitié; mais aussi les *roumis* (c'est le nom que les Arabes nous donnent) jouissent en plus de la douceur d'une pincée de cassonade.

Il régnait dans cet établissement sauvage et primitif une chaleur à faire éclater les thermomètres; vous vous l'imaginerez sans peine en pensant que l'on était en Afrique, à la fin du mois de juillet, et qu'un feu violent brûlait dans ce bouge privé d'air, où plus de trente personnes fumaient sans interruption. Cela tenait du four et de l'étuve. Le pain y aurait cuit; les hommes y fondaient en sueur : nous étions trempés au bout de dix minutes comme en sortant de l'eau. Il ne faudrait pas de longues préparations aux habitués de ce café pour remplacer, dans les foires et les réjouissances publiques, feu l'homme incombustible de Tivoli.

Ce fut avec une satisfaction inexprimable que nous retrouvâmes l'air comparativement frais du dehors.

Les rues commençaient à devenir désertes, et l'on ne voyait plus que quelques Mores attardés regagnant leurs logis une lanterne de papier à la main. Il était l'heure de redescendre dans la ville française et de prendre le chemin de notre auberge; une nuit de repos dans un lit sérieux nous était nécessaire, car la somnolence épaisse qui nous avait engourdis dans les tiroirs du *Pharamond* ne pouvait compter pour du sommeil.

Nous étions si vivement excités par le désir de voir et de nous saturer de couleur locale, que, malgré notre fatigue, nous nous levâmes de grand matin pour courir les rues.

La ville, débarrassée de cette apparence fantastique que la nuit prête aux objets, restait encore étrange et mystérieuse; les ombres disparues laissaient voir des teintes d'une blancheur éblouissante, tranchant avec netteté sur le bleu du ciel ; les lignes redressées par le jour n'étaient pas moins singulières et en dehors de nos habitudes architecturales ; les ruelles, pour avoir perdu cet air de coupe-gorge que l'obscurité leur prêtait, avaient gardé cependant leur physionomie sauvage et caractéristique : c'était un dédale blanc au lieu d'un dédale noir, voilà tout.

Alger est comme un écheveau de fil où vingt chats en belle humeur se seraient aiguisé les griffes : les rues s'enchevêtrent, se croisent, se replient, reviennent sur elles-mêmes, et semblent n'avoir d'autre but que de dérouter les passants et les voyageurs. Les veines du corps humain ne forment pas un réseau plus compliqué ; à chaque instant, l'on se fourvoie dans des impasses, de longs détours vous ramènent au point d'où vous étiez parti. Dans les premiers temps de la conquête, les Français avaient la plus grande peine à se débrouiller dans ce lacis d'étroits couloirs que rien ne distingue les uns des autres. Des raies tracées au pinceau sur les murailles servaient de fil d'Ariane dans ce labyrinthe africain aux Thésées en pantalon garance. La rue des Trois-Couleurs a gardé ce nom des trois lignes conductrices qui rayaient les parois de ses maisons. Cependant, au bout de quelque temps, on finit par distinguer dans ce brouillamini de petites veines et de vaisseaux capillaires, les rues artérielles de la ville moresque, la rue de l'Empereur et la rue de la Casbah. On trouve des différences entre ces longs corridors, si pareils au premier coup d'œil.

Ce qui frappe d'abord le voyageur, c'est l'innombrable quantité d'ânes qui obstruent les rues d'Alger. Tout se porte à âne : les moellons, les gravats, les terres de déblai, le charbon, le bois, l'eau, les provisions de toute espèce. — Ces ânes sont chétifs, pelés, galeux, pleins de calus et d'écorchures, et de si petite taille, qu'on les prendrait pour des chiens, n'étaient leurs longues oreilles énervées qui battent flasquement à chaque pas.

Quelle différence avec ces beaux ânes espagnols au poil luisant, au ventre rebondi, harnachés de franfreluches et de grelots, et tout fiers de descendre du grison de Sancho Pança ! Être cheval de fiacre à Paris, c'est un sort mélancolique ; mais être âne en Alger, quelle situation déplorable ! — Quel crime expient ces pauvres animaux par ce supplice incessant ? Ont-ils brouté le chardon défendu dans quelque Éden zoologique ? Jamais on ne leur donne à manger ni à boire : ils vivent au hasard des ordures qu'ils rencontrent, des brins de paille et des bouts de sparterie qu'ils arrachent en passant. Leur dos, à l'état de plaie vive, saigne sous de grossiers bâts de bois qu'on ne prend pas la peine de rembourrer, et qu'incrustent dans leur chair le poids des cabas remplis de plâtre ou de pierres qui leur pressent les flancs. Les mouches s'acharnent sur leurs blessures, qu'elles avivent, et dont elles pompent le sang. S'ils ralentissent le pas ou s'arrêtent une seconde, haletant sur leurs jambes vacillantes, l'ânier est là par derrière, qui les frappe, non avec le fouet ou la trique, ce serait trop humain, et leur cuir endurci se contenterait de frissonner sous la grêle des horions, mais avec un bâton debout, et cela toujours à la même place, jusqu'à ce qu'il se forme un trou saigneux dans la croupe du pauvre martyr quadrupède.

Beaucoup de nos paysans ne sont pas moins féroces que les Algériens à l'endroit des ânes. Cette barbarie stupide m'a souvent étonné. — Pourquoi traiter ainsi un animal inoffensif, patient, sobre, dur à la fatigue, et qui rend tant d'humbles services? Quelle est la cause de la réprobation qui pèse sur l'âne en tant de pays? Serait-ce parce qu'il est utile et coûte peu?

Quand deux files d'ânes se rencontrent et se compliquent de quelques promeneurs et de quelques Biskris

portant des planches ou des poutres, il se fait en idiomes variés une dépense effrayante de blasphèmes et de malédictions. La seule chose sur laquelle on soit unanime, c'est de rouer de coups les malheureuses bêtes. Les âniers les battent, les Biskris les battent, les Français les battent : c'est pitié de les voir s'efforcer de passer avec les paniers qui les élargissent et touchent presque les deux murs de la rue, tout étourdis et tout chancelants sous un déluge de bastonnades, tâchant de mordre de leur sabot écorné le cailloutis brillanté par la chaleur et poli par le frottement. Les harnais s'accrochent, les ballots se heurtent, et plus d'un perd une partie de sa charge; alors, les vociférations recommencent, et les coups tombent plus drus que jamais.

Beaucoup d'ânes sont aussi employés comme montures. Ceux-là sont un peu moins malheureux. Rien n'est plus drôle à voir qu'un grand diable d'Arabe en draperies blanches enfourché, les pieds traînant jusqu'à terre, tout à l'extrémité de sa bête, presque sur la queue. Souvent il y a devant lui, assis entre ses jambes, un petit enfant de quatre ou cinq ans, qui affecte une gravité de calife sur son divan, et roule ses grands yeux noirs étonnés et ravis.

On se sert aussi de mules portant, en guise de selle,

des couvertures ou des tapis bariolés pliés en plusieurs doubles ; mais cette monture paraît plus spécialement affectée aux juifs.

Rien n'est plus amusant, pour un homme qui n'a aucune idée préconçue de conquête ou de civilisation, que de flâner le matin dans les rues moresques d'Alger. Les boutiques sont les plus divertissantes du monde à regarder.

Que ce mot *boutique* n'éveille en votre esprit rien d'analogue à ce qu'il représente en Europe. Les boutique algériennes se composent de niches pratiquées dans la muraille, à hauteur de ceinture, et qui ont à peine quelques pieds carrés. Une pierre formant degré permet au marchand de s'introduire dans ces bouges, qui, la nuit, se ferment au moyen d'un volet rabattu ou de fortes planches qu'on fait glisser dans une rainure. — L'acheteur se tient en dehors, et le vendeur, accroupi au milieu de sa boutique, n'a qu'à étendre le bras pour atteindre les objets qu'on lui demande ou qu'il veut faire voir. — Ce qui tient dans un si petit espace est vraiment incroyable ; il faut toute la gravité et toute la lenteur orientales pour s'y pouvoir remuer sans casser rien.

Quelquefois les amis du marchand viennent lui rendre

3.

visite au nombre de trois ou quatre, et prennent place à côté de lui sur la natte; ils restent là des journées entières, immobiles comme des figures de cire, et paraissent s'amuser considérablement.

On dirait que ces boutiques ont été arrangées à souhait pour le plaisir des peintres; la muraille rugueuse, grenue, empâtée de couches successives de crépi à la chaux qui s'écaille, ressemble à ces fonds maçonnés à la truelle qu'affectionne Decamps, et fait comme un cadre blanc au tableau.

Dans une demi-teinte transparente, étincellent les tuyaux de pipes enjolivés de houppes, les bouquins d'ambre, de corail et de jade, les flacons d'eau de rose, les vestes chamarrées de broderies, les babouches pailletées, les tapis, les ceintures de soie et les cachemires, objets ordinaires du commerce levantin. Presque toujours le marchand est en même temps fabricant; la boutique est un atelier; la chose que vous achetez, vous la voyez exécuter avec des moyens si simples, une si grande célérité, un goût si exquis, que vous vous demandez involontairement à quoi servent les progrès de la civilisation.

Nous nous arrêtions souvent à voir de jeunes garçons mores ou juifs occupés à des ouvrages de passemen-

terie; ils sont d'une habileté merveilleuse; entre leurs
doigts agiles, les fils d'or, d'argent et de soie s'entrelacent sans jamais s'embrouiller; chaque couleur reparait
à point dans la spirale, les lacs les plus compliqués
s'exécutent comme en jouant. Les passementiers d'Alger
n'auraient certes pas été obligés d'en venir avec le
nœud gordien aux brutalités d'Alexandre; tout en regardant vaguement ailleurs, ils font des nœuds compliqués, des tresses charmantes, des cordons engageants
par lesquels on se laisserait étrangler sans trop de façons. Il serait vrai de dire de ces gaillards-là qu'ils sont
adroits comme des singes, car ils emploient indifféremment les mains et les pieds : leur orteil, écarté comme
un pouce d'oiseau, leur sert à retenir et à fixer leur
ouvrage; c'est un crochet naturel, une cheville toujours
prête qui les aide dans mille occasions, accélère et facilite leur besogne.

Chose bizarre! Dieu avait fait l'homme quadrumane,
la civilisation le fait bimane et même manchot; car, des
quatre instruments de défense et de travail que la nature nous a donnés, il n'y a que la main droite qui serve;
la main gauche languit dans une oisiveté honteuse; le
mot qui la désigne est injurieux : gauche est synonyme
de maladroit. Les pieds, comprimés par la chaussure,

se déforment, et deviennent des espèces de moignons obtus, tout au plus propres à la marche. Quelle singulière idée d'atrophier ainsi trois membres au profit d'un seul! L'histoire parle de conquérants qui faisaient couper le pouce aux guerriers vaincus afin qu'ils ne pussent tenir la rame ni l'épée. Quel est le dominateur inconnu, le tyran victorieux qui nous mutile ainsi? Quelle antique défaite expions-nous par cette paralysie de presque tous nos moyens d'action? Qui donc avait peur que nous ne devinssions trop habiles ou trop puissants? L'habitude d'aller nu-pieds, ou tout au moins de ne porter que des chaussures fort larges, fait que les Orientaux ramassent avec leurs extrémités inférieures, comme une main, toute sorte de petits objets. — C'est une facilité de plus pour MM. les voleurs.

Les Algériens passent pour les plus habiles artistes en broderies de la régence; ils exécutent, dans ce genre, des choses véritablement étonnantes. Tout le monde connaît leurs petits portefeuilles, leurs étuis à cigares et à parfums en velours rouge ou vert, historiés de lacets et de paillettes d'or, leurs écharpes à fleurs sans envers, leurs cabans et leurs vestes à chamarrures d'un dessin si riche et si élégant, et cette foule de menus ouvrages que leur finesse grossière et leur coquette sauvagerie rendent si caractéristiques et si pittoresques. Alger est l'Athènes de l'Afrique, c'est la ville du goût barbare, et les modes y reçoivent leur consécration. Il y a un proverbe qui dit :

> Tunis invente,
> Alger arrange,
> Oran gâte.

L'instinct du coloris est très-développé chez les Orientaux; jamais ils n'associeront deux nuances fausses ou deux tons crus. Comme la religion musulmane défend la représentation des êtres animés de peur d'idolâtrie, le sens de l'art, qu'aucun réformateur ne peut éteindre chez une nation, se réfugie dans l'arabesque, la broderie, l'ornement et le choix des couleurs: ceux qui auraient été peintres sous une religion plus indulgente se font chamarreurs ou teinturiers.

La plupart de ces ouvriers sont des jeunes gens de seize à vingt ans, souvent d'une beauté rare. Ce n'est pas tout à fait le profil grec, mais la pureté n'y perd rien. Le nez, que relève une légère courbe aquiline, n'a que plus de fierté; la bouche, un peu épanouie, est d'une coupe parfaite; — quant aux yeux, ils ont un tel éclat, que, à côté, les yeux européens paraissent sans flamme et sans regard. Des femmes qui passent pour belles à Paris seraient heureuses d'avoir de pareilles têtes sur leurs épaules. — Les jeunes ouvriers sont coiffés d'une calotte rouge qui laisse voir leurs tempes rasées et leur nuque bleuâtre, où s'enchâssent, par des lignes presque droites, des cous athlétiques. Quelle différence de ces types pleins de noblesse aux physionomies chafouines du peuple de Paris ! Et pourtant ce ne sont, après tout, car il ne faut pas que la couleur locale nous fasse illusion, que des garçons tailleurs, des faiseurs de pantoufles et des fabricants de cordonnet.

Quelquefois, dans les bazars surtout, l'atelier anticipe sur la voie publique ; vous enjambez des groupes de travailleurs qui ne se dérangent pas à votre passage, et continuent leur tâche avec une régularité flegmatique. — Personne là-bas ne paraît pressé, et notre air affairé surprend beaucoup les indigènes. Quand on s'arrête pour les regarder faire, ils ne paraissent pas gênés de votre curiosité, et vous jettent, sans lever la tête, un sourire également éloigné de la servilité et de l'ironie.

Le goût des poissons rouges paraît général chez les boutiquiers algériens ; presque toujours, un globe rempli d'une eau limpide où jouent quelques hôtes à nageoires, fait luire sur la devanture la paillette de son ventre ; ils se plaisent à suivre les grossissements, les effets de lumière et les jeux d'optique que produisent les allées et venues des poissons. — Les arcs-en-ciel de pourpre, d'argent et d'or qui ondoient dans la transparence du cristal, les tiennent attentifs des heures entières.

Pour faire pendant au globe, un pot de basilic ou de toute plante à parfum pénétrant, est posé à l'autre angle du rebord. Ceux qui se piquent de luxe complètent la décoration par quelque image encadrée représentant une ville sainte, La Mekke le plus habituellement, ou quelque chef-d'œuvre d'écriture, dans lequel les noms des quatre apôtres musulmans, entrelacés avec tous les fleurons de la calligraphie arabe, forment une figure de lion assez semblable aux animaux fabuleux qui supportent la vasque de la fontaine dans la cour de l'Alhambra. L'espèce de contravention à la loi qui interdit de retracer des êtres vivants est sanctifiée par les noms vénérables qui forment les principaux linéaments de ce dessin barbare et symbolique. — Les possesseurs de ces cadres en sont très-fiers et ne voudraient s'en défaire à aucun prix.

Nous n'avons parlé que des boutiques de luxe ; celles

où se vendent les comestibles et les choses de première nécessité ne sont pas moins curieuses. Les épiciers étalent à leurs montres de grosses masses de savon noir d'un aspect assez dégoûtant (les Arabes n'en emploient pas d'autre) et des sacs remplis de henné. Le henné, objet indispensable à la toilette orientale, provient des feuilles d'un arbrisseau du genre mimosa qu'on fait sécher et qu'on réduit en poudre. Les autres épices sont enfermées dans des poteries anglaises ou françaises de rebut et plus ou moins égueulées. Le sucre est à l'état de cassonade, et, la chaleur de la température empêchant de se servir de chandelles de suif, on ne vend que des bougies de l'Étoile, du moins dans les villes. Les Bédouins emploient pour s'éclairer des bouts de roseau coupés au-dessous du nœud et remplis d'une graisse dans laquelle trempe une mèche de fil. — Chose assez singulière, l'appellation d'épicier a, chez les Arabes, la même valeur moqueuse qu'en France : est-ce de nous qu'ils ont pris ce préjugé défavorable, ou bien, en effet, le débit du poivre et de la cannelle aurait-il des influences abrutissantes et béotiennes d'un côté comme de l'autre de la Méditerranée? Les Arabes de la plaine appellent les Mores d'Alger épiciers en signe de dédain.

Les boutiques de fruitiers se distinguent par des guirlandes de piment, des tas de tomates, de pastèques, de concombres, de figues de Barbarie et autres légumes exotiques; nous avons remarqué d'affreuses petites pommes vertes, importées sans doute des îles Baléares, et dont les naturels semblent plus friands que la chose ne le comporte. Les fruitiers sont ordinairement des nègres, des mulâtres ou des Bédouins tellement cuits par le soleil, qu'on pourrait les prendre pour des gens de couleur. Il ne faut pas être grand capitaliste pour exercer ce commerce : nous avons vu telle boutique dont l'approvisionnement ne valait pas vingt sous ; ce qui n'empêche pas le marchand de rester accroupi tout le jour auprès d'une poignée de pois chiches ou de racines quelconques, comme le dragon à la porte du jardin des Hespérides. — Une pareille impassibilité a de quoi étonner la turbulence française ; mais il n'y a rien d'impossible pour le flegme oriental.

Les étaux des bouchers ont quelque chose de féroce et de sanguinolent qui sent la triperie et l'écorcherie. On ne sait pas là enjoliver, comme à Paris, le cadavre des bêtes égorgées et leur tracer sur la chair, à la pointe du couteau, des scènes pastorales ou l'apothéose de l'empereur Napoléon. Les têtes de mouton à l'œil vitreux et aux narines pleines de caillots pourpres gisent là empilées dans toute l'horreur de la tuerie. Les poches de fiel accrochées à des clous verdissent le mur de leur suint amer, des quartiers saigneux se balancent au plafond, des poumons, auxquels pend encore un bout de trachée-artère, épanouissent leurs lobes poreux comme des éponges roses; et le boucher, à l'air truculent, les bras rouges jusqu'au coude, sous ce dôme de chair ruisselante, tranche et dresse la viande, disloque les membres, divise et rompt les os selon les demandes des pratiques, qui sont ordinairement de jeunes garçons ou de vieilles négresses, les Moresques ne sortant pas pour aller aux provisions.

Les boulangeries arabes sont plutôt des fournils où l'on va chercher des pains, et où l'on porte ceux qu'on pétrit à la maison, que des boutiques comme nous l'entendons; les magasins de grains et de farines sont, au contraire, assez nombreux.

Le mahométisme, comme on sait, défend l'usage du vin; cette bienheureuse interdiction supprime le cabaret; car, si quelques musulmans boivent en cachette des liqueurs fermentées, nul n'aurait l'impudeur d'en vendre ou d'en acheter publiquement. L'ivrognerie est, par malheur, un des vices et des besoins du Nord. — Les défenses du Coran à ce sujet sont beaucoup plus exactement suivies que ne s'en flattent les soulards progressifs et les membres du Caveau. Le père Matthews et les apôtres des sociétés de tempérance n'auraient vraiment rien à faire chez les Arabes — qu'à prendre des leçons de sobriété.

En revanche, les marchands d'alcarrazas, de gargoulettes et de vases à contenir ou à rafraîchir l'eau abondent. La poterie arabe n'a rien de nouveau pour qui connaît la céramique espagnole, qui en a retenu presque toutes les formes. Le cantaro, la jarra, la tinaja se retrouvent sur l'autre rive de la Méditerranée; la gargoulette, qui est d'un usage plus général, est un vase à goulot allongé, à ventre d'un renflement brusque où s'agencent deux anses crénelées; quelques gaufrures rubanées, faites à la pointe de l'ébauchoir dans l'argile encore humide, et pareilles aux dessins que tracent les ménagères sur leurs gâteaux, zèbrent les flancs et le col. A l'orifice se trouve une petite plaque aussi de terre, percée de trous comme une passoire, qui empêche l'eau de jaillir trop impétueusement lorsqu'on penche la gargoulette, et la maintient plus fraîche en l'isolant de l'air extérieur. Les pots kabyles présentent une particularité assez curieuse : ils sont doubles et communiquent ensemble par un petit système hydraulique qui rend difficile d'y boire quand on n'en a pas l'habitude. C'est dans ces boutiques que se vendent les fourneaux pour le kouskoussou, qui se cuit à la vapeur; les vases de terre sans fond et à large goulot dont on fait les *tarboukas* (tambourins) en y tendant une peau d'âne, de sorte que le potier est en même temps luthier, et vend de la vaisselle et des instruments de musique par un cumul ingénieux dont les civilisés ne s'aviseraient pas.

Tout en courant les rues, nous avions remarqué à plusieurs reprises des boutiques parfaitement vides de marchandises, au milieu desquelles se tenait assis sur une natte un personnage d'apparence grave, faisant rouler sous ses doigts les grains du chapelet oriental, ou écrivant avec un roseau sur de petits carrés de papier. Comme nous ne pouvions soupçonner à quel commerce se livraient ces gaillards sourcilleux et pensifs, on nous dit que c'étaient des *thalebs* (des savants). — Ces hommes de lettres en boutique tracent des amulettes et des phylactères, rédigent des placets et rendent à peu près les mêmes services que les écrivains publics chez nous. La plupart sont habiles calligraphes et copient, en lettres ornées, des sourates du Coran avec une légèreté de main, une précision et un goût admirables; ce sont les dignes fils des artistes qui ont fouillé, sur les murailles des salles de l'Alhambra et de l'Acazar de Séville, ces versets et ces légendes que nul ornement ne peut égaler en élégance et en richesse. Ils ont habituellement à côté d'eux quelques volumes anciens et un pot d'eau où trempe une branche de myrte, qui, dit-on, donne à l'eau un goût agréable.

Nous aimons assez cette façon de mettre les hommes de lettres en boutique, et nous regrettons fort qu'on n'ait pas cette habitude à Paris.

Pour compléter le tableau du commerce algérien, disons un mot de ces négresses qui, accroupies aux angles des rues, tiennent sur leurs genoux ou près d'elles des piles de galettes chaudes valant quelques liards chacune. La plupart sont des esclaves de familles ruinées par la conquête, qui cherchent par ce moyen à procurer du soulagement à leurs maîtres déchus.

Les négresses sont en grand nombre dans la ville d'Alger; elles circulent librement partout et à visage découvert, leur couleur étant sans doute regardée comme un masque suffisant. Leur habillement consiste en un pagne de Guinée à carreaux bleus qui les enveloppe de la tête aux pieds, en caleçons blancs retenus au genou, et en une chemise fort ouverte qui laisse toute liberté aux regards de plonger dans des charmes variant du cirage au chocolat pour la nuance, et du concombre au potiron pour la forme. Il y a cependant quelques exceptions, mais elles sont rares. — Une ceinture placée sous les aisselles, comme les tailles du temps de l'Empire, leur passe tantôt sous la gorge, tantôt par-dessus, et le plus habituellement la coupe en quatre, coquetterie ingénieuse qui les fait ressembler aux statues de la Nature à mamelles multiples.

Les joues et le front de ces négresses sont presque toujours tatoués de raies imprimées au fer chaud, marques des différents maîtres qui les ont possédées. De triples rangs de rassade, des chaînes de laiton et autres doreloteries sauvages pendent de leur cou, et forment sur leur poitrine un papillotant fouillis de paillon et de fanfreluches, auquel vont se joindre les pendeloques démesurées de boucles d'oreilles monstrueuses. Les bras sont chargés de bracelets d'ivoire, de cuivre ou de métal plus précieux, selon la richesse du maître ou de l'esclave. Un anneau d'argent rempli de grenaille de plomb leur cercle le bas de la jambe, et fait, lorsqu'elles marchent, un petit bruissement singulier.

Rien n'est plus étrange que de voir ces grandes figures noires gravir dans les rues escarpées et désertes en jetant des regards farouches par-dessus l'épaule. Leur croupe hottentote, leurs jambes sans mollets, leurs pieds à talons en forme d'ergots, leurs façons singulières de porter les bras, rappellent involontairement à l'Européen que le singe est plus proche parent de l'homme qu'on ne se l'imagine en général dans le Nord. — De loin en loin, elles disparaissent sous quelque porte basse entre-bâillée et refermée aussitôt.

Toutes ne sont pas laides cependant; la race noire compte des types variés; quelques espèces ont les traits purs, réguliers, le nez aquilin, les cheveux seulement crépés, et, sauf la couleur d'ébène, réalisent les idées que nous nous faisons de la beauté. D'autres ont l'angle facial si aigu, les pommettes si saillantes, les lèvres si monstrueusement bouffies, un cachet si marqué de bestialité, que les macaques et les cynocéphales sont charmants en comparaison! mais assez souvent ces têtes hideuses portent sur des corps d'une pureté de forme à défier les plus beaux bronzes. Les jeunes négresses, quand leurs contours ne sont pas altérés par les travaux de la maternité et de l'allaitement, ont des torses de statues antiques. Celles qui vaguent dans les rues ne sont que des servantes, des esclaves usées par la servitude, et il ne faudrait pas juger d'après elles les charmes de la Vénus noire.

Alger renferme de curieux échantillons de toutes ces populations mystérieuses que l'Afrique cache dans son sein inexploré : l'on y voit des Cafres, des Abyssins, des Éthiopiens, des noirs de Choa et d'Ifat, de Damanhour, de Gondar et de Tombouctou, cette ville introuvable et fabuleuse qui s'est dérobée si bien jusqu'à présent à la curiosité européenne derrière son voile de sable.

IV

ALGER

— Extra muros —

A force de grimper, nous étions parvenus à la Casbah, dont on a fait une caserne, et qui se compose comme presque tous les édifices orientaux, d'une agrégation de bâtiments irréguliers élevés à différentes reprises, selon les besoins et les caprices des possesseurs successifs ; c'est un mélange de grands murs, blancs, percés çà et là de petits trous en manière de portes, de remparts dentelés, de créneaux à chaperon, de coupoles rondes ou à côtes empâtées de chaux qui n'a rien de particulier, une fois la singularité du style oriental admise. — Ce qu'il y a de plus remarquable, c'est une fontaine à colonnettes de marbre blanc d'un joli goût. — L'intérieur, sacrifié aux aménagements militaires, n'offre rien de bien curieux; des colonnes basses, des arceaux évidés, des restes de revêtement en carreaux de faïence coloriée, voilà tout. — L'endroit où a été donné le fatal coup de chasse-mouche qui a causé la chute d'Hussein-dey est une salle voûtée, un marabout, comme on dit ici, d'un aspect triste et nu, qui a besoin de l'important fait historique qui s'y rattache pour attirer l'attention.

La porte de la Casbah, quoique accommodée aux exigences de la tactique moderne, ne manque pas d'un certain caractère; elle est percée au point culminant de la ville, dans un rempart crénelé qui descend par des pentes rapides jusqu'à Bab-Azoun, située près de la mer.

Il était midi environ, il faisait une chaleur de mois de juillet africain; mais, malgré l'ardeur d'un soleil dévorant, dont les ombres projetées par les maisons ne

4

nous garantissaient plus, nous ne pûmes résister au plaisir d'aller faire un tour *extra muros.*

En dehors de la porte de la Casbah, l'on rencontre une fontaine moresque, composée d'un corps de bâtiment faisant réservoir et d'un autre corps en ogive avec deux colonnettes à chapiteaux évasés comme des turbans; le robinet qui verse l'eau est placé sous cette arcade, au fond de laquelle se contournent, sur une plaque de pierre, quelques caractères arabes, une sentence ou un verset du Coran. Une acrotère, faite de briques contrariées et de tuiles alternativement bombées et creuses, achève l'ornementation. Une longue auge en pierre, où boivent les chevaux, règne sur toute la longueur de la façade. Deux grands arbres du Nord — des frênes, si notre mémoire est fidèle — découpent leur ombre bleue sur la corniche blanche.

Cette disposition, à quelques variantes près, est celle de toutes les fontaines arabes. On ne saurait trouver rien de plus simple, de plus gracieux et en même temps de mieux approprié aux besoins du pays. On peut essayer de faire autrement, mais on fera moins bien. Les peuples orientaux, quand ils ont trouvé la forme élégante et commode, la forme nécessaire de l'objet, n'en changent plus, et, par un amour de variété mal entendu, ne cherchent pas le nouveau aux dépens de la raison et de la beauté.

Tout ce versant, pulvérant de soleil et de lumière, est obstrué de végétations sauvages et vigoureuses; les aloès, aux lames de fer-blanc peint, aux lances épanouies comme des chandeliers à plusieurs branches; les cactus, aux palettes hérissées, aux coudes difformes; les figuiers, au feuillage verni, s'y mêlent dans un désordre vivace. A travers ce fouillis de verdure se croisent, en s'enlaçant comme des mailles, des multitudes de petits sentiers poussiéreux frayés par les Arabes, et qui, vus du large, ressemblent à un grand filet qu'on aurait étendu sur le flanc de la colline pour le faire sécher. Quelques palmiers — de jour en jour plus rares, hélas! — ouvrent çà et là, au bord du ciel, leur araignée de feuilles, monogramme et signature de l'Orient.

Au bas, par delà les lignes de maisons du faubourg de Bab-Azoun et de Mustapha-Inférieur, apparaît la nappe bleue de la mer, ourlant d'une mince frange argentée la courbe gracieuse du rivage.

Quel admirable horizon que la mer vue de haut! — La peinture n'en a jamais donné l'idée. C'est trop grand et trop simple. On reste là dans une muette contemplation, et les heures coulent sans qu'on s'en aperçoive.

Une mélancolie sereine s'empare de votre âme; vous sentez un détachement infini, et vos regards ne se tournent plus qu'à regret vers la terre immobile et morte. La mer, elle, vit et respire; même dans ses plus grands calmes, elle a des inquiétudes et des frissons ; un cœur toujours ému palpite sous sa poitrine d'azur.

Occupés de cet éternel spectacle, nous n'avions pas fait grande attention à des espèces de larges taches jaunâtres, semblables à des détritus de paille hachée, qui jonchaient le sol et qui de temps en temps se soulevaient comme remuées par un souffle pour aller s'abattre quelques pas plus loin. — C'étaient des sauterelles, dont une colonne en marche venait de tomber sur Alger.

On ne saurait par aucune exagération donner une idée même approximative de leur nombre. La terre en est littéralement couverte, on ne saurait faire un pas sans en écraser; une canne manœuvrée en l'air au hasard en coupe toujours en deux quelques-unes. Elles forment sur le ciel des nuages roussâtres. Vous voyez à l'horizon un brouillard fauve, c'est une migration de sauterelles qui passe. — Celles-ci étaient jeunes et n'avaient encore que des rudiments d'ailes : aussi allaient-elles moitié sautant, moitié voletant, comblant les fossés et les plis de terrain de leurs masses compactes. Avant d'être allé en Afrique, on a peine à s'effrayer beaucoup dans la Bible de la plaie des sauterelles d'Égypte. Au bout d'un quart d'heure de promenade, nous avions compris. De jeunes arbres étaient réduits à l'état de carcasses d'éventail et disséqués jusque dans la plus mince fibrille par les mandibules formidables des insectes dévastateurs; l'herbe est fauchée de près comme par le meilleur ouvrier, et le passage de la bande fait un hiver quelquefois de plus d'une lieue de large; il ne reste pas une feuille, pas un brin de gazon. La stérilité marche à l'arrière-garde. Les zones de dévastation sont très-nettement marquées; la moitié d'un champ est quelquefois ras comme la main, tandis que l'autre est parfaitement intacte.

Les sauterelles ont plusieurs phases de développement: quand elles sont jeunes, leur couleur est d'un jaune-paille; plus tard, la racine des ailes prend une nuance vert-pomme ou rose vif, sensible surtout lorsque l'insecte les ouvre. Elles atteignent alors une longueur de doigt, et, quand elles partent brusquement d'un buisson, quelqu'un qui ne serait pas prévenu pourrait les prendre sans peine pour de petits oiseaux.

Nous étions au milieu d'un nuage bruissant, bourdon-

4.

nant, de sauterelles qui se heurtaient à l'étourdie contre notre figure, contre nos mains; le pli de notre chemise en était rempli; nous en faisions tomber de notre poche en tirant notre mouchoir. — La crainte semble inconnue aux sauterelles. On dirait qu'elles n'ont pas le sentiment de la conservation, sentiment qu'on retrouve même chez le mollusque et le zoophyte, au plus bas degré de l'échelle des êtres. Poussées par un souffle inconnu, elles vont et rien ne les arrête. — Les feux allumés pour leur barrer le passage, elles les éteignent; les fossés, elles les comblent; les rivières, elles les obstruent par des encombrements de cadavres, et leur nombre n'en est pas diminué : on en détruit des milliers de quintaux métriques sans résultats sensibles. — C'est prodigieux ! et l'on s'étonne de cette fécondité déplorable de la nature dans les espèces malfaisantes.

Les Arabes mangent les sauterelles : ils en font une sorte de conserve au vinaigre et à la graisse. Quelques personnes prétendent que ce n'est pas un mets à dédaigner. Nous avouons n'avoir pas poussé l'héroïsme de la couleur locale jusqu'à constater par nous-même la vérité de cette asertion. Nous aimons mieux croire que les Arabes les mangent plutôt par vengeance que par gourmandise; nous rangeons ce régal à côté des cuisses de grenouilles, des escargots, des oursins et des autres dépravations gastronomiques.

Tout en nous débattant contre ces aimables insectes, nous longions les murailles qui conduisent à la mer; quelques Arabes bronzés, dans leurs longs linceuls blancs, montaient et descendaient, nous jetant un regard ferme et tranquille.

Près d'une poterne, pour la première fois, nous aperçûmes, dans une halte de bêtes de somme, des chameaux. — Rien n'est plus singulier que de voir en liberté des bêtes qui n'existent chez nous qu'empaillées ou dans les parcs de ménagerie.

Le chameau est l'animal le plus étrange qu'on puisse imaginer. Il semble appartenir à quelques-unes de ces créations disparues dont les géologues ont refait l'histoire. Sa construction, si bizarrement gauche dans sa difformité, indique les tâtonnements de la nature encore à ses premiers essais. — La gibbosité de son dos, la longueur de son col, la soudure grossière de ses articulations, qu'on croirait luxées, les calus qui les couronnent ont quelque chose de monstrueux et de ridicule, d'effrayant et de risible; on dirait une charge zoologique modelée avec le limon primitif par quelque Dantan antédiluvien.

Il y en avait deux mêlés à un troupeau de ces malheureux petits ânes dont nous avons parlé. Ils étaient accroupis, tout chargés, dans le sable brûlant. Leurs jambes repliées formaient des espèces de moignons rugueux, hideux à voir. Leurs flancs, goudronnés, luisaient sous le lacis de cordelettes et de bâtons destinés à retenir les ballots. L'un deux allongeait dans la poussière ce long cou fauve, qui rappelle celui de l'autruche et du vautour, et se termine par une petite tête aplatie comme celle d'un serpent où brille, entre de grands cils jaunes, un œil de diamant noir, où se dessinent des naseaux velus et coupés avec une obliquité sardonique.
— L'autre, gravement rengorgé, brochait des babines et paraissait plongé dans les voluptés de la digestion.
— Il ruminait. — Quelques touffes de poil roussâtre floconnaient aux environs de la bosse, et faisaient avec les parties rases un contraste qui donnait à l'honnête chameau une vague apparence de volaille à moitié plumée.

Un Arabe, immobile sous le déluge de feu, attendait, appuyé contre son bâton, que les animaux fussent assez reposés pour se remettre en route. Quelle rêverie occupait cet homme dans sa pose de statue ? A quoi pensait-il ? — Nous aurions bien voulu le savoir : à rien, sans doute; car les Orientaux, disent ceux qui les connaissent, ont la faculté de rester des heures entières à l'état purement végétatif, enveloppés par l'air tiède comme par un bain et ne conservant de la vie que la respiration.

En continuant notre descente vers la mer du côté de Bab-Azoun, en dehors de la porte, nous rencontrâmes des haltes de caravanes, des campements et des hôtelleries arabes : c'est tout ce qu'on peut rêver de plus simple et de plus sauvage. Les hôtelleries sont des espèces de bouges creusés dans la déchirure d'un ravin, de caves déchaussées où l'on grimpe par des degrés chancelants et dont les rebords, suprême magnificence, sont plaqués de quelques poignées de crépi à la chaux; un bout de tapis éraillé et troué à jour comme un crible, jeté sur une corde tendue en travers; un lambeau de sparterie qui s'effile ou s'échevèle, procurent aux voyageurs qui viennent de Biskara, de Touggourt ou de plus loin une ombre pailletée de points lumineux, qui leur paraît fraîche encore après les intolérables ardeurs du Sahara. C'est là qu'ils déchirent avec les ongles le mouton rôti et qu'ils hument à petites gorgées la tasse de café trouble, accompagnée de la pipe obligatoire.

Ces établissements somptueux sont réservés à l'aristocratie des voyageurs, aux négociants considérables.

Le commun des martyrs se loge sous des cahutes de roseaux, sous une natte ou une couverture soutenue par deux piquets; d'autres, moins sensuels encore, se contentent pour abri de l'ombre projetée par leur chameau ou leur cheval, et tout cela, bêtes et gens pêle-mêle, broute, mange, rumine et dort dans la plus fraternelle confusion.

Plus bas encore et de l'autre côté de la route, sous les arbres poudreux qui la bordent, fument des cuisines en plein vent, où de vieilles négresses à figure de stryge, à mamelles de harpie, accommodent le couscoussou sacramentel. — Les Biskris, les Mozabites et les Bédouins se régalent à qui mieux mieux de ces préparations primitives.

C'était là que s'élevait autrefois Bab-Azoun avec ses créneaux dentelés, ses machicoulis, ses barbacanes, ses moucharabys, ses crochets pour planter les têtes ou retenir les corps des suppliciés, tout son appareil de fortification du moyen âge. L'ancienne porte a été détruite et remplacée par une double porte en arcade dénuée de style, et qui a, de plus, l'inconvénient d'être en enfilade, singulière faute pour des constructeurs militaires. On ne saurait trop regretter ces démolitions sans but et sans utilité, qui enlèvent à une ville sa physionomie et ne permettraient plus aux anciens vainqueurs de reconnaître la brèche par où ils sont entrés.

Près de la porte, du côté du faubourg, à chaque bout de l'arche qui enjambe le fossé, deux escaliers descendent à un grand lavoir dont les eaux se déversent dans la mer. Sur les bords se penchent des blanchisseuses de toute nation et de toute couleur, dont le babil s'entend de la route.

La première porte franchie, en venant de la campagne, on aperçoit à gauche un petit marabout avec sa coupole blanche. — Ce marabout, vulgairement appelé le tombeau de Barberousse, quoiqu'il soit celui d'un autre personnage renommé par sa piété, est très-vénéré par les musulmans. A travers le grillage de la fenêtre, on entrevoit, dans la demi-obscurité de l'intérieur, des pièces d'étoffe, des châles, des mouchoirs pendus en *ex-voto* ou par manière d'hommage. De grands platanes jettent leur ombre sur le monument vénéré. Presque toujours, en Orient, les endroits consacrés sont accompagnés d'un bouquet d'arbres. La muraille de ce côté a conservé quelques broches de fer, vestige des anciens supplices, qu'est venue remplacer la philanthropique guillotine.

Presque en face, sur un tertre que va emporter au

premier jour une ordonnance de voirie, s'est juché un taudis arabe le plus étonnant du monde; rien n'est d'aplomb dans cette cahute composée des éléments les plus hétérogènes, cailloux, gravats, pisé, bouts de planche, ossements d'animaux, le tout barbouillé de quelques truellées de plâtre. L'intérieur, où l'œil plonge librement de la rue, ferait tomber Eugène Isabey en extase. — Ses plus chaudes esquisses d'alchimiste courbé sur le grand œuvre paraissent froides auprès de ce sublime bouge algérien; les murs sont culottés, par une fumée perpétuelle, de glacis de terre de Sienne, de momie ou de bitume, comme il n'en existe que dans les tableaux de Rembrandt et de Dietrich; un reflet de feu livrant bataille à un rayon de soleil, éclaire un angle de l'antre. Le maître de ce splendide établissement est un rôtisseur-friturier-restaurant, à l'usage des naturels du pays. — C'est le Borrel, le Véfour, le Véry des Arabes. Des quartiers de viande d'un aspect charogneux se balancent à la devanture, d'où coulent des cascades d'entrailles; ce qui n'empêche pas les Bédouins de trouver fort appétissants les mets qui se cuisinent dans ce repaire, noir de suie et rouge de sang.

A quelques pas de là, l'Europe vous reprend; vous pouvez vous croire à Paris ou à Marseille. Voilà les maussades maisons à cinq étages, voilà les arcades goût Rivoli, badigeonnées de ce jaune dont, au moyen âge, on engluait seulement le logis des traîtres et des excommuniés; les façades chamarrées d'enseignes et d'inscriptions; — aimables demeures, où l'on grille en juillet, où l'on gèle en décembre, et qui, nous l'espérons bien, seront jetées bas par le premier tremblement de terre. — Les pâtres kabyles à demi-nus, qui poussent leurs troupeaux dans cette rue au milieu de flots de poussière, forment le plus frappant contraste avec les boutiques françaises qui la bordent. — Ici, les mœurs patriarcales, le vêtement comme les pasteurs de la Bible devaient le porter lorsqu'ils venaient parler avec les jeunes filles sur la margelle des puits; là, les usages prosaïques, l'habit étriqué de la civilisation, toutes les misères et tous les mensonges du commerce!

Cette course nous avait aiguisé l'appétit et nous prîmes à la hâte, rue de la Marine, chez un restaurateur, nommé Giraud, un repas à l'ail, à l'huile et aux tomates, arrosé de vin de Lamalgue, tout à fait semblable à celui que nous eussions pu faire de l'autre côté de la Méditerranée, sur la Cannebière, à Marseille.

Après le dîner, pour achever la soirée, nous allâmes rue de l'Empereur, où avait lieu une *m'bita* ou bal indigène, dans la cour d'une maison moresque : c'était une occasion à ne pas négliger de voir les types féminins du pays; chose difficile partout où règne la loi du Coran.

Cette cour, entourée d'un portique pareil au cloître d'un couvent ou d'un patio espagnol, formait avec ses colonnettes de marbre à chapiteaux évasés, ses ogives contournées en cœur, une jolie salle de bal plafonnée par l'azur du ciel nocturne tout piqueté d'étoiles, et suffisamment illuminée par des veilleuses suspendues à des fils d'archal.

Trois ou quatre rangs d'Arabes accroupis dans leurs grands burnous blancs, et rappelant, par l'austérité de leur physionomie, l'immobilité de leur pose, la coupe et la couleur de leur vêtement, un conventicule de chartreux, encadraient un espace laissé vide pour les exercices des danseuses; — au fond, en face de la porte, se tenait l'orchestre, éclairé par trois ou quatre bougies fichées en terre; cet orchestre se composait d'un rebeb, d'une flûte de derviche et de trois ou quatre tarboukas; un peu en avant, sur un tapis, se tenaient assises, les jambes croisées, quatre ou cinq belles filles, que nous ne saurions mieux comparer qu'aux femmes d'Alger de Delacroix, pour la coquetterie sauvage du type et de l'ajustement.

La flûte de derviche entama une petite cantilène grêle que vint bientôt renforcer le son plus nourri du rebeb et soutenir le rhythme des tarboukas ; une des danseuses se leva et s'avança par d'imperceptibles déplacements de pieds jusqu'au milieu de la cour ; elle était coiffée de deux mouchoirs de Tunis rayés de soie et d'or, noués en marmotte sur un petit cône de velours ; sa veste de satin, enjolivée de paillon, était ouverte et laissait voir une chemise de crépon à bandes mates et transparentes alternativement ; un châle lui servait de ceinture et serrait des caleçons de taffetas cramoisi arrêtés au genou ; un grand foulard zébré de couleurs éclatantes, appelé foutah, lui bridait sur les reins et formait une espèce de jupon ouvert par devant. Cet ensemble éclatant allait bien avec sa figure régulière, au teint légèrement bistré, aux lèvres de grenade, aux yeux de gazelle agrandis par le surmeh, à l'expression langoureuse et passionnée à la fois.

La danse moresque consiste en ondulations perpétuelles du corps, en torsions des reins, en balancements des hanches, en mouvements de bras agitant des mouchoirs ; une jeune danseuse se démenant ainsi a l'air d'une couleuvre debout sur sa queue : cette rotation en spirale serait impossible au plus souple sujet de l'Opéra ;

pendant ce temps, la physionomie pâmée, les yeux noyés ou flamboyants, la narine frémissante, la bouche entr'ouverte, le sein oppressé, le col ployé comme une gorge de colombe étouffée d'amour, représentent à s'y tromper le mystérieux drame de volupté dont toute danse est le symbole.

Pour que l'assemblée ne perdît aucun détail, un nègre portant une bougie suivait la danseuse dans toutes ses évolutions, haussant et baissant son luminaire pour faire admirer tantôt le visage, tantôt la gorge, le bras ou autre chose ; le nègre accompagnait cette démonstration bizarre de grimaces lascives et de gambades de singe, qui paraissaient faire grand plaisir à la partie indigène du public.

La danse achevée, Zorah fit lentement le tour du patio ; les uns lui tendaient de petits verres d'anisette dans lesquels elle trempait ses lèvres ; d'autres lui suspendaient aux oreilles des guirlandes de fleurs de jasmin passées dans un fil ; quelques-uns, plus généreux, lui plaquaient sur le front, sur les joues, sur la poitrine, sur les bras, sur l'endroit enfin qu'ils admiraient le plus en elle, de minces pièces d'or retenues par la sueur.

Sa collecte finie, Zorah revint au milieu de la cour, la figure couverte d'un masque d'or. Deux de ses servantes s'approchèrent et tendirent devant elle un foulard sur lequel elle se pencha, et, par un petit frissonnement nerveux et soudain, elle fit tomber toutes les pièces attachées à sa peau.

Trois ou quatre autres danseuses, dont le type me rappela les femmes de Grenade, exécutèrent à leur tour des pas à peu près semblables, tantôt seules, tantôt ensemble, et recueillirent aussi des petits verres d'anisette, des fils de jasmin et des sultanis. C'étaient Baya, Kadoudja et autres beautés célèbres du lieu, admirées surtout pour la blancheur de leur teint, et auxquelles *in petto* nous préférions Zorah, comme plus Africaine.

Mais la nuit s'avançait, et nous sentions malgré nous la poudre d'or du sommeil nous ensabler les paupières, et nous nous retirâmes pour prendre un peu de repos. Nous ne répondrions pas que notre sommeil n'ait été troublé de rêves orientaux et chorégraphiques.

V

LES AÏSSAOUA

Blidah est une charmante petite ville, une espèce de Tibur africain détachant ses terrasses blanches sur un fond de montagnes violettes, ombragée par des bois où luit sous le vert feuillage le fruit d'or que regrettait Mignon, et rafraîchie par de nombreuses rigoles d'eaux courantes qui jasent le long des routes et des clôtures, et j'y ai passé quelques jours délicieux dans ce kief oriental qui est, au *far niente* italien, ce que l'extase est à l'ivresse et l'outremer au bleu de Prusse; état charmant où l'on dort les yeux ouverts, magnétisé par les fluides caresses de l'air, en si parfaite harmonie avec le milieu qui vous entoure, qu'on ne se sent pas plus vivre qu'un aloès ou qu'un laurier-rose. — A moins d'être mort, on ne saurait être plus heureux.

Pendant le jour, je restais dans le bois d'orangers, et, le soir, je m'installais au café du Hakem; ce café, pour ne pas ressembler aux cafés de Paris, n'en est pas moins pittoresque. De petites colonnes trapues, dont quelques-unes sont torses et surmontées de ces chapiteaux d'un corinthien capricieux, sculptées à Livourne et à Gênes pour l'usage de l'Orient, y supportent des arcades irrégulières, évasées en cœur. La façade est blanchie à la chaux, et son toit de tuiles creuses, qui se projette en avant, sert de point d'appui à une vigne luxuriante, vert plafond de la rue qu'elle recouvre entièrement. En face, dans une conque de pierre, filtre une fontaine entourée de pots de basilic.

Des nattes, déroulées sous les arcades reliées entre elles par des balustres de bois à hauteur d'appui, permettent aux consommateurs, tout en savourant le moka ou en fumant leur pipe, d'écouter le bruit de l'eau et d'aspirer le parfum des plantes aromatiques.

Un soir que, les jambes repliées en tailleur, entre un Bédouin et un Kabyle, je buvais à petites gorgées cet excellent café trouble dont les Orientaux ont le secret, j'entendis parler d'une fête qui devait se donner le lendemain au *haouch* (ferme) de Gerouaou, chez Ahmed-ben-Kaddour, caïd des Beni-Khelil.

Le programme de cette fête, débité par un nouvelliste comme il s'en trouve toujours dans les cafés, promettait une séance d'*aïssaoua*, espèce de convulsionnaires, dont on raconte des merveilles, qui depuis longtemps piquaient vivement ma curiosité en même temps qu'elles excitaient mes doutes; le voyageur au XIXe siècle est naturellement sceptique et il aime fort, avant de croire, à fourrer son doigt dans la plaie, comme saint Thomas; c'est moins méritoire mais plus sûr.

J'avais une lettre de recommandation pour le capitaine Bourbaki, alors chef du bureau arabe, et, quoique j'use en voyage avec une extrême discrétion de ces lettres de change tirées sur l'obligeance d'un inconnu, le désir de voir les aïssaoua l'emporta sur ma réserve habituelle et je me présentai résolument à lui.

M. Bourbaki me reçut à merveille et s'offrit de la plus aimable façon du monde à me servir de guide dans cette petite excursion, car le haouch de Gerouaou est à quelque distance de Blidah. Il fit seller des chevaux pour moi et deux amis qui s'adjoignirent à l'expédition, et monta lui-même une bête revêche, quinteuse, pleine de défenses et qui ne méritait que bien faiblement l'épithète de quadrupède, car elle fit à peu près la moitié de la route sur les deux pieds de derrière. L'écurie de M. Bourbaki, excellent écuyer, était meublée d'animaux de ce genre; il achetait de préférence les chevaux condamnés à mort pour leur indomptable méchanceté.

Il était six heures du soir environ, la chaleur avait perdu de sa force et une légère brume de poussière dorée cerclait l'horizon. Ce brouillard sec, dont les atomes scintillent dans les rayons obliques du couchant sert de vapeur aux pays chauds et leur fait, à de certains instants, cette blonde atmosphère dont Decamps et Marilhat ont tiré de si merveilleux effets; des nuées de sauterelles roses et vertes partaient brusquement, des haies ou des bouquets d'arbres qui bordaient la route, avec un bruit d'ailes semblable à un vol d'oiseau; le nombre en était tel, que la crinière de mon cheval et le capuchon de mon burnous avaient besoin d'être secoués tous les cent pas.

Dans les contrées du Midi, il n'y a presque pas de crépuscule. Le soleil, pareil à un charbon rougi qu'on éteint dans l'eau, plonge tout d'un coup sous l'horizon, et, comme les dernières lueurs ne trouvent pas de nuages pour se réverbérer, la nuit arrive subitement.

Nous venions de quitter la route pour couper à travers champs, le haouch de Gerouaou étant situé au milieu des terres. Nous traversions dans l'obscurité une espèce de plaine disposée pour une plantation d'ar-

5.

bres et fouillée, sur plusieurs lignes, de trous destinés à les recevoir ; il fallait s'en rapporter à l'instinct et à la vue nyctalope de mon grand coquin de cheval blanc, qui, à chaque fosse, s'enlevait brusquement sans que j'eusse eu le temps de le rassembler, et franchissait l'obstacle en me donnant d'épouvantables secousses qui me jetaient du troussequin au pommeau de ma selle. Après une vingtaine de sauts de ce genre, je me trouvai, à côté de mes amis et du chef du bureau arabe, sur un terrain plus uni au bout duquel scintillaient des lumières en mouvement. — On était arrivé.

Nous longeâmes, pour pénétrer au haouch, des files de chevaux entravés, auxquels ma monture, mise en gaieté par ses cabrioles, mordait amicalement la croupe, politesse repoussée à coups de ruade ou accueillie par des hennissements sonores comme des appels de clairon. Les chiens, qui se savent mieux vus des Français que des indigènes, gambadaient joyeusement autour de nous en jappant ; ce bruit ayant averti de la présence d'étrangers, les gens du haouch vinrent à notre rencontre et nous conduisirent au caïd Ahmed-ben-Kaddour.

Ahmed-ben-Kaddour, nous voyant en compagnie de M. Bourbaki, nous accueillit avec cette politesse exquise et cette suprême distinction, attribut des Orientaux si naturellement nobles, si parfaits gentlemen dans leurs manières ; — qu'on nous pardonne ce mot anglais à propos d'un caïd africain, il est le seul qui puisse rendre cette nuance.

Le salut oriental consiste à toucher la main du survenant et à reporter à sa bouche, pour y mettre le simulacre d'un baiser, les doigts qui ont effleuré ceux de l'étranger. *Aleikoum el salam*, répété de part et d'autre, complète la formule.

Ces cérémonies préalables terminées, le caïd nous fit asseoir auprès de lui sur un de ces étroits tapis faits par les Kabyles et qu'ils teignent avec la garance et le safran ; imitations barbares des merveilles de Smyrne, mais dont le goût sauvage n'est cependant pas à dédaigner ; les *capas de muestra* de Valence ressemblent fort à ces tapis.

Il ne serait peut-être pas inopportun d'esquisser ici le portrait d'Ahmed-ben-Kaddour. C'était un homme de quarante-cinq ans environ, dont la figure maigre, fatiguée plutôt que vieille, avait un singulier cachet de finesse et de distinction ; la chachia blanche qui entourait son masque bruni, en dessinait les méplats nettement accusés ; des yeux jeunes, limpides, impérieux et pénétrants éclairaient cette physionomie, à laquelle un nez d'aigle, une barbe effilée et pointue, mélangée déjà de quelques poils gris, un front découvert et rasé donnaient une vague ressemblance avec la tête de certains princes de la maison de Valois; ses mains, petites et sèches, bistrées par le soleil et beaucoup plus foncées de ton que son visage, faisaient luire des ongles blancs et soignés.

Son costume se composait du burnous rouge d'investiture, d'un burnous blanc et d'une veste d'un vert pistache très-pâle, très-doux, très-rompu de ton comme toutes les couleurs de la palette orientale, d'une ceinture de soie, de largues grègues et de bottes de maroquin orange toutes plissées comme nos bottes à la hussarde. Tout cela était d'un choix exquis et d'une propreté rare.

Un spectacle étrange se déroulait devant nos yeux. Sous de grands arbres, figuiers, caroubiers, sycomores, la tribu des Beni-Khelil se réjouissait, car on n'a pas oublié que le haouch était en fête. De petits groupes de quatre ou cinq personnes occupaient, au pied de chaque arbre, un tapis commun entouré d'un certain nombre de bougies de l'Étoile (ô civilisation! que venais-tu faire là?) fichées en terre comme les chandelles des malheureux qui, à Paris, font voir des hiboux ou chantent des romances, le soir, aux boulevards ou aux Champs-Élysées.

Cette illumination à ras de terre faisait un effet singulier et donnait aux feuillages, éclairés en dessous, un air de décoration de théâtre auquel le costume des acteurs, costume qui semble, pour des yeux européens, emprunté au vestiaire de l'Opéra, prêtait encore plus de vraisemblance.

A voir cette multitude de points lumineux, un poëte arabe eût dit que les étoiles du ciel étaient descendues pour boire la rosée dans l'herbe ou qu'une péri avait secoué là les paillettes d'or de son voile. Le fait est que les épiciers d'Alger avaient dû faire une belle vente.

J'avoue à ma honte qu'une contemplation d'une heure ne m'a pas fait découvrir en quoi consistait le divertissement des Beni-Khelil. Quelques-uns mangeaient du couscoussou, buvaient du café ou fumaient; mais le plus grand nombre ne prenait rien et restait immobile dans un profond silence, les yeux fixés sur les bougies.

Le plaisir de ces Bédouins naïfs, sans doute, était de voir brûler des bougies de l'Étoile : ce phénomène, moins neuf pour moi, m'intéressait médiocrement, et je regardais ces belles têtes, ces nobles poses, ces grands jets de draperies qui n'existent chez nous que dans les mirages de l'art. Pour un œil habitué aux laideurs de la civilisation, c'est un spectacle toujours attrayant que de voir des statues vivantes qui se promènent sans socle, et l'on conçoit, à l'aspect de ces superbes modèles, comment les Grecs étaient arrivés à ce type suprême qui nous semble l'idéal et n'est, en effet, que la reproduction exacte d'une heureuse nature.

Sur un signe du caïd, des esclaves placèrent devant nous, au bord du tapis, des jattes de bois pleines de couscoussou, de morceaux de mouton, de volaille, de lait caillé et de tranches de pastèque, régal homérique auquel nous fîmes honneur de notre mieux. On servit ensuite le café, et l'on alluma nos pipes.

Pendant que nous expirions lentement la fumée qui montait sous le dôme du feuillage en flocons bleuâtres, deux musiciens vinrent se planter devant nous. La beauté de leurs formes, la pureté antique des plis de leurs draperies les faisaient ressembler plutôt à des produits du ciseau grec qu'à de vulgaires ménétriers : ce bas-relief nous donnait une sérénade.

L'instrument dont ils se servaient était une espèce de hautbois ou de flûte, avec une anche plate et cerclée d'une rondelle de bois où s'appuyaient les lèvres des musiciens; immobiles, les yeux baissés, ne faisant d'autre mouvement que ceux indispensables pour le placement des doigts sur les trous, ils nous jouèrent sur une tonalité très-élevée une cantilène qui rappelait beaucoup la danse des almées de Félicien David. Les broderies des deux flûtes semblaient s'enlacer autour du motif principal comme les serpents autour du caducée de Mercure; qu'on nous passe cette comparaison mythologique, ou, si elle paraît trop surannée, comme deux de ces spirales laiteuses qui montent en sens inverse dans le pied des verres de Venise.

C'était étrange et charmant. La pose des musiciens, la forme de l'instrument, la nature de la mélodie, l'auditoire groupé dans ses draperies bibliques, tout reportait l'imagination aux temps de l'antiquité la plus reculée, aux souvenirs de ce monde primitif disparu à jamais. Apollon, condamné à garder les troupeaux d'Admète, devait charmer les ennuis de son exil en jouant un air analogue sur un pipeau absolument pareil, et sa tunique faisait, à coup sûr, les mêmes plis.

Les compositeurs de profession trouvent la musique des Orientaux barbare, discordante, insupportable; ils n'y reconnaissent aucun dessin, aucun rhythme, et n'en font pas le moindre cas. Pourtant elle m'a souvent produit des effets d'incantation extraordinaires avec ses quarts de ton, ses tenues prolongées, ses soupirs, ses notes ramenées opiniâtrement ; ces mélodies frêles et chevrotantes sont comme les susurrements de la solitude, comme les voix du désert qui parlent à l'âme perdue dans la contemplation de l'espace ; elles éveillent des nostalgies bizarres, des souvenirs infinis, et racontent des existences antérieures qui vous reviennent confusément ; on croirait entendre la chanson de nourrice qui berçait le monde enfant. — Si j'ai compris jamais les effets prodigieux que les historiens rapportent de la musique grecque, dont le secret est perdu pour les civilisations modernes malgré les efforts de quelques musiciens érudits, c'est en écoutant ces airs arabes dédaignés par messieurs de la fugue et du contre-point, et qui ont valu à l'ode-symphonie du *Désert* la plus rapide et la plus enthousiaste vogue musicale de notre temps.

Mais laissons de côté cette dissertation qui nous ferait passer pour un sauvage auprès des amateurs d'ariettes et de cabalettes sur le patron rossinien, et revenons au but de notre récit, à savoir les aïssaoua.

Avant de décrire les effroyables cérémonies des aïssaoua, il serait peut-être bon de dire ce que c'est que les aïssaoua.

L'Afrique compte dans sa population musulmane un assez grand nombre d'ordres, ou plutôt de congrégations, qui rappellent les confréries religieuses de l'Europe. Les affiliés à ces sectes se nomment *khouan*, ce qui veut dire frères. On en compte plusieurs en Algérie qui, presque toutes, tirent leur origine du Maroc. Les principales sont les confréries de Sidi-Abd-el-Kader-el-Djelali, de Mouleï-Taïeb, de Sidi-Mhammet-ben-Abd-er-Rhaman, de Sidi-Ioussef-Hansali, de Sidi-Hamet-Tsidjani et celle de Sidi-Mhammet-ben-Aïssa, le fondateur de l'ordre des aïssaoua.

La légende de cet Aïssa, mort il y a trois cents ans à peu près, est assez curieuse. C'était un pauvre homme de Meknès, dans le Maroc; ses enfants et sa femme n'avaient pas à manger tous les jours; mais, doué d'une foi à toute épreuve, Aïssa comptait uniquement sur Dieu pour sortir de cette misérable situation. Or, un jour qu'il avait prolongé sa prière à la mosquée et qu'il rentrait tristement au logis, pensant que sa famille affamée allait lui demander une nourriture qu'il ne rapportait pas, il vit une cuisse de mouton en train de cuire au foyer et tous les apprêts d'un repas succulent. Dans sa confiance sans bornes en Dieu, il ne s'enquit pas d'où venait cette abondance. Le lendemain, il retourna à la mosquée, où il fit une longue station et pria avec ferveur. En revenant chez lui, il trouva un festin splendide et la maison pleine de provisions qu'un inconnu avait apportées en son absence ; cela se renouvela ainsi tous les jours sans qu'Aïssa témoignât la moindre curiosité de connaître ce pourvoyeur généreux, qui n'était autre qu'un messager céleste. La profusion de viande, de farine et de légumes était telle, qu'Aïssa put nourrir tous les pauvres de la ville !

Une autre fois, sa femme, qu'il avait envoyée puiser de l'eau à la citerne pour faire ses ablutions, retira le seau plein de sultanis d'or, et cela à plusieurs reprises. Tout cet or fut rangé dans une alcôve, voilée d'un rideau blanc, d'où Aïssa le sortait à poignées pour le distribuer, sans compter jamais, aux nécessiteux qui avaient recours à lui.

Ces marques visibles de la protection divine engagèrent Aïssa, malgré son humilité, à fonder un ordre dont les affiliés devaient professer une foi absolue en Dieu, une obéissance passive à leur marabout.

Pour éprouver ses disciples, à l'Aid-el-Kebir (fête du beiram), il acheta cent moutons, et dit à ses cent fidèles qu'il serait heureux de les voir réunis le lendemain chez lui. Les disciples ne manquèrent pas au rendez-vous, et se placèrent dans la rue, devant la maison du marabout, qui sortit et vint à eux en leur disant :

— Vous êtes tous mes enfants, vous m'aimez comme un père et vous êtes résolus à faire en tout ma volonté?

Les disciples répondirent unanimement : « Oui ! » à toutes ces questions.

— Eh bien, ma volonté est de vous égorger tous. A la fête du beiram, on immole des moutons; il me plaît de vous prendre pour victimes. Que celui d'entre vous qui m'aime véritablement et qui a foi en moi entre dans la maison pour que je le tue.

Cette proposition étrange fit hésiter les disciples, et, franchement, il y avait de quoi. Cependant, l'un d'eux se décida et dit au marabout :

— Prends ma vie, si tu crois que cela soit utile, ou seulement si cela te fait plaisir !

Sidi-Mhammet-ben-Aïssa fit entrer le disciple dévoué dans son logis et lui donna un de ces cent moutons, en lui recommandant de l'égorger de manière que le sang coulât dans la rue.

Puis il sortit et renouvela sa proposition. Peu rassurés par ce ruisseau rouge, qui semblait annoncer l'immolation de la victime, les khouan hésitèrent et sentirent chanceler leur foi. Un d'eux, cependant, se détacha de la masse et vint au maître, qui le fit entrer dans la maison et agit avec lui comme avec le premier. Malgré les flots de sang qui coulaient dans la rue, trente-huit disciples se décidèrent à se soumettre aveuglément à la volonté du marabout, et reçurent chacun un mouton pour récompense, au lieu de la mort qu'ils attendaient.

Le bruit se répandit bientôt par la ville de Meknès que Sidi-Mhammet-ben-Aïssa égorgeait ses khouan; l'autorité intervint, l'on enfonça la porte, et l'on trouva les trente-huit moutons tués. — Ce petit nombre de disciples dévoués jusqu'à l'absurde, jusqu'à l'atroce, suffit à l'illuminé pour fonder son ordre, qui devint bientôt fort nombreux. Bizarre remarque à faire, Aïssa chez les musulmans est le nom de Jésus. Aïssaoui au singulier, aïssaoua au pluriel veut littéralement dire jésuite. De plus, le marabout posait comme règle de son ordre, le *perindè ac cadaver* d'Ignace de Loyola.

Nous ne rapporterons pas ici les miracles de la pluie, de la hache, de la pièce d'argent, de la femme changée en négresse, de la touffe de poils blancs et vingt autres prodiges accueillis sans critique par la crédulité musulmane, mais nous en raconterons un qui a trait à la scène que nous allons décrire.

Un jour, Sidi-Aïssa, suivi de quelques frères, était allé faire une visite dans un douar assez éloigné. Pendant la route, souffrant de la faim, les disciples demandèrent plusieurs fois de la nourriture au marabout, qui, impatienté, leur répondit :

— Eh bien, mangez du poison.

Les khouan, habitués à prendre les paroles d'Aïssa au pied de la lettre, ramassèrent des scorpions, des crapauds, des serpents, des vipères et autres bêtes venimeuses, et s'en rassasièrent comme des mets les plus délicats.

Arrivés au douar, ils ne touchèrent point au repas qu'on leur offrit, et ils dirent à Sidi-Aïssa que, d'après son ordre, s'étant nourris de poison, ils n'avaient plus faim. Pour les récompenser de leur foi, le marabout leur accorda dès lors le privilége d'être à l'abri de tout venin, et ce privilége s'étendit au reste de l'ordre et s'est perpétué jusqu'à nos jours.

Mouleï-Ismaël, sultan du Maroc, qui n'était pas en bons rapports avec le saint marabout, dont les miracles éclipsaient sa puissance, voulut servir aux disciples d'Aïssa un plat de sa façon, et il fit remplir une énorme jatte de la plus abominable cuisine qu'il put inventer; le chaudron des sorcières de Macbeth ne contenait pas de plus affreux ingrédients.

A la vue de ce vénéneux pot-pourri, les khouan renaclèrent; leur foi n'était pas assez vive pour dompter les soulèvements de leur estomac; ils allaient se retirer tout confus et laisser triompher Mouleï-Ismaël, lorsque Lella-Khamsia, une ancienne servante de Sidi-Mhammet-ben-Aïssa, vint se planter devant l'exécrable brouet, et, reprochant aux khouan leur tiédeur, se mit à dévorer les couleuvres, les rats, les araignées, les limaces de si grand cœur, que les aïssaoua, encouragés, vidèrent le plat en un clin d'œil, à la grande confusion du sultan. Ils ne se portèrent que mieux après ce festin empoisonné.

En mémoire de ce miracle, on voit quelquefois sur les places d'Alger, une femme, les cheveux épars, faire mine d'avaler des serpents, en réglant ses contorsions sur le rhythme des tarboukas, et les aïssaoua jouissent dans tout le Magreb de la réputation des psylles d'Égypte. Leur pouvoir ne s'étend pas seulement sur les reptiles, ils connaissent l'art de dompter les animaux féroces, et traînent souvent à leur suite des lions apprivoisés.

La cérémonie allait commencer; les groupes se dispersèrent. Ahmed-ben-Kaddour se leva et passa dans la cour du haouch, espèce de patio espagnol entouré d'arcades; là, il me fit asseoir à côté de lui, sur un tapis d'honneur, avec M. Bourbaki et mes deux compagnons.

Cette cour, assez vaste, entourée par des bâtiments à toits plats et crépis à la chaux, s'éclairait bizarrement par des bougies et des lampes placées à terre auprès des groupes. Le ciel, d'un indigo sombre, s'étendait au-dessus comme un plafond noir tout dentelé par des files de spectres blanchâtres posés ainsi que des oiseaux de nuit sur le rebord du toit. On eût dit un essaim de larves, de lémures, de stryges, d'aspioles et de goules attendant la célébration de quelque mystère de Thessalie ou l'ouverture de la ronde du sabbat. Rien n'était plus effrayant et plus fantastique que ces ombres muettes et pâles suspendues au-dessus de nos têtes dans l'immobilité morte de créatures de l'autre monde. C'étaient les femmes de la tribu qui s'étaient rangées sur les terrasses pour jouir à leur aise de l'horrible spectacle qui allait avoir lieu.

Les aïssaoua s'étaient accroupis au nombre d'une trentaine environ, autour du mokaddem ou officiant, qui commença d'une voix lente et monotone à réciter une prière que les khouan accompagnaient de grognements sourds. De temps à autre, un faible coup de tarbouka rhythmait et coupait ce murmure, qui allait s'enflant peu à peu et se grossissant comme une vague avec un bruit d'océan ou de tonnerre lointain.

Tout à coup, un cri aigu, prolongé, chevroté, un piaulement de chouette ou d'orfraie éblouie, un sanglot d'enfant égorgé, un rire de goule dans un cimetière, partit à travers la nuit comme une fusée stridente. Cette note, d'une tonalité surnaturelle, cette note aigre, frêle et tremblée, fausse comme un soupir d'hyène, méchante comme un ricanement de crocodile, éveilla dans le lointain les jappements enroués des chacals et me fit froid à la moelle des os. Il me sembla qu'un vol d'affriets ou de djinns passait au-dessus de moi.

Ce miaulement infernal était poussé par les femmes, qui soutiennent ce cri en frappant leur bouche avec le plat de la main pour faire vibrer le son. On ne saurait imaginer rien de plus discordant, de plus affreux, de plus sinistre. Les grincements des roues de chars à bœufs qui, pendant la nuit, dans les montagnes de l'Aragon font fuir les loups d'épouvante, ne sont, à côté de cela, que de l'harmonie rossinienne.

Cet épouvantable applaudissement parut exciter les

aïssaoua, ils chantèrent d'une voix plus forte et plus accentuée. Les joueurs de tarboukas frappèrent leur peau d'onagre avec une vigueur et une activité toujours croissantes. Les têtes des assistants marquaient la mesure par un petit hochement nerveux, et les femmes scandaient l'interminable litanie des vertus et des miracles de Sidi-Mhammet-ben-Aïssa de glapissements de plus en plus rapprochés.

La ferveur de la prière augmentait; les figures des khouan commençaient à se décomposer; ils remuaient la tête comme des poussahs ou la faisaient rouler d'une épaule à l'autre; la mousse leur venait aux lèvres; leurs yeux s'injectaient, leurs prunelles renversées fuyaient sous la paupière et ne laissaient voir que la cornée; tout en continuant leur balancement d'ours en cage, ils criaient : « Allah! Allah! Allah! » avec une énergie si furibonde, un emportement de dévotion si féroce, d'une voix si sauvagement rauque, si caverneusement profonde, que l'on aurait plutôt dit des rugissements de lions dans un antre affamé, que les articulations de voix humaines. Je ne conçois pas comment leurs poitrines n'étaient pas brisées par ces grommellements, formidables à rendre jaloux les fauves habitants de l'Atlas.

Le rythme des tambours devenait de plus en plus

impérieux; les aïssaoua s'agitaient avec une frénésie enragée; le balancement de tête, qui n'avait été d'abord exécuté que par quelques-uns, était maintenant général; seulement, les oscillations prenaient une telle violence, que l'occiput allait frapper les épaules et que le front battait la poitrine en brèche. Cela bientôt ne suffit plus. Le balancement avait lieu de la ceinture en haut, et le corps décrivait un demi-cercle effrayant; c'étaient des convulsions, de l'épilepsie, de la danse de Saint-Guy, comme au moyen âge.

De temps en temps, quelque frère épuisé de fatigue roulait à terre, haletant, couvert de sueur et d'écume, presque sans connaissance; mais, poursuivi par le tonnerre implacable des tarboukas, il tressaillait et se soulevait par secousses galvaniques comme une grenouille morte, au choc de la pile de Volta. A cette vue, les spectres enthousiasmés secouaient leurs linceuls sur le bord des terrasses et faisaient grincer, avec un bruit plus sec et plus rauque, la crécelle de leurs voix. On remettait le chaviré sur son séant et il recommençait de plus belle.

Un aïssaoui considérable dans la secte, et qu'on semblait regarder avec une sorte de terreur respectueuse, se tordait dans des crispations de démoniaque; ses narines tremblaient, ses lèvres étaient bleues, les yeux lui sortaient de la tête, les muscles se tendaient sur son col maigre comme des cordes de violon sur le chevalet; des trépidations nerveuses agitaient son corps du haut en bas; ses bras se démenaient comme les ressorts d'une machine détraquée, avec des mouvements qui ne partaient plus d'un centre commun et auxquels la volonté n'avait pas part; on le mettait debout, en le tenant sous les aisselles; mais il se projetait si violemment en avant et en arrière, comme ces personnages ridicules qui font des saluts grotesques dans les pantomimes, qu'il entraînait avec lui ses deux assesseurs et retombait bientôt à terre en se tortillant comme un serpent coupé et en rauquant le nom d'Allah, avec un râle si guttural et si strident, quoique bas, qu'il dominait les cris des khouan, les piaulements des femmes et le trépignement des convulsionnaires. — Si jamais le diable est forcé de confesser Dieu, il le fera de cette manière.

Mon œil se troublait et ma raison s'embarrassait à regarder cette scène vertigineuse. La singulière sympathie imitative qui vous fait détendre les mâchoires en face d'un bâillement me causait sur mon tapis des soubresauts involontaires; je secouais machinalement la tête et je me sentais, moi aussi, des envies folles de pousser des hurlements. Un cavalier du maghzen, assis non loin de moi, n'y put résister plus longtemps et roula sur la poussière avec des rires et des sanglots nerveux, se soulevant au rhythme pressé, saccadé, haletant des tarboukas ronflant sous une furie de percussion toujours augmentée.

Le désordre était au comble, l'exaltation touchait à son paroxysme. Par la persistance du chant, du tambour et de l'oscillation, les aïssaoua avaient atteint le degré d'orgasme nécessaire à la célébration de leurs rites; le délire, la catalepsie, l'extase magnétique, la congestion cérébrale, tous les désordres nerveux traduits en sanglots, en contorsions, en roideurs tétaniques convulsaient ces membres disloqués et ces physionomies qui n'avaient plus rien d'humain. La lumière des lampes s'entourait d'auréoles sanglantes dans la rousse brume de poussière soulevée par ces forcenés et ses reflets rougeâtres donnaient un air encore plus fantastique à cette scène bizarre dont le souvenir nous est resté comme celui d'un cauchemar.

Tout cela grouillait, fourmillait, trépidait, sautelait, gloussait, hurlait dans un pêle-mêle hideux. Les mouvements de l'homme avaient fait place à des allures bestiales. Les têtes retombaient vers le sol comme des mufles d'animaux, et une fauve odeur de ménagerie se dégageait de ces corps en sueur.

Nous frissonnions d'horreur dans notre coin, mais ce que nous venions de voir n'était que le prologue du drame.

Se traînant sur les genoux ou les coudes, ou se soulevant à demi, les aïssaoua tendaient leurs mains terreuses au mokaddem, tournaient vers lui leurs faces hâves, livides, plombées, luisantes de sueur, éclairées par des yeux étincelants d'une ardeur fiévreuse, et lui demandaient à manger avec des pleurnichements et des câlineries de petits enfants.

— Si vous avez faim mangez du poison, leur répondit le mokaddem, comme le fit Sidi-Mhammet-ben-Aïssa à ses disciples qui s'en trouvèrent si bien, d'après la légende dont cette cérémonie est destinée à perpétuer la mémoire.

Ce qui se passa après que le mokaddem eut fait signe d'apporter les nourritures, est si étrange, que je supplie mes lecteurs de croire littéralement tout ce que je vais leur dire. Mon récit ne contient aucune exagération, d'abord parce que l'exagération n'est pas possible dans la peinture de ce monstrueux délire qui laisse bien loin derrière lui les visions de Smarra et les caprices de Goya, le graveur des épouvantes nocturnes. Des crapauds, des scorpions, des serpents de différentes espèces furent tirés de petits sacs et dévorés vivants par les aïssaoua avec des marques d'indicible plaisir; ceux-ci léchaient des pelles ou des bêches rougies au feu; ceux-là mâchaient des charbons ardents; d'autres puisaient dans des terrines du couscoussou mélangé de verre pilé et de tessons, ou mordaient des feuilles de cactus dont les épines leurs traversaient les joues. J'ai gardé longtemps plusieurs de ces feuilles épaisses et dures comme des semelles de botte qui portaient, découpées à l'emporte-pièce, l'empreinte des dents de ces étranges gastronomes.

Chacun, en dévorant sa dégoûtante pâture, imitait le cri d'un animal, qui le rugissement du lion, qui le sifflement de la vipère, qui le renaclement du chameau, ou poussait des cris inarticulés, spasmes de l'extase, échappements de l'hallucination, appels aux visions inconnues perceptibles pour le croyant seul.

Les plus fervents se couchaient sur des lits de braise comme sur des lits de roses; et, dans cette position de Guatimozin, leur visage s'illuminait d'une indicible expression de volupté céleste qui rappelait l'expression des martyrs chrétiens dans les tableaux des grands maîtres.

Un de ces fanatiques, âgé à peine d'une vingtaine d'années, s'avança jusqu'à l'endroit où nous étions assis, et, de l'air le plus tranquille du monde, tout en dodelinant sa tête alourdie par un hébétement de béatitude, il se posa sous les aisselles quatre mèches soufrées tout en feu et les promena lentement le long de chacun de ses bras; une forte odeur de chair grillée nous montait aux narines, et lui, souriant avec un sourire d'amoureuse langueur, marmottait à demi-voix le nom d'Allah !

Un autre, à moitié nu, sec, maigre et fauve, se frappait la poitrine d'une façon si rude, qu'à chaque coup il jaillissait un flot de sang; près de lui, un de ses compagnons sautait pieds nus sur des tranchants d'yataghans.

Les tarboukas tonnaient sans interruption, les cris des femmes se succédaient d'instants en instants, plus perçants, plus grêles, plus chevrotés que jamais, dépassant en acuité la chanterelle des plus aigres violons; il n'y avait plus un seul frère debout, tous se roulaient épileptiquement dans un hideux mélange de débris impurs, comme des nœuds de serpents qui se tordent sur un fumier. Je laissais flotter mes yeux, fatigués et troublés, sur ce monstrueux ramas de têtes, de torses et de membres désordonnés, fourmillant dans la poussière et la fumée, lorsqu'il se fit à l'une des portes un mouvement qui annonçait un nouvel épisode à ce sauvage poëme.

Deux Arabes entrèrent dans la cour, traînant par les cornes un mouton qui résistait beaucoup, et arc-boutait désespérément ses pattes contre terre pour ne pas avancer. On eût dit qu'il pressentait son sort; son grand œil bleu pâle, fou de terreur, se dilatait prodigieusement et jetait alentour des regards vitrés qui n'y voyaient pas; ses narines camuses distillaient une mousse sanguinolente, et tout son corps tremblait comme la feuille; quoique personne ne l'eût touché, il était déjà mort pour ainsi dire.

A la vue du mouton, une clameur assourdissante, un hourra frénétique sortit de toutes ces poitrines, où il ne semblait devoir plus rester que le souffle; un pareil hurlement doit jaillir d'une fosse aux ours où il tombe un homme.

Les aïssaoua se jetèrent sur la pauvre bête, la renversèrent, et, pendant que les uns lui maintenaient les pattes, malgré ses tressaillements et ses faibles ruades d'agonie, les autres lui déchiraient le ventre à belles dents, mâchaient ses entrailles parmi les touffes de laine. Ceux-ci tiraient à eux, comme font les oiseaux carnassiers sur les charognes, un long filement de boyau, qu'ils avalaient à mesure; ceux-là plongeaient leur tête dans la carcasse effondrée, mordant le cœur, le foie ou les poumons. — Le mouton ne fut bientôt plus qu'une boue sanglante, un lambeau informe que ces bêtes féroces se disputaient entre elles, avec un acharnement que des hyènes et des loups n'y auraient certes pas mis.

Un détail purement oriental augmentait encore l'horreur de cette scène : les Arabes, comme tous les peuples musulmans, se rasent la tête ; les aïssaoua de Gerouaou, après deux heures de contorsions et d'épilepsie, étaient presque tous décoiffés, et leurs crânes dénudés se nuançaient, comme un menton dont la barbe est faite, de tons bleuâtres et verdâtres assez semblables à ceux de la moisissure ou de la putréfaction; ces faces cuivrées, surmontées de tons faisandés, avaient un aspect bestial et sinistre, et, à voir ces crânes bleus, emmanchés de nuques rouges se plongeant dans les entrailles pantelantes du mouton, on eût dit de monstrueux oiseaux de proie, moitié hommes, moitié vautours, dépeçant quelque carcasse abandonnée sur une voirie. — Les lambeaux de draperie qui palpitaient sur ce groupe impur simulaient assez bien de vieilles ailes flasques.

A la fin, ivres de ce repas de Lestrygons, fatigués des délires de cette nuit orgiaque, les aïssaoua tombèrent lourdement çà et là et s'endormirent d'un sommeil inerte.

La tête me tournait, j'avais des vertiges et des nausées, et ce ne fut pas sans un vif sentiment de plaisir que je me retrouvai sur la route de Blidah, où l'air frais du matin eut bientôt balayé ces terribles visions nocturnes — qui sont pourtant des réalités.

VI

LA DANSE DES DJINNS

Quand j'arrivai à Constantine, le jour était près de finir. Les nuances orangées du couchant, se rencontrant avec le bleu du ciel, produisaient des tons de turquoise rayés de quelques stries de nuages étroits, bruns par-dessus, frappés par-dessous de reflets rougeâtres comme le ventre de certains poissons. Sur ce fond de ciel féroce, car les ciels ont leur physionomie comme les visages humains, le vol des vautours et des cigognes traçait de grandes virgules noires et les murailles de la ville se dessinaient en angles sombres au haut du rocher que j'escaladais péniblement.

De gigantesques buissons de cactus dont les palettes ressemblaient vaguement dans l'ombre à des vertèbres de cachalot échoué; des sabres et des lances d'aloès bordaient le chemin comme un troupeau de monstres ou une guérilla d'ennemis embusqués. Quelquefois un Bédouin, monté sur son cheval maigre au ventre ensanglanté, me frôlait en passant des plis de son burnous flottant comme un linceul de spectre.

La terre et le ciel étaient menaçants; la nature semblait sourdement hostile, et je ne sais quel indéfinissable sentiment de danger planait dans l'air. Il y a des moments où la solitude ne veut pas être dérangée et où l'ombre se renferme irritée sur le voyageur qui la traverse. Aussi, quoique aucun péril appréciable ne me menaçât, éprouvai-je une sorte de soulagement lorsque j'aperçus, sur le plateau de la montagne qui sert de base à Constantine, le marabout rendu célèbre par le tableau d'Horace Vernet.

Comme Alhama, comme Ronda, en Espagne, Constantine est bâtie en aire d'aigle au sommet d'un rocher énorme qu'un précipice, au fond duquel se tord le Rummel, isole presque complétement, et qui ne se rattache à la terre que par un pont et une espèce d'isthme formant le seul point accessible. La ville d'Achmet-bey, bien qu'au pouvoir des Français, n'a rien perdu de son aspect arabe. Elle a conservé ses ruelles étroites embrouillées en écheveaux inextricables, ses minarets penchés, ses maisons aveugles, aux portes basses, toute sa physionomie orientale.

— Parbleu! vous tombez bien, me dit la personne à qui j'étais recommandé, après que j'eus réparé, par un repas aussi succulent que pouvait l'offrir l'hôtel d'*Europe*, l'unique auberge de la ville, les fatigues d'une journée de voyage sous le soleil africain, au milieu du mois d'août. Vous qui êtes curieux de choses extraordinaires, il y a précisément ce soir *danse des djinns* dans une maison que je connais, et où je peux vous introduire, si vous n'aimez mieux, ce qui serait plus sage, vous coucher tranquillement, au lieu d'aller voir des grimaces effroyables et des contorsions extravagantes.

— Je vous avouerai humblement, ami cher, que

j'ignore ce que c'est que la *danse les djinns,* et que ce que vous dites pique ma curiosité.

— En France, me répondit mon ami d'un ton un peu sceptique et légèrement voltairien, on croit aux revenants : une souris trotte derrière une boiserie, un linge pend d'une façon lugubre au clair de lune, le vent se plaint dans un tuyau de cheminée; on explique tout cela par le mot revenant, et quelques messes procurent le repos à l'âme en peine. Ici, l'on croit aux djinns. La ballade ascendante et décroissante d'Hugo a dû vous familiariser avec ce nom baroque et vous apprendre à peu près ce qui en est. Les djinns sont des esprits nocturnes qui se plaisent à tracasser les habitants de certaines maisons où a été commis anciennement quelque crime ignoré, ou qu'un jettator a maléficiées de son regard bigle, malgré les mains vertes et rouges appliquées, comme préservatif, sur la chaux blanche de la muraille. Pour les faire déloger, on exécute, au son des tarboukas, des danses échevelées et symboliques qui leur sont particulièrement désagréables et mettraient en fuite des diables plus cornus et plus griffus qu'eux.
— Ce *programme* doit suffire à votre intelligence. Levez-vous et suivez-moi ; la cérémonie va commencer.

Mon ami alluma un bout de bougie qu'il introduisit

dans une de ces lanternes de papier bariolé qui s'allongent et se reploient élastiquement et que les illuminations des fêtes publiques ont rendues si communes en France depuis la conquête d'Alger.

— Je ne vous dirai pas, comme Henri IV : « Ne perdez pas de vue mon panache blanc, il vous conduira au chemin de l'honneur; » mais je vous recommande de vous diriger sur ma lanterne comme sur l'étoile polaire. La civilisation n'a pas encore fait jouir Constantine de ses progrès. Le gaz, et même les réverbères, sont aussi inconnus ici que du temps de Mahomet, et les rues sont si noirement compliquées, qu'il est fort aisé de s'y perdre.

On verra tout à l'heure que la recommandation n'était pas inutile.

Nous suivions des ruelles si étroites, que deux ânes chargés n'eussent pu y passer de front. Les maisons, à étages surplombant comme des escaliers renversés, se touchaient souvent par le haut, interceptant la faible lueur du ciel nocturne ; certains passages étaient voûtés et comme souterrains, et nos ombres, projetées par la clarté tremblante de la lanterne, vacillaient sur des pans de mur éraillés, sur de vieilles portes cadenassées en portes de prison, comme dans ces bizarres et fantastiques eaux-fortes de Rembrandt où la réalité prend les formes du cauchemar. Nous marchions au milieu de la jaune pénombre du fanal, ayant derrière nous et devant nous l'obscurité la plus opaque. Quelque Arabe attardé se glissait le long des parois, enveloppé de son suaire blanchâtre ; un chien réveillé se déplaçait en poussant un gémissement plaintif et se traînait comme une larve hideuse hors du rayon de lumière pour s'aller rouler en boule un peu plus loin.

J'éprouvais cette sorte de plaisir angoisseux qui devait faire palpiter le cœur des héroïnes qu'Anne Radcliffe promène, une lampe à la main, à travers les corridors interminables de ses châteaux pleins de terreurs et d'apparitions.

Nous arrivâmes enfin près d'une maison laissant filtrer, par les fentes de la porte, quelques filets de lumière qui rejaillissaient en éclaboussures bizarres sur la muraille opposée. C'était là qu'avait lieu la cérémonie.

Après quelques mots en arabe échangés par mon compagnon avec un grand drôle basané, dont la face sombre faisait luire deux rangées de dents désordonnées et férocement blanches, on nous fit entrer dans une cour entourée d'un portique de petites colonnes, sur lesquelles retombaient des arcades évasées en cœur, et semblable pour la disposition au *patios* des maisons d'Andalousie, qui ne sont, du reste, eux-mêmes, que des imitations de l'architecture moresque.

Une vingtaine de veilleuses, nageant dans des verres pleins d'huile et suspendus par des fils d'archal, concentraient leur lumière sur le millieu de la cour, laissée libre pour les danses.

Sous les arcades se tenaient accroupies, dans des poses de macaque, sept ou huit vieilles, évidemment cousines des sorcières de *Macbeth*, malgré leurs yeux de chouette, brillant dans une large auréole bistrée, leurs nez luisant comme des becs d'oiseau de proie, leurs gros sourcils noirs et leur teint de revers de botte tanné par soixante années de soleil, qui montraient irréfragablement qu'elles avaient plutôt foulé le sable d'Afrique que la bruyère de Dunsinane. Quelques-unes étaient juives, comme l'indiquait la bandelette de velours noir historiée de paillon qui pressait leurs tempes décharnées, et dont les bouts flottaient par derrière sur leurs maigres épaules : jamais juives n'ont gâté sorcellerie, et leur place est toujours marquée d'avance au sabbat. — J'avais vu en Espagne d'assez terribles vieilles, et les caprices de Goya en peuvent donner une idée à ceux qui n'ont pas franchi les monts. Mais celles-ci me parurent supérieurement hagardes et truculentes; elles tenaient, entre leurs mains brunes et ridées comme des pattes de singe, des tarboukas dont elles interrogeaient distraitement la peau avant de commencer leur bacchanale.

En face étaient assises, à la mode orientale, quatre ou cinq jeunes femmes coiffées de ces mouchoirs de soie aux couleurs éclatantes et tramés de fils d'or, que les Moresques savent tourner si coquettement autour de la calotte de velours qui couvre le sommet de leur tête; leurs paupières noircies d'antimoine, leurs sourcils peints et rejoints à la racine du nez donnaient à leur beauté un caractère étrange qui n'était pas sans charme. Des vestes brodées, une chemise de gaze échancrée à la poitrine, des caleçons de soie arrêtés au genou, un mouchoir agrémenté d'or servant de ceinture, et la foutah, espèce de jupon ouvert par devant et bridant sur les reins, formé d'un foulard zébré de nuances vives et de paillon, composaient leur costume, avec quelque différence de détail due à la richesse ou au caprice de chacune d'elles; de longues pendeloques d'un goût barbare frémissaient à leurs oreilles, et quelques-unes, mode particulière à Constantine, portaient comme des jugulaires trois chaînettes d'or tombant de deux boutons de pierreries fixés aux tempes, et encadrant sans le toucher l'ovale de leur figure.

C'était une charmante compensation aux atroces stryges, aux abominables goules dont j'ai charbonné tout à l'heure le croquis.

Au rebord de la terrasse intérieure formée par les quatre murailles de la cour, je discernais, à la lueur tremblante des veilleuses, sur le fond noir du ciel, des ombres blanchâtres, accroupies, accoudées ou debout, s'enveloppant dans leurs draperies comme des cigognes dans leurs ailes, et se tenant aussi immobiles que des figures de marbre sur la ligne d'une attique : c'étaient les femmes de la maison et les voisines qui voulaient assister à la conjuration sans être vues, et satisfaire à la fois leur curiosité et la réserve orientale.

Quelques hommes, Bédouins ou Kabyles, la chachia ceinte de la corde de poil de chameau, se tenaient groupés sur les marches d'un escalier conduisant à l'étage supérieur.

On nous fit asseoir près du sauvage orchestre, et la cérémonie commença. Les vieilles femmes murmurèrent d'abord d'un ton bas et traînant une sorte d'incantation soutenue de quelques sourds ronflements de tarbouka, que les jeunes danseuses rangées à leur place semblaient écouter avec beaucoup d'attention. Cependant, aucune d'elles ne bougeait. Alors, les musiciennes haussèrent la voix et firent résonner plus fortement la peau d'âne des tarboukas ; quelques oscillations de tête d'arrière en avant et d'avant en arrière montrèrent que le charme opérait.

Ce mouvement, nous l'avions déjà vu faire aux aïssaoua, au haouch de Gerouaou ; plus tard, nous le vîmes répéter aux derviches hurleurs de Scutari, et il paraît nécessaire au fanatisme oriental pour s'entraîner à ces exercices de pénitence ou de conjuration, qui semblent vraiment dépasser les forces humaines. Sans doute il détermine une congestion cérébrale momentanée, une catalepsie factice qui empêche les acteurs de ces terribles parades religieuses de sentir la fatigue et la douleur.

Aux excitations plus pressantes du rhythme, une danseuse se leva lentement et comme subjuguée, avec le frémissement et la secrète horreur de la pythonisse qui va se livrer aux vapeurs du trépied ; elle s'avança jusqu'au milieu de la cour, se tordit les bras dans un spasme nerveux, et, vaincue désormais, s'abandonna sans résistance au dieu ou au démon évoqué.

Cette danseuse était grande et bien faite. Ses formes, richement développées et robustes, sans lourdeur, ressortaient sous un splendide costume tout étincelant de lumière, dans les poses variées des premières évolutions de la danse, qu'elle semblait accomplir comme une somnambule, n'ayant pas la conscience de ce qu'elle faisait. Sa figure charmante, dont l'expression ordinaire devait être la gaieté, avait légèrement pâli et se contractait en prenant une expression presque douloureuse ; ses membres tressaillaient convulsivement à chaque attaque du rhythme comme sous une secousse galvanique.

Bientôt une autre danseuse se leva et vint se placer en face d'elle. Celle-là, mince, svelte, petite, n'annonçait guère plus de quatorze ou quinze ans ; son corps tout mignon gardait encore la gracilité enfantine de la première puberté. Ses traits, d'une finesse extrême et d'une régularité parfaite, avaient la fraîcheur d'arêtes, la netteté de burin d'un camée sorti d'hier des mains de l'artiste. La vie n'avait encore rien émoussé ni fatigué dans ces lignes si pures, et, n'étaient deux longues paupières noires, deux sourcils renforcés de *surmeth* à l'orientale, on eût cru voir animée et vivante la tête de la Psyché de Pompéi ; comme pour mettre à sa beauté un cadre d'or, le long de ses joues pâles scintillaient et frissonnaient des chaînettes à triple rang rattachées par des demi-boules de filigrane au cercle de sa calotte de velours.

Elle se plaça en face de sa compagne, que j'ai su depuis être sa sœur, et se mit à agiter son corps souple avec des ondulations de serpent debout sur sa queue. La chorégraphie orientale repose sur des principes tout à fait opposés à ceux qui régissent la nôtre. Les jambes doivent demeurer immobiles, et le torse seul a la permission de se trémousser ; ce qui est le contraire des recommandations des maîtres de danse à leurs élèves d'Europe. Des balancements de hanches, des torsions de reins, des renversements de tête et des développés de bras, une suite d'attitudes voluptueuses et pâmées composent le fond de la danse en Orient. L'on avance et l'on évolue par d'imperceptibles déplacements de pieds : lever les jambes jusqu'à hauteur d'œil, comme le font Elssler et Carlotta Grisi, serait réputé une suprême indécence, malgré les caleçons larges beaucoup moins accusateurs que le maillot. Il est vrai que par compensation la danse africaine nous paraît très-libre et très-lascive ; ce n'était pas le cas, cette fois, où elle empruntait à son but particulier un caractère mystérieux, fatidique et sacré.

Les trois autres quittèrent leur place à leur tour et entrèrent dans le cercle magique. Les vieilles frappèrent leurs tarboukas avec un redoublement de fureur et donnèrent à leur chant monotone une accentuation gutturale et stridente, d'un effet étrange et ne ressemblant presque plus à la voix humaine.

Ces sons âpres, ce rhythme haletant, parurent faire une grande impression sur les danseuses; elles penchaient leur corps en avant, puis le rejetaient en arrière, de façon à toucher presque les dalles du pavé; elles faisaient tourbillonner éperdument les mouchoirs rayés d'or qu'elles tenaient dans chacune de leurs mains; elles se tordaient en spirale, avec une augmentation de vitesse toujours croissante.

Bientôt leurs coiffures se détachèrent de leurs cheveux; n'étant plus contenus, ceux-ci se répandirent sur leurs épaules, sur leur col, sur leur front, sur leurs joues, sur leur sein, comme une couvée de serpents noirs chassés violemment de leurs repaires. — Les longues mèches brunes de ces chevelures éparses, agitées par des mouvements désordonnés, semblaient les lanières d'un fouet manié par un esprit invisible qui en flagellait à tour de bras les danseuses pour activer leur ballet épileptique.

Ayscha (elle se nommait ainsi, à ce que m'apprit mon compagnon) se tortillait comme un ver coupé en quatre ou comme une grenouille sur la pile de Volta. Son petit corps frêle et nerveux paraissait subir plus vivement que les autres l'influence de l'incantation magique; mais, au milieu de ces spasmes chorégraphiques, son délicat visage gardait toujours sa pure beauté et ressortait parmi ces Méduses échevelées comme un masque de marbre pâle.

Les ombres perchées sur le bord de la terrasse poussèrent un long cri d'encouragement. Ce cri, lugubre à faire figer la moelle dans les os, s'obtient en frappant la bouche avec la paume de la main pendant l'émission du son. On dirait un glapissement de chacal blessé se plaignant à la nuit.

Haletantes, suffoquées, râlant comme des soufflets de forge, mais continuant toujours leurs exercices diaboliques, les danseuses se débarrassèrent de leurs vestes, puis de leurs foutahs, ne gardant que leurs pantalons de soie et leurs chemises de gaze. Le rhythme inexorable pressait la danse d'une mesure de plus en plus rapide. Les vieilles nasillaient leur chanson enragée, et ce ne fut bientôt plus qu'une mêlée de mouvements convulsifs, de chevelures sifflantes, de bras éperdus, de torses pantelants, de gorges battant la campagne, de petits talons résonnant sur les dalles comme des sabots de gazelle.

C'était horrible et charmant, j'étais épouvanté et ravi ; ces belles jeunes femmes, à travers ce délire orgiaque et ces fureurs de ménade antique, conservaient une sorte de grâce effrayante. Ces tambours, ces chants, ces cris, ces spasmes, ces respirations pressées, ce tumulte de couleurs et de formes, me donnaient le vertige, et il me semblait entendre palpiter sous le plafond des galeries les ailes onglées et membraneuses des djinns mis en fuite.

Deux ou trois danseuses tombèrent tout d'une pièce sur le sol avec une roideur tétanique. On les remit sur leur séant, on leur versa un pot d'eau sur la tête, et elles reprirent leurs sens peu à peu, jetant autour d'elles de longs regards effarés, empreints encore de la terreur des apparitions entrevues. La conjuration avait réussi. Les djinns s'étaient envolés, et, débarrassée désormais de ces hôtes incommodes, la maison devenait habitable.

Les actrices de ce drame étrange reprirent lentement leur costume, rajustèrent leur coiffure et se retirèrent par petits groupes. Je m'attendais à voir les vieilles sorcières enfourcher un balai pour retourner chez elles ; mais il paraît que ce n'est pas l'usage en Afrique, et elles s'en allèrent à pied.

Ivre de ce spectacle vertigineux, je suivis mon compagnon d'un pas chancelant; mais, oubliant sa recommandation de ne pas quitter des yeux son fanal, à un brusque détour de ruelle, je perdis de vue mon étoile polaire; quelques pas faits dans une fausse voie pour retrouver la clarté propice m'eurent bientôt égaré au milieu de l'ombre la plus épaisse, la plus opaque, la plus impénétrable.

Après quelques allées et venues à tâtons, je me sentis pris, comme un coquillage dans un bloc de marbre noir, dans cette pâte d'ombre épaisse. Nulle lumière aux fenêtres, par la bonne raison que les fenêtres ne s'ouvrent pas sur la rue à Constantine. J'étais aussi perdu que le peintre Robert au fond des catacombes de Rome, et le vers célèbre de Delille :

> Il ne voit que la nuit, n'entend que le silence,

s'appliquait à ma situation avec une trop déplorable justesse. Je suivais les murailles en les touchant de la main, mais je ne faisais que tomber d'obscurité en obscurité.

Las de me fatiguer inutilement, j'allais m'asseoir sur le degré d'une porte que mon pied avait heurté, pour y attendre le jour, lorsque je vis débusquer une lanterne de l'angle d'un carrefour; je crus d'abord que c'était mon ami qui me cherchait; mais deux ombres élégantes qui se dessinèrent quand la lumière se rapprocha me démontrèrent bientôt mon erreur.

C'étaient Ayscha et sa sœur, qui, enveloppées de leur long haïk, s'en retournaient à leur logis. Elles parurent d'abord un peu effrayées; mais, me voyant sans fanal et seul, elles comprirent mon embarras. Je ne savais pas un mot d'arabe, elles ne connaissaient pas un mot de français; cela rendait la conversation difficile; demander en pantomine le chemin de l'hôtel d'*Europe* n'était guère praticable; je l'essayai pourtant, rappelant à moi tous mes souvenirs de l'Opéra, et des Funambules; mais je vis à leurs grands yeux étonnés qu'elles ne comprenaient pas. Elles se consultèrent un moment, et le résultat de la délibération fut que la petite me mit un coin de son manteau dans la main, avec un signe qui voulait dire clairement cette fois : « Laissez-vous conduire. »

Je crus d'abord qu'elles allaient me conduire à l'auberge; mais elles s'arrêtèrent, après quelques détours, devant une porte fermée d'un cadenas arabe, dont elles dénouèrent prestement les courroies, et qui n'était pas celle de l'hôtel d'*Europe* assurément. Je grimpai derrière elles un petit escalier à marches hautes, barbouillées de chaux, et dont les degrés semblaient avoir été taillés dans une masse de blanc d'Espagne. Au bout d'une courte ascension, je me trouvai dans la chambre à coucher des deux sœurs, chambre d'une simplicité toute moresque, meublée d'une rosace peinte au plafond, d'un coffre de bois colorié, destiné à serrer les habits, et d'une gargoulette de terre posée au frais sur l'appui de la fenêtre; le soir même de mon arrivée à Constantine, je me trouvais, comme don César de Bazan, comte de Garofa, « introduit dans le sein des familles, » avec cette dissemblance que je n'étais pas entré par le tuyau de la cheminée, introduction difficile d'ailleurs en Algérie.

Les deux sœurs, qui ne paraissaient nullement fatiguées des cachuchas diaboliques auxquelles elles venaient de se livrer, m'adressaient toute sorte de discours inintelligibles mêlés d'éclats de rire auxquels je répondais de mon mieux en pur parisien. Dans les instants de silence, elles mâchaient de petites boules de macis qui nettoient les dents et parfument l'haleine, soin inutile à coup sûr, car elles avaient toutes deux des dentures de jeune chien de Terre-Neuve : leurs dents, empêtrées dans la pâte tenace, se décollaient avec un petit clappement singulier qui n'était pas sans grâce et sans coquetterie.

Enfin la plus grande des deux sœurs se leva du coffre où elle était assise et se dirigea vers une espèce d'alcôve pratiquée dans la muraille et en tira un mince matelas de coton piqué, qu'elle et Ayscha étendirent à terre. Je regardais ces préparatifs d'un air embarrassé : la sœur aînée s'arrangea dans l'alcôve, et la cadette, après avoir fait glisser un bout de draperie sur une corde tendue en travers de la chambre, s'allongea tranquillement sur le matelas dans sa folle toilette de danseuse, — car les Orientaux ne se déshabillent pas pour dormir, — sans plus s'occuper de moi que si je n'existais pas.

Cependant, comme elle avait laissé une place libre sur le bord de sa couche improvisée, je crus pouvoir profiter de cette espèce de permission tacite et je m'étendis tout au bord pour ne pas la gêner et me reposer un peu; car j'étais accablé de fatigue; mais je ne pus dormir, et, quelque respect que j'eusse pour l'hospitalité, je compris que le bienheureux Robert d'Arbrissel s'était imposé une rude pénitence en passant la nuit par mortification auprès de jeunes filles dont il n'effleurait pas la vertu.

Ayscha dormait avec une sérénité parfaite; elle avait sans doute oublié les djinns, car l'ombre d'aucun mauvais rêve ne passa sur son front calme, et ses longs cils baissés, ouverts en éventail noir sur ses joues rosées par le sommeil comme celles des enfants, ne se relevèrent pas une seule fois. Sa chemise de gaze de soie, entr'ouverte, laissait deviner dans une ombre transparente deux seins naissants, tatoués, l'un d'une petite croix d'azur, l'autre d'une rose au feuillage bleu et à la fleur rouge.

Les nuits ne sont pas longues en Afrique au mois d'août, et une lueur bleuâtre, pénétrant par la lucarne où rafraîchissait la gargoulette, vint faire jaunir la lueur tremblante de la lampe : je me levai et je me penchai à la lucarne. Le gouffre du Rummel traversé de ses deux arcades gigantesques se creusait dans la brume azurée sous la muraille de la maison, et les cigognes qui laissent tomber des serpents sur les toits de tuile de Constantine, commençaient à voler gravement à travers de folles bouffées de tourterelles grises.

Les deux belles dormeuses s'éveillèrent, et, avant de

quitter leur nid hospitalier, je fis sur mon carnet de voyage un croquis d'Ayscha, quoique j'eusse pu me fier à ma mémoire pour me souvenir d'elle ; l'autre sœur, que je voulais aussi dessiner, ne se prêta pas à ce désir, retenue sans doute par quelques-uns de ces scrupules religieux, particuliers aux Orientaux, qui voient des idoles dans toute image.

Dans la rue, je rencontrai un chasseur d'Afrique qui me reconduisit, fort obligeamment, à l'hôtel d'*Europe*, où l'on était très-inquiet de moi.

Je n'ai pas revu Ayscha ni sa sœur ; — la destinée du voyageur est de quitter toujours ce qui lui plait et de ne jamais revoir ce qu'il admire. — Mais, l'année dernière, j'ai eu bien tristement de ses nouvelles ; un journal contenait ces lignes :

« Une jeune danseuse de Constantine, Ayscha-ben-Chebarria, a été assassinée par des Kabyles, dont ses bijoux avaient allumé la cupidité et qui s'étaient introduits de nuit chez elle. On a trouvé son corps dans le Rummel, tout sanglant et tout mutilé. Les assassins lui avaient arraché les oreilles et coupé les doigts pour s'épargner la peine d'en extraire les pendeloques et les bagues. On est à la recherche des coupables. »

Mon petit croquis est donc tout ce qui reste de cette charmante créature.

. . . .

VII

INAUGURATION DU CHEMIN DE FER DE BLIDAH

Août 1862.

Lorsque nous montâmes, en 1845, sur le bateau à vapeur de Stora pour retourner à Marseille, après avoir trois mois parcouru l'Afrique française, nous jetâmes aux côtes qui se dessinaient à l'horizon ce regard mélancolique qui s'attache aux objets qu'on n'espère plus revoir et dont on voudrait fidèlemet garder l'empreinte. Bien souvent, depuis, nous avons regretté cette vie étrange où la civilisation se mêle à la barbarie dans une proportion si pittoresque; nous nous sommes rappelé ces belles nuits passées sous la tente, ces longues routes à cheval, ces excursions à la suite de notre vaillante armée jusqu'aux sommets lointains du Djurjura. Plus d'une fois, nous avons refait, avec l'architecture du rêve, Constantine perchée sur son roc comme une aire d'aigle, Oran penchée sur son gouffre de verdure, maintenant comblé, et cette blanche Alger qui s'adosse à sa montagne, les pieds et la tête baignant dans un éternel azur.

Eh bien, nous avons revu Alger. Une gracieuse invitation envoyée par la Compagnie du chemin de fer de Blidah nous a fait cette joie inespérée. Nous voilà encore sur cette place du Gouvernement où nous avons fait tant de tours de promenade; seulement, la Djennina, qui en garnissait le fond, a disparu; mais la mosquée dont le dôme s'arrondit si gracieux et la tour qui la surmonte ont conservé intacte leur physionomie orientale. Un palmier nouvellement transplanté s'épanouit devant l'hôtel de la *Régence*.

Avant que la ville française s'éveille, car la marche du *Thabor* a été si rapide, que nous sommes arrivé aux premières lueurs de l'aube, — nous escaladons les rues escarpées de la vieille ville moresque. Là, rien n'est changé. A peine quelque maison européenne s'est-elle hasardée à mi-côte parmi ce dédale de ruelles blanchies à la chaux, si étroites parfois, que deux ânes chargés n'y peuvent passer de front. Les étages surplombent encore, étayés de poutrelles, et les maisons se touchent par le

haut. Des portes basses, mystérieuses, s'entre-bâillent
à demi et les dormeurs couchés le long des murs se
secouent dans leur burnous. Les Biskris, portant leurs
vases de cuivre, vont chercher l'eau des fontaines ; les
négresses, enveloppées de leur haïks quadrillés de blanc
et de bleu, s'accroupissent sur quelque marche à côté
de leurs pains en forme de galette ; le marchand croise
ses talons au fond de l'acôve qui lui sert de boutique,
après avoir arrangé en pile ses pastèques et ses bottes
de piment.

De rampe en rampe, nous gagnons la Casbah, non sans
effleurer du coude quelque Moresque empaquetée dans
son domino de mousseline, et faire rentrer derrière le
grillage des petites lucarnes arabes plus d'une tête curieuse et furtive ; puis, rassuré à l'endroit de la couleur
locale, nous redescendons vers la ville moderne. Alger
n'est pas encore tout à fait une Marseille africaine. Plus
d'un Fromentin peut y trouver des modèles.

Le soleil du 15 août se leva au bruit des salves
d'artillerie qui annonçaient les solennités du jour. L'Algérie, pour célébrer dignement avec toute la France la
fête de l'empereur, ajoutait au programme des réjouissances ordinaires l'inauguration de son premier chemin
de fer. Cette première ligne de rails, qui réunit Alger à

Blidah, n'est point longue; elle n'a que cinquante kilomètres; mais c'est le commencement d'un réseau qui va bientôt s'étendre de tous côtés sur le territoire de notre belle colonie : déjà entre Philippeville et Constantine, entre Oran et Saint-Denis du Sig, on a terminé les études de deux autres voies, et les travaux d'exécution seront prochainement entrepris. C'est un avenir voisin, plein de promesses, qui s'ouvre pour la France africaine. Aussi, une foule nombreuse et joyeuse se pressait-elle dès six heures du matin aux abords de la gare d'Alger pour saluer le départ du train d'inauguration.

A sept heures trente minutes, Son Excellence le gouverneur général arrivait prendre place dans un wagon d'honneur avec le sous-gouverneur et le directeur général des services civils; et, les invités de la Compagnie ayant rempli les voitures qui leur avaient été réservées, la locomotive s'ébranlait au bruit du canon, des fanfares et des acclamations.

Nous courons sur le rivage de la mer, au pied de charmantes collines où les flammes de l'été ont laissé encore assez de verdure pour faire ressortir les blanches villas assises sur les pentes. Mais, près de la Maison-Carrée, une échancrure du Sahel nous donne entrée dans la plaine de la Mitidja, où la voie pénètre par une courbe gracieuse.

C'est d'abord de vastes espaces à demi dénudés ; des troupeaux nombreux cependant y paissent l'herbe rare, et parmi des bouquets de verdure apparaissent les habitations des colons et les douars des indigènes. Çà et là un pâtre, drapé dans son burnous, se dresse et regarde ; de distance en distance, placé en vedette le long de la voie, un de nos fantassins présente les armes, un cavalier salue de son sabre, maintenant à grand'peine son cheval qui se cabre.

Après les immenses jachères, voici des vignes, des champs de tabac, des plantations tout européennes : c'est la campagne de Bouffarik, un ancien marais dont nos laboureurs, rivalisant de courage avec nos soldats, ont fait une Normandie.

Voici les orangers de Blidah ; le train s'arrête, accueilli par la mousqueterie d'une troupe de cavaliers arabes postés dans une attitude pittoresque sur la crête de la tranchée : une grande affluence d'Européens et d'indigènes mêlait au pétillement de la poudre les vivat les plus chaleureux.

M. de Chancel, sous-préfet de l'arrondissement, et M. R. de Montagny, maire de Blidah, étaient venus recevoir le maréchal à la descente de wagon. Le maire, dans une courte allocution, ayant présenté à Son Excellence les respectueuses félicitations et les remerciments du pays, le maréchal répond en ces termes :

« Monsieur le maire, j'agrée avec satisfaction l'expression des sentiments dont vous êtes ici l'interprète, et je vous en remercie.

» C'est avec bonheur que je viens aujourd'hui dans votre cité inaugurer le premier chemin de fer dont soit dotée l'Algérie, et ajouter l'éclat de cette cérémonie, d'heureux augure pour la colonie, aux solennités de notre fête nationale.

» La rapidité des transports, la facilité des communications sont, pour l'agriculture comme pour l'industrie, des sources de prospérité et de richesse. Les chemins de fer, je n'en doute pas, réveilleront l'activité des villes, ajouteront au bien-être des colons, en même temps qu'ils seront un progrès pour le travail, un attrait pour les capitaux.

» Plus d'un vœu appelait la création de ces nouvelles voies sur le sol africain, et des années déjà se sont écoulées depuis que nos bataillons en commencèrent les travaux ; je suis heureux de pouvoir adresser à tous mes félicitations pour la part prise depuis à cette création. J'aiderai de tous mes efforts à la continuation des lignes algériennes. La sollicitude de l'empereur ne nous fera pas défaut. De nombreuses voies ferrées seront un bienfait nouveau ajouté à tous ceux qu'il a répandus sur la colonie, et dont elle lui sera à jamais reconnaissante.

Vive l'empereur ! »

Au milieu des acclamations que soulève ce discours, le gouverneur général monte avec les principales autorités sur l'estrade du haut de laquelle va être donnée aux locomotives la bénédiction religieuse.

M. l'abbé Suchet, vicaire général du diocèse d'Alger, en accomplissant cette cérémonie, joignit aux prières du rituel un excellent discours qui fut écouté dans un profond recueillement. Puis l'assistance, prenant le chemin de la ville, se rendit à l'église nouvelle pour entendre le *Te Deum* ; et, de là enfin, cent cinquante invités se dirigèrent vers *le bois sacré*, où la Compagnie leur avait préparé le banquet traditionnel, clôture des solennités.

La salle de ce banquet n'était point une salle à manger ordinaire : la table s'allongeait, auprès d'un marabout, sous un vélarium suspendu à des oliviers grands comme nos chênes et piquetés de trous qu'ont faits les balles des anciens combats. Peut-on faire un pas sur cette terre sans rencontrer quelques marques du courage de nos soldats ?

Au dessert, le gouverneur général se leva pour porter un toast à l'empereur, à l'impératrice, au prince impérial, et, quand il se fut rassis au milieu des vivat, M. Rostand, vice-président de la Compagnie des chemins de fer algériens, prit la parole. De chaleureux témoignages d'adhésion scandèrent chacune des périodes où l'orateur montrait l'importance et les difficultés de l'œuvre de la Compagnie, sa reconnaissance pour le bienveillant appui du gouvernement, sa confiance dans les bienfaits de l'avenir, et la nécessité de poursuivre énergiquement une entreprise qui est comme la seconde conquête de l'Algérie. Toute l'assistance s'associa aux hommages que M. Rostand rendit à notre brave armée et à ses illustres chefs, et des applaudissements universels éclatèrent quand il termina en portant la santé du gouverneur général.

Le maréchal, en quelques paroles pleines d'une émotion communicative, répondit qu'il voulait partager ce toast avec tous ceux qui, de quelque façon, chacun dans sa sphère et suivant ses forces, coopéraient avec lui au développement de la colonisation.

Il appartenait au président de la chambre de commerce d'Alger de proposer un dernier toast, à la prospérité des chemins de fer algériens. Après quoi, les convives regagnèrent la gare, et le train les remporta rapidement à Alger, où ils retrouvèrent la population en joie.

La fête publique, sur la place du Gouvernement, avait un caractère d'animation tout particulier. Nous ne parlerons ni des courses en sac, ni des ascensions aux mâts de cocagne; ces divertissements sont assez connus; mais nous signalerons une espèce de pyrrhique exécutée par des nègres choquant des bâtons en cadence, au son d'une musique stridente et sauvage, avec cette infatigable ardeur pour la danse qui distingue la race noire. Cette ronde fantastique, si elle n'eût eu lieu aux rayons d'un soleil brûlant, aurait fait naître l'idée d'une ronde du sabbat.

Le soir, des cordons de feu dessinaient les élégants contours de la mosquée, les arcades des hôtels, et traçaient, au milieu du labarum, le chiffre impérial. Les bombes à pluie d'or et d'argent d'un feu d'artifice tiré au jardin Marengo allaient chercher les étoiles dans l'azur profond de la nuit et laissaient retomber leurs paillettes lumineuses. Une retraite aux flambeaux avec musique arabe d'un merveilleux effet termina pittoresquement la fête.

Maintenant, en attendant que *le Thabor*, qui doit nous ramener, ait chauffé sa machine, reprenons nos courses à travers la ville et aux environs. Revoyons Birkadem, le vallon de la Femme sauvage; la Bouzareah avec ses délicieux points de vue; errons sur cette plage où les pêcheurs tirent leurs filets; regardons les Arabes charger leurs chameaux en dehors des portes; reposons-nous sous les ombrages du Jardin d'acclimatation, un paradis de fraîcheur, d'ombre et de parfums, qui n'existait pas à notre premier voyage.

Quelle sensation bizarrement exotique produit l'aspect de végétations qu'on ne connaît que par les livres de botanique, poussant en pleine terre! Il y a au Jardin d'acclimatation une allée de bambous qui nous a fait accomplir en trois minutes le voyage de l'Inde. L'allée de palmiers conduit tout droit aux oasis du Sahara. Rien n'agit aussi fortement sur l'imagination qu'une plante nouvelle. Une haie de cactus, un aloès à cierge, et voilà tout le caractère d'un paysage changé.

Si l'on vous dit qu'il n'y plus rien d'arabe à Alger, ne le croyez pas. Suivez par les rues étroites quelque guide indigène, et vous entendrez bientôt ronfler le tambour des aïssaoua, qui, dans la cour d'une maison moresque, mangent des serpents, avalent des scorpions, lèchent des fers rouges, mâchent des braises, se font sortir les yeux de la tête, se promènent sur des yataghans affilés, et exécutent avec la même furie leurs exercices diaboliques.

Ce spectacle vous répugne-t-il, arrêtez-vous devant cette porte qui laisse filtrer avec quelques rayons de lumière une languissante et rêveuse mélodie. La flûte de derviche soupire, le rebeb fait des arpéges, le tarbouka marque la mesure; on dirait un thème de Félicien David ou d'Ernest Reyer. Entrez : les danseuses aux molles poses se lèvent comme dans un rêve; peu à peu elles s'animent, elles soulèvent leurs mains teintes de henné et agitent des mouchoirs à broderies; des frissons d'or et d'argent tremblent sur leurs costumes d'étoffes brillantes; les anneaux de leurs pieds tintent et marquent la mesure. Diaz, en son bon temps, n'a rien fait de plus vif et de plus harmonieux, de plus frais et de plus chaud comme couleur. Leurs silhouettes gracieuses se détachent d'un fond de murailles blanches, et, sur le haut des terrasses, les femmes voilées applaudissent, tandis que les chauves-souris, éveillées, décrivent au-dessus de la cour leur vol circulaire.

I

LE LION DE L'ATLAS

Dans l'Atlas, — je ne sais si cette histoire est vraie, —
Il existe, dit-on, de vastes blocs de craie,
Mornes escarpements par le soleil brûlés ;
Sur leurs flancs, les ravins font des plis de suaire ;
A leur base s'étend un immense ossuaire
De carcasses à jour et de crânes pelés ;

Car le lion rusé, pour attirer le pâtre,
Le Kabyle perdu dans ce désert de plâtre,
Contre le roc blafard frotte son mufle roux.
Fauve comédien, il farde sa crinière,
Et, s'inondant à flots de la pâle poussière,
Se revêt de blancheur ainsi que d'un burnous !

Puis, au bord du chemin, il rampe, il se lamente,
Et de ses crins menteurs fait ondoyer la mante,
Comme un homme blessé qui demande secours.
Croyant voir un mourant se tordre sur la roche,
A pas précipités, le voyageur s'approche
Du monstre travesti qui hurle et geint toujours.

Quand il est assez près, la main se change en griffe,
Un long rugissement suit la plainte apocryphe,
Et vingt crocs dans ses chairs enfoncent leurs poignards.
— N'as-tu pas honte, Atlas, montagne aux nobles cimes,
De voir tes grands lions, jadis si magnanimes,
Descendre maintenant à des tours de renards ?

II

LE BÉDOUIN ET LA MER

Pour la première fois voyant la mer à Bone,
Un Bédouin du désert, venu d'El-Kantara,
Comparait cet azur à l'immensité jaune
Que piquent de points blancs Tuggurt et Biskara ;

Et disait, étonné, devant l'humide plaine :
« Cet espace sans borne, est-ce un Sahara bleu,
Plongé comme l'on fait d'un vêtement de laine
Dans la cuve du ciel par un teinturier dieu ? »

Puis, s'approchant du bord, où, lasses de leurs luttes,
Les vagues, retombant sur le sable poli,
Comme un chapiteau grec contournaient leurs volutes
Et d'un feston d'argent s'ourlaient à chaque pli :

« C'est de l'eau ! cria-t-il ; qui jamais l'eût pu croire ?
Ici, là-bas, plus loin, de l'eau, toujours, encor !
Toutes les soifs du monde y trouveraient à boire
Sans rien diminuer du transparent trésor,

» Quand même le chameau tendant son col d'autruche,
La cavale dans l'auge enfonçant ses naseaux,
Et la vierge noyant les flancs blonds de sa cruche,
Puiseraient à la fois au saphir de ses eaux ! »

Et le Bédouin, ravi, voulut tremper sa lèvre
Dans le cristal salé de la coupe des mers.
« C'était trop beau, dit-il ; d'un tel bien Dieu nous sèvre,
Et ces flots sont trop purs pour n'être pas amers ! »

EN ESPAGNE

LES COURSES ROYALES A MADRID

I

Un séjour de plus d'un mois, fait, il y a six ans, dans la très-noble et très-héroïque cité de Madrid, nous avait suffisamment édifié sur les agréments de cette ville ; mais cette annonce magique : *Corrida de toros de corte*, avait pour nous une attraction irrésistible.

Pour un *aficionado* aussi passionné que nous le sommes, manquer une semblable fête eût été plus qu'un regret, presque un remords, d'autant que la seule chance de la voir se renouveler ne pouvait se présenter que dans seize ans : en effet, il faudrait le mariage d'une infante, fille de la reine actuelle, pour amener le retour d'une course royale; et qui sait si alors les vieilles coutumes n'auront pas tout à fait disparu, et si, grâce à la froide barbarie que nous appelons civilisation, la chevaleresque Espagne pratiquera encore ce noble divertissement illustré par le Cid et Charles-Quint?

Ces courses royales, où l'on déploie toutes les ressources et toutes les recherches de la tauromachie, se donnent, non au cirque d'Alcala, mais dans la plaza Mayor; c'est pour elles que les toreros réservent leurs plus beaux coups, et que les gentilshommes descendent dans l'arène.

Cela valait bien les quatre cents lieues de l'aller et les quatre cents lieues du retour.

Aussi jetâmes-nous à la hâte un peu de linge et quelques paires de gants blancs dans notre mince valise, et, à l'heure dite, montions-nous en voiture avec notre compagnon de route, M. de V., dont l'aimable société n'était pas un des moindres attraits du voyage.

Au chemin de fer de Tours, on plaça la calèche sur un wagon. Une calèche en voiture aurait paru, il y a quelques années, une chose bien bizarre; maintenant, c'est tout simple, comme, dans cinquante ans, il n'y aura rien d'extraordinaire à partir en ballon.

Tout en courant sur les tringles de fer, nous pensions à l'époque déjà prochaine où tout autre moyen de transport sera supprimé, et où les entrepreneurs disposeront à leur gré de la locomotion en France. — Le chemin de fer rend la poste impossible, comme l'imprimerie et la poudre à canon ont rendu impossibles l'art du calligraphe et l'emploi des flèches. Le cheval, découragé par la locomotive et sentant que son règne est fini, ne veut plus marcher. Le postillon rêve d'être employé sur quelque ligne ferrée, et d'indiquer, le bras tendu, la main sur le cœur, que l'on peut passer sans péril.

Cependant, si, comme l'établissent des calculs fort bien faits, basés sur la quantité de fumée qui se produit, les houillères et les mines d'anthracite ne contiennent pas de quoi suffire à la consommation pour plus de quatre-vingt-dix ans, que deviendra le monde d'alors? quelle figure feront nos descendants, réduits à tirer eux-mêmes leurs wagons à la place des locomotives éteintes? Car la race chevaline aura disparu, ou il n'en existera que de rares exemplaires au Jardin des Plantes et dans les musées zoologiques.

Nous n'en sommes pas encore là; mais déjà il est difficile de faire plus de deux lieues et demie à l'heure en poste, même en payant les postillons au plus haut prix, surtout quand ils sont à cheval; car l'habitude de conduire sur des siéges les a rendus fort mauvais écuyers pour la plupart.

Cependant, quel que soit le train dont on aille, on finit toujours par arriver, surtout si l'on ne s'arrête jamais.

Laissant Bordeaux et les Landes derrière nous, nous atteignîmes Bayonne, où nous devions prendre la malle espagnole, que nous avions retenue longtemps à l'avance, craignant une affluence énorme de voyageurs; mais l'évasion du comte de Montémolin et de Cabrera, et la prévision de quelque soulèvement carliste, avaient calmé beaucoup d'ardeurs.

Les versions les plus follement fantastiques circulaient à cet égard dans Bayonne, et, si un long voyage en Espagne, fait à une époque bien autrement dangereuse, ne nous avait pas inspiré une profonde philosophie à l'endroit des récits les plus effrayants, à coup sûr nous eussions rebroussé chemin. Nous partîmes donc au risque d'être emmenés captifs dans la montagne, et de voir envoyer une de nos oreilles à nos parents pour les engager à payer notre rançon.

Nous devancions d'un jour Leurs Altesses royales; car, tous les chevaux et toutes les mules de poste étant gardées pour eux, leur suite et leur bagage, nous serions restés à pied dans quelque *posada* borgne ou louche pour le moins, position fort mélancolique.

A Irun, où nous passâmes le soir, un arc de triomphe de feuillages occupait le milieu du pont de la Bidassoa, dont une moitié est française et l'autre espagnole : des drapeaux et des blasons aux couleurs des deux nations, des inscriptions et des cartouches en l'honneur des princes, complétaient cette décoration improvisée.

L'île des Faisans, à qui le mariage de Louis XIV a donné une célébrité historique, disparaît de jour en jour, rongée par la marée d'un côté, et par le fleuve de l'autre; il n'en restera bientôt plus que le souvenir.

A Tolosa, les ouvriers achevaient en grande hâte un arc de triomphe en charpente, recouvert de toiles simulant le granit, et peintes à la manière des décorations de théâtre. Les rayons du jour naissant éclairaient une inscription ainsi conçue : *Au duc de Montpensier, la province de Guipuscoa !*

Dans Vittoria, quelques madriers dressés annonçaient des intentions équivalentes.

C'est avant d'arriver à Vittoria que l'on rencontre les montées abruptes de Mondragon et de Salinas, que l'on ne peut gravir qu'en attelant à la voiture plusieurs jougs de bœufs. La force de traction de ces braves bêtes est énorme. Rien n'est plus drôle, dans les endroits en pente, que de les voir trotter et même galoper : oui, ces lourds animaux, aux jambes cagneuses et presque luxées, galopent avec une allure dégingandée la plus singulière du monde !

Salinas, avec ses toits de tuiles à l'italienne, son clocher de faïence verte vernissée, a de loin un aspect pittoresque. De près, les trois ou quatre rues qui le composent sont étroites et noires; mais une assez belle fontaine de pierre, de grands blasons sculptés sur les maisons, un joli palais à moitié en ruine et dans le goût de la renaissance, prouvent une ancienne splendeur disparue.

La même remarque peut s'appliquer à toutes les villes précédemment traversées, à Ernani, à Villa-Franca, à Villa-Real, à Bergara, d'où la vie semble s'être retirée, et dont plusieurs édifices, par la richesse de leur architecture, les armoiries et les devises qui les ornent, leurs balcons et leurs grilles d'une serrurerie admirable, indiquent une civilisation bien supérieure à l'état actuel. En supposant même que les habitants eussent assez d'aisance pour faire les frais de pareilles bâtisses, les artistes manqueraient pour les exécuter. C'est donc à cela que servent les progrès des lumières ! tout ce qui est vieux est superbe, tout ce qui est moderne est hideux. Nous ne sommes pas plus amoureux qu'il ne le faut des vieilles pierres; mais le sens de l'architecture est tout à fait perdu. Les maçons de nos jours ne savent même pas percer une fenêtre ou une porte dans un mur. Autrefois, à ce qu'il paraît, ce sens était général; car, dans les recoins les plus enfouis, dans les trous les plus ignorés, on découvre des chefs-d'œuvre d'art et de goût : des escaliers d'un tour admirable, des toits d'une coupe charmante, des portails sculptés à ravir, des cartouches ou des frises d'un caprice délicieux, fouillés dans la pierre par on ne sait qui, et tels qu'un roi les envierait pour la cour d'honneur de son Louvre.

A quoi attribuer cette décadence ? A la découverte de l'imprimerie, comme le fait Victor Hugo ? Alors, cette invention diabolique eût bien fait de rester dans le cerveau de Faust et de Gutenberg.

Les environs de Burgos sont moins dénudés que le reste de la Castille-Vieille; les routes qui conduisent à cette capitale, déchue de son antique splendeur, sont en général bordées d'arbres, et l'arbre, dans cette partie de l'Espagne, est une rareté. Les paysans prétendent qu'ils sont nuisibles et servent de refuge aux petits oiseaux, qui mangent la semence dans les sillons; aussi, loin d'en planter, ils coupent ceux qui existent : les jardins situés hors de la ville verdoient d'une végétation assez vigoureuse, due aux saignées faites à l'Arlanzon, espèce de torrent aux eaux inégales, qui se tord dans un lit pierreux.

Nous aurions bien voulu prendre l'allée de peupliers qui conduit au couvent de las Huelgas; mais ce que l'on gagne en célérité, on le perd en liberté, et le voyageur moderne n'est que l'accessoire très-secondaire de la voiture; il nous fallut renoncer au plaisir de promener notre rêverie admirative sous ces cloîtres auxquels l'outrage du temps a donné une beauté nouvelle.

Pour nous dédommager, nous avions, il est vrai, la belle porte monumentale, de l'époque de la renaissance, qui s'élève au bout du pont de pierre jeté sur l'Arlanzon.

Cette porte est superbement historiée de médaillons à la romaine, de héros et de rois bibliques, d'un style farouche et surprenant, cambrés avec toute l'exagération du goût germanique, et sentant d'une lieue son Charles-Quint, empereur d'Allemagne; on retrouve souvent de ces figures, trapues et robustes, aux armures fantasques, aux lambrequins extravagants, sur les façades des hôtels de ville de Flandre.

Tout voyageur sensible aux beautés unies de l'architecture et de la sculpture doit être flatté de passer sous la voûte de cette porte magnifique.

Burgos, comme autrefois, nous parut sombre et morose; quelques paysans, enveloppés dans leurs manteaux couleur d'amadou, chassaient devant eux des ânes chargés de bois et de légumes. Nous remarquâmes avec peine que le hideux pantalon moderne commençait à se substituer à la culotte et aux guêtres. Il faisait à peine jour, et le courrier ne devait s'arrêter qu'une demi-heure : au risque de le laisser repartir sans nous, et dédaignant, malgré une faim plus que canine, la petite tasse de chocolat à l'eau que nous présentait la *criada*, nous courûmes bien vite à la cathédrale. Passer à Burgos sans voir la cathédrale nous paraît une sanglante barbarie.

Elle était toujours là avec ses deux aiguilles élancées et sa tiare de clochetons, imposante et sombre dans la brume du matin, au milieu des échoppes et des maisons qui ne lui vont qu'à la cheville.

On a souvent déploré que la plupart des monuments gothiques fussent obstrués, dans leurs parties inférieures, par des constructions ignobles : leur effet y perd beaucoup, dit-on, et, s'ils étaient débarrassés de ces excroissances parasites, de ces verrues hideuses, champignons malsains de l'architecture, ils gagneraient en grandeur et en perspective. Nous croyons tout le contraire ; ces laides bâtisses forment d'excellents repoussoirs, et l'édifice jaillit mille fois plus svelte et plus élégant de ce chaos de murailles et de toits ; l'idée chrétienne se dégage de cette confusion, clairement symbolisée par ces hautes tours et ces nefs colossales, s'élevant au-dessus des petites misères de la vie et de la réalité. En bas, tout est tumulte, trivialité, laideur : montez, et vous trouvez des arcs-boutants aux délicates nervures, les roses des vitraux, les anges en sentinelle ; montez plus haut encore, et dans le ciel de Dieu vous voyez luire, sous un rayon, la croix de son fils.

La dévotion espagnole se lève de bonne heure, l'église était déjà ouverte ; nous pouvions entrer, à notre choix, par les portes d'une des trois façades, du *Pardon,* des *Apôtres,* ou bien de la *Pelliceria*.

Quelques vieilles, accroupies sur les grandes nattes de sparterie dont le sol des églises est généralement couvert en Espagne, priaient avec ferveur, demandant sans doute au Ciel l'oubli des fautes de leur jeunesse.

Les angles des chapelles et des nefs étaient pleins d'ombre; mais ce crépuscule mystérieux ajoutait à la solennité de l'impression.

Nous parcourûmes rapidement les merveilleuses chapelles, que nous avions autrefois visitées avec une respectueuse lenteur et une admiration dont la ferveur ne s'est pas éteinte à une seconde épreuve.

Quel étonnant tour de force architectural que cette couronne de sculpture, posée à l'intersection des quatre bras de la croix; gâteau d'abeille, madrépore de pierre, gouffre ouvré à jour, où le regard prend le vertige; montagne de ciselure, retenue en l'air par des fils d'araignée. Le soleil naissant la dorait déjà, tandis que la nuit baignait encore les tombes des nefs et les arceaux des cloîtres.

Sainte Thècle sur son bûcher, entourée de Sarrasins, tenait toujours en main sa longue palme tire-bouchonnée. La sublime Vierge de Michel-Ange était à sa place, mais voilée d'un rideau de damas blanc, qu'une bonne femme voulut bien écarter, moyennant une piécette.

Le prodigieux bas-relief de Philippe de Bourgogne, représentant tous les épisodes de la Passion, dans un style qu'on ne peut comparer qu'à celui d'Albert Durer et d'Holbein, n'avait pas subi la plus légère dégradation. Toutes les saillies, si fines et si délicates, étaient intactes; aucun soldat n'avait perdu son nez ou sa dague. Six années s'étaient écoulées sans rayer de l'ongle ces épidermes de pierre.

Les chimères qui allongent leurs pattes griffues sur la rampe de cet étrange escalier, qui mène à une porte qu'on prendrait pour une fenêtre, se tordaient aussi bizarrement qu'autrefois dans la pose accoutumée.

Un sang toujours vermeil coulait de la blanche poitrine de cette sainte Casilda, œuvre du chartreux don Diégo de Leyva, à qui nous adressâmes un sonnet, au temps heureux où nous étions encore assez jeune pour composer des vers. Et du sein d'Abraham montait à la voûte, plus compliqué que jamais, l'arbre généalogique de la Vierge, portant des patriarches pour fleurs, et laissant scintiller, à travers l'inextricable enchevêtrement de ses rameaux, le soleil, la lune et les étoiles sur champ d'azur.

Que dire de cette éblouissante chapelle du connétable, miraculeux filigrane, forêt d'arabesques, où le gothique fleuri s'unit au style de la renaissance dans les plus heureuses proportions. Nous l'avons décrite longuement autrefois, et nous avons oublié cent prodiges; un volume n'y suffirait pas. Quelle grâce dans ces colonnettes, dont les chapiteaux sont formés par des groupes de petits anges, soutenant sur leurs mains les consoles qui servent de piédestal aux statues des saints! On a peine à comprendre que le ciseau ait pu découper dans la pierre ces ornements si touffus, qu'ils semblent plutôt une végétation spontanée qu'une œuvre de la patience humaine.

Hélas! pourquoi tout ce luxe? pourquoi toutes ces fioritures de granit pour entourer deux tombeaux?

En effet, c'est là que reposent sur des oreillers de marbre, le grand connétable don Pedro Fernandez de Velasco, et sa femme, doña Mencia Lopez de Mendoza y Figueroa. Nous avons dit sur des oreillers de marbre, et ce n'était pas sans intention; ils sont d'une sculpture si molle et si souple, qu'on pourrait les croire naturels. Les dessins en relief de l'armure du connétable, les ramages dont la robe de brocart de doña Mencia est ouvragée, trompent l'œil par la prodigieuse finesse de l'exécution; c'est de l'acier, c'est de l'étoffe. Et ce petit chien, qui dort fidèlement aux pieds de sa maîtresse! ne faites pas de bruit, il va se réveiller et se mettre à japper!

Qui a fait ce chef-d'œuvre? On l'ignore. Quelle leçon pour nos amours-propres souffrants, pour notre effréné désir d'individualité! Les maîtres qui ont produit cette merveille sont passés inconnus; leurs immenses travaux n'ont pas même pu tirer leur nom de l'ombre!

Avant de regagner le courrier, qui s'impatiente, jetons vite un coup d'œil à ces deux autels latéraux qui sont de Gaspar Becerra; et à cette Madeleine sur bois, inondant ses blanches épaules d'un torrent de cheveux bruns, traités un à un dans la manière de Léonard de Vinci.

Il était temps: le *delantero*, juché sur sa selle, faisait déjà claquer son fouet.

En sortant de Burgos, à un relais que l'on appelle Sarracin, il y eut — entre les postillons de la malle et ceux d'une magnifique voiture de Daldringen que l'on amenait à l'ambassadeur de France, exprès pour la cérémonie du mariage, tout emmaillottée d'étoupes et de toiles, — une de ces luttes de vitesse auxquelles les combattants attachent autant d'importance que si le sort du monde en dépendait, et qui ont pour enjeu la vie des voyageurs. Un *zagal* se trouva serré de si près entre les deux attelages, qu'il fut obligé d'entrer dans le rang des mules, et de galoper avec elles plus de deux cents pas pour n'être point écrasé.

Grâce à la grêle de coups de manche de fouet, de bâton et de pierres qui pleuvait sur la croupe, l'échine et la tête de la *Coronela*, de la *Capitana*, de la *Leona*, l'avantage resta à la malle-poste; si l'on avait pu soutenir ce train d'hippogriffe, on eût fait dix lieues à l'heure.

Nous traversâmes, non pas aussi vite, mais à un galop fort raisonnable, Madrigalejos, Lerma, Bahabon, Gumiel; Aranda de Duero, toute criblée encore de la mitraille de Balmaseda; Castillejo, lieu de la dînée, si l'on peut appeler ainsi l'absence d'un repas; Somosierra, où fut tué le général Colbert; Buitrago, où Leurs Altesses devaient passer la nuit; Cabanillas de la Sierra, San-Agustin, Alcobendas, derniers relais de cette longue course au clocher, accomplie au milieu du plus étourdissant tintamarre de grelots, de coups de fouet, de ferrailles détachées et rattachées, de vociférations et de cris gutturaux qu'il soit possible d'imaginer pour empêcher de dormir des voyageurs assoupis et moulus de fatigue.

Nous étions dans cet affreux désert de sable et de

cailloux qui entoure Madrid d'une ceinture de désolation.

Deux heures après, malgré un assez froid brouillard automnal qui se résolvait en pluie fine, nous parcourions la ville, et, remontant la calle Mayor, nous débouchions, en passant sous la voûte du bâtiment qui renferme l'*Armeria*, sur la *plaza del Arco*, et nous nous trouvions en face de ce palais où une jeune fille de quinze ans attendait, émue, inquiète et rêveuse, l'arrivée de son fiancé inconnu.

II

Le palais de Madrid est d'un aspect majestueux et d'une symétrie imposante, quoiqu'un peu ennuyeuse peut-être ; il est bâti en une espèce de granit bleuâtre, d'un grain très-fin et très-dur, avec cette solidité à toute épreuve que les Espagnols, les meilleurs maçons après les Romains, savent donner à leurs monuments ; les murailles ont près de quinze pieds d'épaisseur, et les embrasures des fenêtres forment des cabinets habitables. L'intérieur en est orné de fresques de

Bayeu, de Maëlla, de tableaux de grands maîtres et de riches ameublements. L'escalier de gala est très-beau ; Napoléon le trouvait supérieur à celui des Tuileries.

Les princes devaient arriver le lendemain, et des nuées d'ouvriers se hâtaient pour terminer les échafaudages nécessaires aux illuminations. Partout retentissait le bruit des marteaux et des cognées ; de longs tire-bouchons sortaient des varlopes poussées par des bras vigoureux. Une pénétrante odeur de sapin raboté se répandait dans les airs.

Devant le portail de l'église del Buen-Suceso, qui forme un des pans de la place irrégulière qu'on nomme Puerta-del-Sol, s'élevait un édifice de charpente avec fronton, colonnes, escalier, une Madeleine de carton ; ce n'était assurément pas la peine de dépenser vingt mille duros pour cacher une jolie façade rococo par une vilaine colonnade gréco-romaine. Le Correo ou hôtel des Postes s'enveloppait également d'une armature destinée à porter des transparents et des verres de couleur.

Au bas de la rue d'Alcala, près de la fontaine de Cybèle, à l'entrée du Prado, se dessinait déjà visible le squelette d'un feu d'artifice, chef-d'œuvre d'un Ruggieri valencien.

Sur les côtés du Prado s'ouvraient, comme des carcasses d'éventail, les linéaments de l'illumination future, et se dressaient les dessins de pavillons chinois qui devaient, pendant trois jours, flamboyer de lanternes multicolores.

Dans la plaza Mayor, où devaient avoir lieu les courses royales, fourmillait tout un monde de travailleurs. Les amphithéâtres s'élevaient à vue d'œil, et de grands bœufs labouraient paisiblement la terre dépavée, ne se doutant pas qu'ils préparaient l'arène où devaient succomber bientôt, après mille tortures, les plus vaillants de leurs frères cornus.

La plaza Mayor est ouverte par un coin. Pour rétablir la symétrie et augmenter le nombre des balcons, une maison de planches et de toiles se bâtissait comme par enchantement et comblait le vide.

Déjà sous les arcades s'agitaient les marchands de billets, demandant des sommes folles pour une place au premier rang.

La journée se passa en inquiétudes : le moindre retard des estafettes et des courriers donnait lieu à toutes sortes de suppositions; comme d'habitude, chacun avait entendu parler vaguement d'un complot terrible; les princes avaient été enlevés et emmenés dans la montagne, ou, s'ils ne l'avaient pas été, une machine infernale à la Fieschi les attendait à leur entrée en ville. Des agents anglais, disait-on, semaient l'or à pleines mains ; c'est un spectacle que nous avouons n'avoir jamais vu que celui de gens semant l'or à pleines mains, bien que nous ayons lu la phrase imprimée plus de mille fois.

Enfin, mardi, le soleil se leva radieux et serein comme un vrai soleil espagnol, et l'on sut que les princes n'étaient plus qu'à quelques lieues de Madrid.

Nous eûmes le plaisir, grâce à une place que l'on nous avait offerte dans une des voitures de l'ambassade, de nous trouver au Portazgo à l'arrivée de Leurs Altesses royales. A chaque voiture qui se dessinait dans le lointain sur la bande blanche du chemin, on disait :

— Ce sont les princes.

Ils arrivèrent sur les deux heures, et quittèrent leurs chaises de poste pour les magnifiques voitures chargées de laquais en grande livrée et traînées par de superbes attelages, que la reine avait envoyées à leur rencontre.

Ils cheminèrent ainsi jusqu'aux limites de la ville,

dans un nuage étincelant d'officiers bigarrés et ruisselants d'or, traînant après eux un tumulte de landaus, de cabriolets, de calèches, de coupés, de diligences, de calesins, de berlingots de toute époque, attelés de mules et cherchant à se dépasser pour aller jouir plus loin de la vue du cortége.

Ce qui nous amusa le plus, ce furent les timbaliers et les alguazils à cheval; ces hommes, tout de noir habillés, coiffés de chapeaux à la Henri IV, sentant leur vieille Espagne d'une lieue à la ronde, donnaient à la cérémonie un caractère tout local.

Aux limites de la ville une députation de l'ayuntamiento, ayant en tête ses massiers armés de masses d'or, reçut les princes, qui descendirent de voiture, et, après avoir écouté une harangue espagnole à laquelle ils répondirent en français, montèrent sur les beaux chevaux qu'on avait amenés pour eux.

Peu d'instants après, le capitaine général de Madrid vint saluer Leurs Altesses royales, suivi d'un cortége de généraux, entre lesquels on remarquait le baron de Meer, Mazzaredo, Concha, Aspiroz, Zarco-del-Valle, Soria, Cortinez, la Hera, et beaucoup d'autres. Narvaez était absent, quoiqu'il eût dû être invité comme général et comme grand d'Espagne, chaque administration s'étant sans doute reposée sur l'autre du soin d'écrire la lettre de convocation.

Depuis la porte de Bilbao jusqu'au perron du palais, les rues étaient bordées d'une haie formée de détachements des différents corps.

Il faut rendre justice à l'armée espagnole, que nous avions trouvée, en 1840, si délabrée et si mal tenue : elle est aujourd'hui une des plus belles du monde. Impossible de voir des uniformes plus brillants, des fournimenls mieux astiqués, qu'on nous passe cette expression militaire, et des visages plus mâles et plus nerveux.

La cavalerie est admirablement montée; les simples soldats ont des chevaux qui feraient honneur à des officiers.

Cette ligne continue de splendides uniformes et d'armes étincelantes papillotait au soleil le plus joyeusement du monde. Les balcons étaient encombrés de jolies femmes, et les maisons chargées de fleurs jusque sur les toits. Aucune clameur, aucune manifestation hostile ne vinrent réaliser les craintes propagées par quelques esprits inquiets. Les princes trouvèrent sur leur passage un calme bienveillant, une curiosité polie, et reçurent l'accueil qui est dû aux fils de

France partout où ils vont. En mettant le pied sur les marches du palais, ils étaient acceptés de tout le monde, sinon politiquement, du moins personnellement ; ils avaient plu, et les épithètes de *guapo*, de *bonito*, de *buen mozo* voltigeaient sur les lèvres des Madrilènes : le soir, le duc de Montpensier était déjà appelé *Tonito* (le petit Antoine) par les gens du peuple et les *manolas*.

C'était un spectacle magnifique que cette place del Arco remplie de troupes, d'équipages, de chevaux et de curieux, et surtout de curieuses, reflétant dans leurs yeux noirs la lumière du ciel le plus pur.

Au bout d'une heure à peu près, occupée par la réception du cortége et l'entrevue des fiancés, les princes remontèrent en voiture et se rendirent à l'ambassade de France, où de splendides appartements leur avaient été préparés, et où le duc de Montpensier devait habiter jusqu'à la célébration de son mariage.

Le lendemain, en passant par la rue del Barquillo, nous entendîmes un fron-fron de guitares et un cliquetis de castagnettes qui semblaient sortir de dessous terre : un groupe de flâneurs, comme il en existe tant à Madrid, stationnait devant une petite fenêtre basse ; nous demandâmes de quoi il s'agissait. On nous répondit que c'était la répétition des *comparsas* qui devaient s'exécuter aux jours de fêtes sur la place du Palais, à l'hôtel de ville, à la Puerta-del-Sol et au Prado.

Cette répétition avait lieu dans le jardin et les salles basses de l'ancien café de *Cervantès*, dont l'entrée donne sur la rue d'Alcala, avec laquelle la rue del Barquillo se coupe à angle droit. Un de nos amis espagnols, car nous en avons, eut la complaisance de dire deux mots au maître de ballet, qui nous laissa entrer et nous permit d'assister aux exercices préparatoires.

Ils étaient, là dedans, une centaine environ, hommes et femmes de la plus belle humeur, se démenant comme des enragés et riant comme des fous : le maître de danse tâchait de régler un peu cette fougue et de contenir la cachucha dans des bornes constitutionnelles.

Parmi les femmes, il y en avait peu de jolies, car on avait choisi, non les plus belles, mais les meilleures danseuses; cependant une Espagnole, à moins qu'on ne lui crève les yeux, ne peut jamais être laide, et un visage où brillent ces deux étincelles de jais humide a toujours des moyens de plaire.

Leur toilette était des plus négligées, — une toilette

de répétition; pourtant l'élégance ne manquait pas entièrement. Le plus pauvre jupon, le plus mince fichu prennent sur ces tailles souples et ces bustes bien modelés, une grâce hardie et provoquante. Les Espagnoles ont des allures si moelleuses et si vives en même temps, un coup d'œil si direct et si furtif à la fois, qu'elles se passent parfaitement de beauté; vous êtes charmé, et il vous faut de la réflexion pour vous apercevoir que la femme dont vous étiez enthousiamé n'a réellement rien de remarquable. Cette séduction, cette grâce, ce je ne sais quoi s'appellent la *sal* (le sel). On dit d'une personne qu'elle est *salada* (salée); cet éloge renferme tout.

Les *comparsas* sont des échantillons des danses nationales des anciennes provinces d'Espagne, qui s'exécutent aux occasions solennelles pour célébrer un avénement, un mariage ou une victoire.

Dans le café de *Cervantès*, tous les royaumes d'Espagne avaient leurs représentants: Manchegos, Gallegos, Castillanos-Viejos, Valencianos, Andaluces, plus ou moins authentiques; Castillans de Lavapies, Andalous du Rastro, Manchègues qui n'avaient jamais dépassé l'Arroyo d'Abrunigal, non pas tous sans doute, mais quelques-uns; les danseuses nous parurent principalement recrutées parmi les manolas, les cigareras, les pèlerines des romerias de San-Isidro, les habituées du jardin de las Delicias et des bals de Candil.

Quand nous entrâmes, deux de ces dames étaient en train de se disputer, et, ne trouvant pas, sans doute, d'injures assez piquantes, elles avaient retiré leur peigne et s'en donnaient réciproquement de grands coups sur la tête et dans la figure.

On eut beaucoup de peine à séparer les deux héroïnes, qui, sous la menace d'être mises à la porte, passèrent le dos de leurs mains sur leurs yeux, reprirent leur place dans le quadrille et figurèrent vis-à-vis l'une de l'autre avec une mine sombre et farouche la plus divertissante du monde.

Nous remarquâmes une petite fille de quatorze ans tout au plus, plus fauve qu'une orange, qui dansait avec un feu et une verve extraordinaires : ce devait être sans doute quelque gitana de Triana ou de l'Albaycin ; car l'ardeur sombre de l'Afrique brillait dans ses yeux charbonnés et sur son teint de bronze.

III

Le mariage du duc de Montpensier et celui de l'infante, ainsi que celui de la reine et du duc de Cadix, furent célébrés à dix heures du soir, au palais, dans la salle du trône, à un autel élevé pour la circonstance. Le patriarche des Indes officiait.

La salle du trône a pour plafond une voûte peinte à resque, représentant des sujets allégoriques et mythologiques; des lions de bronze doré, emblème du royaume de Castille, sont placés sur les marches du dais, de chaque côté du fauteuil royal. Le baldaquin est chargé de génies et de figures symboliques, soutenant la couronne et les armes d'Espagne, sculptées en haut relief.

Le général Castaños, duc de Baylen, servait de témoin à la reine. La France était représentée par M. le duc d'Aumale, le comte Bresson, M. de Vatry, les officiers et secrétaires des commandements des deux princes, Alexandre Dumas et son état-major d'artistes.

Cette cérémonie intime, à laquelle n'assistent que les témoins indispensables, unit les époux indissolublement; mais elle est suivie d'une cérémonie officielle et publique qu'on appelle *las velaciones*, et dans laquelle les conjoints sont entourés d'un voile qui les relie l'un à l'autre. *Las velaciones* des illustres couples devaient avoir lieu à l'église de Notre-Dame d'Atocha, édifice dans le goût d'architecture employé par les jésuites, et qui se trouve à l'extrémité du Prado.

Dès le matin, les maisons étaient pavoisées et décorées de tapisseries. L'hôtel de ville, joli monument badigeonné de bleu de ciel, était orné de tentures de velours cramoisi à crépines d'or; au balcon principal, sous un dais d'une grande richesse, l'on avait placé les portraits en pied de la reine et de son illustre époux, entourés de cadres magnifiques et peints par MM. Madrazo et Tejeo : deux hallebardiers immobiles gardaient les effigies royales.

Le palais du comte d'Oñate était décoré de grands blasons exécutés très-habilement avec des morceaux de drap cousus et piqués.

A la façade du Correo, deux postillons en costume se tenaient debout sous un baldaquin à côté des portraits obligés. L'hôtel des *Postas peninsulares* offraient la même décoration, ainsi que l'Académie royale de Saint-Ferdinand ; seulement, à l'Académie de Saint-Ferdinand, le dais ne recouvrait qu'une statue en plâtre de la reine. La maison de la marquise d'Alcanices disparaissait sous d'antiques et précieuses tapisseries de Flandre, mêlées de soie, d'argent et d'or.

Une foule innombrable contenue par deux files de soldats coulait à flots pressés de chaque côté de la calle de la Villa, de la calle Mayor, de la calle d'Alcala et du Prado, attendant l'apparition du cortége. Chaque fenêtre encadrait un groupe de jolies têtes en mantilles ; partout scintillaient les lorgnettes et palpitaient les éventails. Un tour dans les rues de Madrid, ce jour-là, eût équivalu à un voyage complet en Espagne ; toutes les provinces y étaient représentées par nombreux échantillons : ici, le Maragate au chapeau à larges bords, au pourpoint du cuir, au ceinturon fermé par une boucle de cuivre, dont le costume n'a pas varié depuis le moyen âge; là, le Valencien aux grègues de toile blanche, aux jambes entourées de cnémides avec sa *capa de muestra* sur l'épaule, les alpargatas et le foulard qui enveloppe sa tête, rasée comme celle des Bédouins; ici, l'Andalous avec ses guêtres de cuir de Ronda, ouvertes en dehors, sa *faja* de soie rouge ou jaune, sa veste brodée de soie ou enrichie de découpures de drap ; là, le vieux Castillan en casquette de peau de loup, en veste d'astracan ou en manteau couleur tabac d'Espagne ; sans compter les Manchègues vêtus de noir, culotte courte et bas drapés, les manolos, avec leurs jaquettes et leurs petits sombreros de Calañes : une galerie complète de physionomies pittoresques et curieuses.

A dix heures, le cortége partit du palais : un escadron de cavalerie ouvrait la marche, puis venaient les clairons et les timbaliers de la garde à cheval. Le timbalier, se démenant entre ses deux grosses caisses, et perché comme un singe sur la croupe de son cheval, nous a toujours beaucoup réjoui. Les trompettes étaient coiffés de colbacks en longue laine blanche frisée d'un effet charmant.

Venaient ensuite les massiers à cheval, deux carrosses avec huit gentilshommes de la chambre et de la bouche ; trois carrosses avec douze majordomes de semaine ; les carrosses de cérémonie des grands d'Espagne couverts ; un carrosse avec le majordome de semaine, et un gentilhomme de semaine ; un carrosse avec le premier écuyer de Sa Majesté, et le gentilhomme de chambre de semaine ; un carrosse avec les officiers d'ordonnance de la reine mère; un carrosse avec la dame camérière et la dame de garde; un carrosse avec les officiers du palais, un courrier à droite et un palefrenier à gauche; deux coureurs vêtus à l'ancienne mode; les carrosses de Son Altesse royale le duc d'Aumale, avec son aide de camp et son escorte; deux coureurs; le carrosse de Son Altesse royale l'infant don Francisco de Paula, son aide de camp et son escorte; deux coureurs; le carrosse de Son Altesse royale l'infante doña Luisa-Fernanda et son époux le duc de Montpensier, avec écuyers et escorte; quatre coureurs; un courrier; le carrosse de Sa Majesté la reine mère, avec écuyer, commandant et escorte; un carrosse d'honneur, en acajou, de Sa Majesté la reine; quatre coureurs; le carrosse de Sa Majesté la reine Isabelle et de son royal époux; le capitaine général et les généraux à leurs postes respectifs; l'escorte de Sa Majesté; les palefreniers de service du cortége; un escadron de cavalerie.

Il est facile d'imaginer le coup d'œil magique que formait cette longue file de voitures étincelantes de dorures et de blasons, rappelant par leurs formes, noblement surannées, les magnifiques équipages à la Louis XIV, si bien représentés dans les paysages de

Vander Meulen : les chevaux, de race pure et de prestance superbe, étaient harnachés avec une somptuosité folle; selon la dignité des maîtres qu'ils traînaient, ils portaient à la racine de leur panache une couronne royale ou ducale ; ces chevaux, ducs, marquis ou comtes, par leurs diadèmes, avaient la mine la plus aristocratique que l'on pût voir. — La duchesse de Montpensier avait un teint d'une pâleur éblouissante, où ressortait à ravir le velours de ses yeux noirs. — L'infant don François d'Assise tenait entre ses jambes une grosse canne à pomme d'or, insigne de sa caste. Détail caractéristique et singulier pour nous.

La cérémonie achevée à l'église d'Atocha, le cortége retourna au palais dans le même ordre, et les réjouissances commencèrent.

Sur des estrades élevées aux points les plus fréquentés de la ville, les *comparses*, vêtus des costumes des différentes provinces, exécutaient les danses nationales: le zorzico, les manchegas, la jota aragonesa, la cachucha, la gallega, au son d'orchestres en plein vent, où se mêlait le joyeux babil des castagnettes, et les *ay!* et les *olé!* inséparables de toute danse espagnole.

Les costumes auraient pu être plus exacts et plus réels. Ils sentaient un peu trop la friperie de théâtre;

l'oripeau et le clinquant y étaient trop prodigués.

Les Valenciens portaient des maillots d'un saumon un peu trop vif et des grègues d'un calicot trop éblouissant, pour satisfaire un voyageur qui s'était promené des heures entières devant la Lonja-de-Seda, sur le marché, de la porte du Cid au Grao, et dans cette belle Huerta qu'arrose le Guadalaviar.

Les Andalous, avec leur tenue de figurants, rappelaient peu les majos de Séville et de Grenade, à la culotte de punto, aux bottes piquées de soie de couleur, aux boutons de filigrane d'argent, au chapeau élancé, orné de velours, de paillon et de houppes de soie; aux vestes merveilleuses, enjolivées de broderies plus compliquées que les arabesques de l'Alhambra.

Quant aux femmes, la fantaisie avait encore plus de part dans leur costume. Il y avait là des Andalouses qui ressemblaient, à faire peur, à des Ketty d'opéra-comique. C'était de l'espagnol-suisse; les Madrilènes, encore plus débonnaires que les Parisiens, n'y regardent pas de si près, et même ils devaient trouver ces corsets de velours et ces galons d'argent d'un goût tout à fait raffiné. Mais ce qui avait le plus de succès, incontestablement, auprès d'eux, c'étaient les exercices de Turcs classiques, qu'on eût crus dessinés par Goya, tant ils étaient drôlatiques à voir. Le pantalon à la mameluk, le turban en gâteau de Savoie, le soleil dans le dos, le croissant sur le front, rien n'y manquait, que le sacramentel coup de pied au derrière. Le Turc Malek-Adel, tel qu'on le pratiquait avant la conquête d'Alger, s'est conservé en Espagne comme un fossile dans un bloc de pierre.

Ces danses *sub Jove crudo* donnent de la gaieté et amusent innocemment la population, qui connaît la plupart des exécutants et leur adresse ces interpellations comiques, si familières au génie espagnol.

Le soir, la ville flamboyait comme un ciel d'été, constellée d'illuminations splendides ; le Prado faisait scintiller la lumière d'un million de verres de couleurs ; le Correo, la façade du Musée naval, le palais de Buena-Vista, l'inspection, la caserne du génie, piquaient de points d'or, d'azur, d'émeraude et de rubis, les voiles sombres de la nuit, et offraient un spectacle vraiment magique ; à tous les balcons, des torchères, soutenant des flambeaux de cire, attestaient l'allégresse générale, et des transparents, ornés d'attributs et de devises en l'honneur de la reine, prouvaient que l'ancienne galanterie espagnole n'avait pas dégénéré.

Quant au feu d'artifice, nous devons dire qu'il ne répondit pas à l'attente du public; l'effet en fut maigre et mesquin, surtout quand on pense aux sommes fabuleuses qu'il coûtait; la plupart des pièces manquèrent. Il y a encore loin du señor Mainguet de Valence à notre classique Ruggieri.

Les fêtes royales ne devaient commencer que le 16, à cause de l'anniversaire de la mort de Diégo-Léon.

V

Les travaux nécessaires pour changer en arène la plaza Mayor ou la place de la Constitution, car tel est son nom moderne, étaient presque achevés. Les toiles qui simulaient la façade de la fausse maison de charpente, destinée à compléter la symétrie architecturale, venaient de recevoir leur dernier clou, les tapissiers en avaient fini avec les tentures des balcons : — tout était prêt, excepté le ciel.

Chose rare en Espagne, de gros bancs de nuages s'entassaient à tous les coins de l'horizon et formaient de sinistres archipels; les sommets extrêmes de la sierra de Guadarrama se couvraient d'une neige qui devait se changer en pluie dans la plaine.

Le Temps est un être fort capricieux et très-taquin de sa nature; dès qu'il pressent une solennité, qu'il voit des préparatifs coûteux, et tout un peuple dans l'attente d'un plaisir ardemment souhaité, il se fait une maligne joie d'être abominable. Il réserve pour ce jour-là ses outres gonflées d'aquilons, ses urnes de pluie, de neige et de grêle, comme s'il n'y avait pas d'autres occasions d'ouvrir ses écluses et d'épancher ses cataractes; Napoléon seul savait, quand il en avait besoin, se faire de l'azur à coups de canon, et commandait au soleil en Josué, tant la projection de sa volonté était irrésistible ! mais son secret est perdu et le baromètre a cessé d'être courtisan.

Les Madrilènes avaient l'air d'une population d'astronomes en quête du nouvel astre saisi dans les profondeurs du ciel par les puissants calculs de M. Leverrier. Jamais nous n'avons vu tant de nez en l'air.

Enfin, le jour fixé pour la *funcion*, satisfait de l'anxiété dans laquelle il avait tenu les bons citoyens de Madrid, les *aficionados* accourus de tous les points du royaume, et les étrangers de nations diverses, que le désir de voir les courses royales amenait de quatre ou cinq cents lieues de distance, le temps se décida à être beau.

La plaza Mayor, où se donnent les courses royales et où avaient lieu jadis les *auto-da-fé*, communique d'un côté avec la calle Mayor, continuation de la rue d'Alcala, par les rues des Boteros et de la Amargura, et de l'autre par le portal de Paños avec la rue de Tolède; trois ou quatre ruelles la relient aux groupes des maisons voisines.

On ne saurait donner aux Parisiens une idée plus juste de la plaza Mayor qu'en la comparant à la place Royale; non qu'elle offre ce mélange de briques et de pierres si agréable à l'œil, mais les maisons qui l'encadrent reposent sur des piliers formant galerie. Elle est fort grande et présente un parallélogramme exact. Sur le côté qui approxime la calle Mayor s'élève un charmant édifice qu'on nomme la *Panaderia*, flanqué de deux clochetons ornés de cadrans, aux murailles peintes de fresques à demi effacées, représentant des statues et des reliefs allégoriques, et dont une inscription en lettres de métal découpées à jour nous aurait donné la date, si nous avions pu parvenir à la déchiffrer sous le scintillement du soleil.

Dès le matin, la foule envahissait les abords de la

place et moutonnait à flots compacts le long des galeries, rendues obscures par les constructions des amphithéâtres. Depuis huit jours, les marchands des nombreuses boutiques établies sous les piliers vivaient dans l'ombre comme des Troglodytes ; mais c'est là un inconvénient de peu d'importance lorsqu'il s'agit de courses royales, un spectacle qui ne se renouvelle qu'à de longs intervalles, aux mariages et aux avénements des têtes couronnées !

Les uns achetaient des billets pour la *prueba* (course du matin), les autres pour la *corrida de la tarde* (course du soir), quelques-uns pour toutes les deux. Aux courses royales, les balcons appartiennent à la cour, mais les galeries et les *tendidos* appartiennent aux propriétaires des maisons auxquelles ils s'adossent. — Quelques corporations jouissent aussi du privilége d'une ou plusieurs fenêtres. — Des concessions à perpétuité ont été faites à de certains seigneurs par faveur ou pour des services rendus : témoin le duc d'Osuna, qui, précédé d'un alguazil et son diplôme à la main, se fit rendre un balcon donné à ses ancêtres par le roi Philippe IV. Grâce à l'obligeance de M. Fiereck, aide de camp du duc d'Aumale, nous avions une place pour toute la journée à une fenêtre du second étage, d'où

nous pouvions saisir à la fois l'ensemble et les détails.
— A mesure que l'heure approchait, les billets augmentaient de valeur, et l'on ne voudrait pas nous croire si nous disions le chiffre fabuleux qu'ils atteignirent. Vingt-cinq mille personnes peuvent cependant tenir à l'aise dans cette immense enceinte.

En attendant que s'ouvre la porte du *toril*, ce qui n'aura lieu qu'à dix heures, nous allons vous décrire, aussi exactement que possible, l'amphithéâtre et l'arène ; dès que les acteurs en auront pris possession, le drame sanglant qu'il joueront ne permettra pas de détourner les yeux un instant, et, d'ailleurs, les taureaux n'ont pas d'entr'actes.

De larges bandes d'étoffe, garnies d'énormes galons, marquaient chaque étage ; ces bandes étaient écarlate et or au premier et au troisième, jaune et argent au second, de manière à présenter dans leur ordre les couleurs du drapeau national ; d'azur et d'argent à la balustrade supérieure, pour rappeler la maison d'Autriche.

Ces quatre lignes de teintes vives, où quelque jeu de lumière faisait étinceler subitement une fusée métallique jaune ou blanche, dessinaient nettement la configuration de l'architecture, et en relevaient ce que la simplicité un peu sobre aurait pu avoir de mesquin.

Un magnifique dais de velours cramoisi, brodé d'or, était préparé au principal balcon de la *Panaderia*, pour Leurs Majestés et Leurs Altesses ; des étoffes de soie bleu et argent tendaient les autres fenêtres de ce joli édifice.

Maintenant, avant de descendre dans la place proprement dite, garnissez tous ces balcons, toutes ces fenêtres de rangées de visages en espalier ; soulevez les tuiles des toitures pour laisser passer les têtes des curieux agenouillés ou debout dans les greniers, tandis que d'autres, plus aventureux se hasardent sur le toit même ; détachez nettement de l'azur du ciel les groupes d'*aficionados* et même d'*aficionadas* à califourchon sur les crêtes des combles ; — tirez un grand angle d'ombre bleuâtre et transparente qui tombe d'un des coins de la place et coupe la moitié de l'arène, laissant tout l'autre côté nager dans une lumière vive et nette, et vous aurez une idée du tableau animé que présentait la plaza Mayor dans sa région supérieure.

A partir du premier étage jusqu'au sol fourmillait, sur les bancs d'un amphithéâtre de charpente, tout un monde de têtes, tout un océan de chapeaux ronds, de sombreros Calañés, de mantilles de taffetas ou de dentelles : on arrivait à ces places par des escaliers donnant sur les galeries. Des Parisiens s'y seraient étouffés et mis en pièces ; mais, comme en Espagne les sergents de ville et les gendarmes n'ont point l'habitude d'intervenir dans les réjouissances publiques, il n'y eut pas le plus petit accident. Un ouragan de bruit s'élevait de cette cascade humaine, que les quatre pans de la place semblaient épancher dans l'arène, défendue par le rebord de planches de la *barrera* contre une inondation de spectateurs.

Cette première enceinte était peinte en bleu avec des poteaux blancs régulièrement espacés.

La seconde, éloignée de la première de quelques pieds, de façon à former corridor, était peinte en rouge, avec des poteaux blancs. — Comme les *tablas* des places ordinaires, on l'avait garnie dans toute sa longueur d'un étrier destiné à faciliter la retraite des *toreros*, qui se dérobent, comme chacun le sait, aux poursuites du taureau en sautant par-dessus le rempart de bois.

Aux quatre angles de la place, on avait en outre établi des mantelets coupés de portes étroites, qui laissent passer l'homme et arrêtent l'animal farouche.

Le *matadero* (tuerie, endroit où l'on traîne les bêtes

mortes) était situé en face du balcon de la reine, le *toril*
à gauche, et l'entrée des *toreros* en face.

L'orchestre qui règle par ses fanfares les divers actes
de la course, annonce la sortie, sonne la mort, occupait, au-dessus du *toril*, une estrade enjolivée de guirlandes de fleurs en papier.

Une infirmerie et un *reposoir* pour les *toreros* avaient
été disposés sous les galeries.

V

Il était un peu plus de dix heures lorsque le premier
taureau s'élança dans l'arène, secouant sa *divisa*
de rubans jaunes et rouges; après avoir reçu cinq
coups de lance et quelques *banderillas*, il fut tué par
Pedro Sanchez. Nous ne ferons pas l'histoire spéciale
des sept autres taureaux expédiés plus ou moins heureusement par Lavi l'aîné, Luca Blanco, Lavi le jeune,
Antonio del Rio, Julian Casas; ni les taureaux, ni les
épées ne firent rien de bien remarquable à cette *prueba* :
à peine y eut-il une demi-douzaine de chevaux d'éventrés. — Le second taureau, de Lesaca, arracha la porte

de la barrière en sortant du *toril* ; le troisième, de don Saturnino Ginès, doué d'une grande vitesse et d'une extrême légèreté, franchit les *tables* à trois reprises ; voilà les incidents les plus marquants de cette course matinale. Bêtes et gens avaient l'air de peloter en attendant partie, et, comme l'heure avançait, on abrégeait beaucoup les formalités, et, au bout de quelques minutes, *l'épée* apparaissait secouant sa *muleta* écarlate.

Après une heure d'interruption dans le spectacle, heure employée à promener le râteau à travers la place, à jeter de la poussière sur les mares de sang, les gradins et les balcons se garnirent d'une nouvelle foule, plus compacte, plus gaie et plus brillante encore que la première.

A trois heures, Leurs Majestés et Leurs Altesses arrivèrent ; la reine, le roi et son auguste père, vêtus, ainsi que les princes français, en habit bourgeois, se placèrent au milieu du balcon, sous le dais ; la reine mère, l'infant don Francisco occupaient la droite ; l'infante doña Luisa-Fernanda et le duc de Montpensier, les infantes, filles de l'infant don Francisco, et le duc d'Aumale, la gauche ; par derrière se tenaient les ministres, le duc de Rianzarès, et, chose assez extraordinaire, le patriarche des Indes.

Sous le balcon royal, la barrière de planches était interrompue et remplacée par un mur de poitrines et de hallebardes : c'est un des priviléges du corps des hallebardiers de la reine ; quand le taureau se dirige sur eux, ils croisent la pique, et, s'ils le tuent, il leur appartient. Le danger qu'ils courent n'est pas très-grand ; ce sont d'anciens soldats, aguerris et bien armés ; mais le sort des alguazils nous paraît beaucoup plus mélancolique.

Un vieil usage, précieusement conservé, car il fait les délices et la joie du peuple de Madrid, veut qu'en ces solennités six alguazils à cheval se tiennent dans la place tout le temps que dure la course, la tête tournée du côté de la reine, et, par conséquent, ne pouvant rien voir de ce qui se passe derrière eux. Ils restent là ainsi, sans autre défense contre les attaques du taureau que leur petite baguette de bois, en proie à toutes les angoisses de la peur, angoisses qui se trahissent par des contorsions et des grimaces que le public, fort peu tendre à leur endroit, accueille avec des sifflets et des éclats de rire. Malgré la sévérité de leurs vêtements noirs, ces pauvres diables sont les gracieux, les niais et les paillasses de cette sanglante comédie.

Les courses royales offrent cette particularité qu'on

y voit des *caballeros en plaza*, c'est-à-dire des gens de bonne famille, qui ne sont pas *toreros* de profession et paraissent cette fois seulement dans l'arène ; ils combattent à cheval, et ont pour arme le *rejoncillo*, espèce de lance à fer aigu, à hampe fragile qui se brise dans le choc. Les caballeros en place sont patronnés par les plus grands seigneurs, qui font des dépenses folles pour les équiper, eux et leur suite. — Le désir de montrer leur adresse et leur courage, l'espoir d'obtenir la pension de huit mille réaux et le grade d'écuyer de la reine, déterminent les champions, qui n'ont jamais manqué ; ce sont eux qui, ordinairement, ouvrent la course, et leur présentation se fait avec un luxe et un cérémonial qui méritent une description détaillée.

Le cortége déboucha sur la place par l'arcade de la rue de Tolède, dans l'ordre suivant :

Premièrement, une voiture tirée par quatre beaux chevaux bais, avec de magnifiques harnais rouges et des guides blanches ; c'était celle du comte d'Altamira en riche habit de cour, et du *caballero en plaza*, son filleul, don Roman Fernandez, habillé de bleu de ciel et de blanc à l'autrichienne ; l'*espada* Jimenès, connu aussi sous le nom d'*el Morenillo* (le basané), accompagnait la voiture avec sa quadrille, pour défendre et protéger en cas de besoin le filleul de Son Excellence.

Secondement, un autre carrosse attelé de six chevaux bai clair, harnachés de ponceau, couverts de rubans et de fleurs. Il conduisait le duc d'Abrantès en habit de *maestrante* de Séville, et son protégé don Antonio Miguel Romero, en costume de l'époque de Philippe IV, cape et pourpoint de velours vert, avec des crevés et des ornements blancs, bottes et culottes de peau, épée et éperons dorés. José Redondo, plus populaire sous le sobriquet d'*el Chiclanero*, marchait à côté, suivi de sa quadrille.

Troisièmement, la voiture du duc de Medina-Celi : six admirables chevaux noirs, harnachés de blanc, pomponnés de roses et de fleurs, trainaient en piaffant le duc et son *caballero en plaza* don Nicolas Cabañas, vêtu de bleu et de blanc. Juan Léon et sa quadrille venaient en ordre derrière le brillant équipage.

Quatrièmement, une voiture de forme élégante et bizarre, à la vieille mode, où deux personnes seulement peuvent prendre place; ce vis-à-vis, tiré par six superbes chevaux bais, empanachés de rouge, conduisait le duc d'Ossuna, et son filleul don Federico Varela y Ulloa, en habit incarnadin; l'illustre, le grand Montès et sa quadrille entouraient la voiture.

Les quatre équipages vinrent successivement s'arrêter sous le balcon de la reine. Les *caballeros en plaza* descendirent avec leurs parrains et, suivant la coutume, fléchirent le genou devant Sa Majesté, et lui demandèrent la permission de combattre; puis ils remontèrent dans leurs carrosses, qui firent lestement le tour de l'arène, pour regagner la porte par où ils étaient entrés. Vingt-huit chevaux de bonne mine, et la plupart fringants, conduits en main par des valets de la maison royale, aux livrées roides d'or, venaient derrière les voitures sur une seule file. C'étaient les montures destinées aux chevaliers *rejoneadores* (qui plantent la lance). Sept portaient des selles bleues, sept des selles vertes, sept des selles paille, sept des selles roses en satin piqué, d'une fraîcheur et d'une richesse éblouissantes. Il y avait loin de ces nobles coursiers, sortis des écuries de la reine, aux pauvres rosses vouées à l'éventrement infaillible des courses ordinaires. Avec eux, on ne devait pas craindre une de ces hécatombes chevalines qui paraissent avoir pour but d'apaiser d'avance les mânes du taureau sacrifié par l'homme; ils avaient des jarrets pour résister au choc ou s'y dérober par la fuite.

Parmi ces vint-huit chevaux, on en choisit quatre

pour les *caballeros en plaza*, qui, au bout de quelques
minutes, trouvées fort longues par le public impatient,
reparurent à cheval dans l'arène, précédés de deux
files de piqueurs vêtus du pourpoint à la Schomberg,
de sept rois d'armes, de pages et d'écuyers, et de tout
un monde de comparses richement habillés; c'est un
spectacle singulier et qui pousse à la rêverie de voir
les formes et les couleurs des âges écoulés vivre et
fourmiller à la pure lumière du soleil. Ce mélange de
travestissements et de réalité étonne plus qu'on ne saurait
dire; on cherche involontairement la rampe et les
coulisses, et l'on est tout surpris de voir cette fantasmagorie
encadrée dans les objets les plus réels.

A la suite, marchaient les quadrilles des *toreros*, la
première vert et argent, la seconde bleu et argent, la
troisième marron et or, la quatrième incarnat et argent;
au lieu de la coquette *montera* qu'ils portent
habituellement, les *toreros* étaient coiffés de l'ancien
chapeau espagnol en demi-lune et à deux cornes, comme
on en trouve dans les caprices à la manière noire du
peintre Goya. Ce chapeau, quoique d'une étiquette plus
rigoureuse et d'une tenue plus correcte, ne nous paraît
pas à beaucoup près valoir ce joli bonnet chargé de
nœuds et de pompons que l'*espada* jette si crânement

par-dessus les moulins au moment de jouer son va-tout.

Douze *picadores* rangés trois par trois, et assortis aux couleurs de la quadrille dont ils faisaient partie, par les nuances et les broderies de leurs vestes et de leurs selles, fermaient le cortége. Nommer *Gallardo, Muñoz, Romero, Lerma,* c'est dire que les plus illustres maîtres en l'art difficile de piquer se trouvaient là. Hélas! tu manquais à la troupe, herculéen Sevilla, dont l'œil étincelant, la figure basanée et la jovialité héroïque nous ont si profondément impressionné autrefois. La lance s'est échappée de ta vaillante main, et la maladie t'a terrassé, toi qui faisais asseoir les taureaux sur leur jarrets! ton nom est maintenant inscrit parmi ceux des célébrités de la tauromachie, sur les écussons bleus du cirque d'Alcala, entre ceux de Pepe-Illo, de Romero, et des héros du genre. Si l'on conserve, dans l'autre monde, quelque souvenir de celui-ci, tes grands os ont dû tressaillir dans la tombe, du regret de ne pouvoir assister à cette course et y faire quelques-uns de ces beaux coups qui soulevaient des transports d'enthousiasme!

L'arrière-garde était formée par des attelages de mules, toutes folles de pompons et de grelots, destinés à traîner au *maladero* les corps des bêtes mortes. Des palefreniers en veste et en culotte de velours bleu, en bas blancs, en escarpins et en chapeau à cornes, les contenaient à grand'peine.

Toutes ces formalités accomplies, le cortège se retira, et il ne resta dans la place que les combattants et les gens indispensables.

Parmi les quatre gentilshommes, deux paraissaient assez médiocres écuyers et luttaient contre la fougue de leur monture avec plus ou moins de bonheur; même l'un d'eux, le champion du duc de Medina-Celi, avait été désarçonné et obligé d'aller faire à pied son salut au balcon royal; don Miguel Romero, par son assurance modeste et la grâce avec laquelle il maniait son cheval, paraissait réunir le plus de chances, et, si la mode anglaise des paris avait gagné l'Espagne comme la France, les gros enjeux eussent été de son côté.

Les caballeros étaient à leur poste, le *rejoncillo* à la main, ayant chacun à côté d'eux l'espada qui devait leur ménager les coups et les défendre en cas de péril... Une attente anxieuse oppressait les poitrines de trente mille spectateurs.

VI

Enfin la clef du toril, attachée à une magnifique touffe de rubans, fut jetée du balcon de la reine à l'alguazil, qui l'alla porter au mozo de service.

L'orchestre sonna une fanfare éclatante; soixante mille yeux se tournèrent simultanément du même côté : la plus jolie femme du monde, au moyen de la plus suprême coquetterie, n'aurait pu obtenir un regard dans ce moment-là.

Les lourdes portes du toril se renversèrent, et il en sortit... deux ou trois bouffées de colombes blanches qui s'éparpillèrent tout effarées comme des duvets emportés par le vent.

Autrefois aussi, en France, au sacre des rois, on lâchait des centaines d'oiseaux, qui voltigeaient sous les voûtes de la cathédrale et finissaient par se brûler les ailes aux cierges de l'autel.

Ce mélange de tendresse et de barbarie, qui fait ouvrir la cage des colombes pour la liberté, et la cage des taureaux pour la mort, forme un contraste assez bizarre et plus naturel qu'on ne pense.

Le taureau hésitait à sauter de l'obscurité de sa caverne dans la pleine lumière du cirque. Un chapeau jeté devant la porte le décida.

C'était un taureau noir de Mazpule, portant sur l'épaule une splendide *divisa* blanche, bordée d'argent. — La *divisa*, nos lecteurs le savent sans doute, est un nœud de ruban fixé dans le cuir du taureau par une aiguillette, et dont la couleur sert à désigner la *vacada* ou pâturage dont il sort; on compte, parmi les nourrisseurs, les plus grands noms d'Espagne. — Les courses de taureaux rendent les plus grands services à l'agriculture et à l'élève des bestiaux; car on aurait tort de croire que tout taureau soit propre au combat : il faut pour cela autant de qualités qu'on en exige d'un cheval de course, et un troupeau tout entier fournit à peine trois ou quatre sujets dignes de paraître dans l'arène; des efforts faits par les éleveurs pour atteindre la perfection idéale du taureau de place, il résulte une rare pureté de sang et des races magnifiques. — Aussi est-il fréquent de voir des bœufs de trait d'une beauté merveilleuse et qu'on croirait détachés des bas-reliefs grecs, tant ils ont une physionomie homérique et grandiose.

Ce brave taureau fondit fort délibérément sur les

cavaliers de place; le señor Romero lui brisa dans le corps trois rejoncillos, et eut son cheval blessé; le señor Varela rompit aussi une lance, et l'animal tomba mort d'un coup de pointe.

Les portes du *matadero* s'ouvrirent et l'attelage des mules arriva en piaffant, en se cabrant, enlevant de terre les groupes de palfreniers suspendus à leurs licous. Ce ne fut pas une médiocre besogne que de les faire assez approcher du taureau mort pour lui jeter le grapin.

Le second, de couleur marron tirant sur le noir, avec une *divisa* rouge et blanche, appartenant aux seigneurs-ducs, était sournois et timide; don Miguel Romero lui porta neuf coups de lance avec beaucoup d'adresse, et le señor Varela deux, et, comme il ne mourait pas, Léon l'acheva d'une estocade; d'un *mete y saca*, commme on dit en Espagne, donné sans préparation aucune.

Le troisième, à la *divisa* verte et blanche, d'Utrera, la patrie des bons taureaux, se précipita dans l'arène avec une impétuosité de bon augure; mais il avait affaire à un rude champion, et l'ex-lieutenant du régiment de Marie-Christine lui fit bien voir que, bien qu'il ne fût pas torero de profession, il n'en était pas moins redoutable.

Ce taureau, sans s'effrayer des deux coups de rejoncillo qu'il avait déjà reçus, l'un de Romero, l'autre de Varela, fondit sur le premier tête baissée, passa les cornes sous le poitrail du cheval, lui fit quitter terre, et le renversa sur le dos par-dessus son cavalier.

Il y eut là un moment d'indicible épouvante et d'effroi suprême : tout le monde crut le brave Romero écrasé sous le poids de sa monture. — La belle tête pâle du Chiclanero devint livide, et, avec la promptitude de l'éclair, tout l'essaim des banderilleros, éparpillé dans la place, se concentra sur le même point. Vingt capes roses, jaunes, bleues, furent agitées pour distraire le taureau, et déjà les femmes portaient le mouchoir à leurs yeux, lorsqu'il arriva une chose merveilleuse, un coup de théâtre à désespérer les dramaturges.

Le cheval, qu'on croyait éventré, se releva avec son cavalier en selle; Romero, bien loin d'être écrasé, n'avait pas même perdu les étriers.

Alors, il s'éleva des *tendidos*, des galeries, des balcons, des entablements, des toits, un hourra d'acclamations, immense, universel, prodigieux ; une seule voix jaillissant de trente mille poitrines ! Quel torrent de volupté doit inonder le cœur d'un homme qui se sent applaudir ainsi! Les spectateurs, juchés sur les combles les plus éloignés, répondirent à ce tonnerre comme un écho, et, au risque de se précipiter, se penchèrent encore davantage pour pouvoir saisir quelque profil du héros de la course. Mais ce n'était rien encore.

Le taureau, qui s'était éloigné à la poursuite de quelque *chulo*, fit sept ou huit pas vers le cheval, s'arrêta, remua deux ou trois fois la tête d'un air songeur, agita par un froncement de peau le fragment de rejoncillo implanté dans son épaule, s'envoya un peu de terre sous le ventre et parut vouloir recommencer l'attaque; mais subitement, et sans que rien pût faire prévoir un tel dénoûment, il tourna sur lui-même et roula les quatre sabots en l'air en poussant un sourd beuglement. Il était mort.

Romero, en tombant, lui avait enfoncé sa lance jusqu'au cœur, à l'endroit qu'en Espagne on appelle la *cruz*, et qui se trouve au bout de la raie du dos, à la naissance du cou, entre les deux omoplates. Quand la foule eut compris ce coup miraculeux, à l'enthousiasme succéda la frénésie; des tonnerres d'applaudissements, des ouragans de bravos éclatèrent de toutes parts avec une furie inimaginable ; c'étaient des cris, des hurlements, un tumulte à devenir sourd. Ces manifestations paraissant encore trop froides, chacun jetait dans l'arène ce qu'il avait à la main, son chapeau, son éventail, sa lorgnette, son mouchoir, son bouquet, sa boîte à pastilles.

Alexandre Dumas lança un porte-cigares de mille francs, à ce que dirent le lendemain les journaux.

C'étaient une rage, un délire, un vertige ; les reines, les infantes, les princes, les grands dignitaires, tout l'Olympe du balcon royal, malgré l'étiquette, s'émurent comme de simples mortels. Le duc d'Aumale surtout battait des mains avec fureur.

Sur les cordes des barrières, sur le fer des balcons, sortant le corps plus qu'à moitié, au mépris des lois de la statique, se penchaient une foule d'individus de tout âge et de toute condition, se démenant comme des possédés, agitant les bras, faisant mille contorsions extravagantes, et criant : « *Bien, bien*, Romero ! » Ce *bien* aurait besoin d'une notation particulière pour en faire comprendre toute la valeur. Les Espagnols y mettent un accent spécial, et dans leur bouche ce monosyllabe acquiert une intensité d'approbation inconcevable : d'autres, tâchant de détacher leur interjection admirative de la masse du vacarme général, extrayaient de leurs poumons toute la force de bruit possible; mais on n'entendait sortir aucun son de leurs bouches ouvertes, la tempête universelle éteignait tous les petits bacchanals particuliers.

Quelle sensation puissante devait étreindre en ce moment l'âme du héros, objet de tant d'enthousiasme! Ah! de tels applaudissements ne seraient pas payés trop cher au prix de vingt existences, et, pour les obtenir, on présenterait sa poitrine nue aux cornes de tous les taureaux de l'Andalousie et de la Navarre : Romero était en ce moment le roi de Madrid, tous les cœurs lui appartenaient, et aucune Espagnole n'aurait pu, ce soir-là, refuser à un si vaillant cavalier le don d'amoureuse merci !

Le calme finit par se rétablir; l'orchestre sonna une fanfare et la porte fut ouverte à un nouveau taureau. L'adroit et valeureux champion du duc d'Abrantès restait seul des quatre gentilshommes. Les autres, à l'exception du señor Varela, n'avaient fait pour ainsi dire que paraître, et avaient tout de suite été mis hors de combat par des chutes violentes : l'un d'eux était sorti de l'arène chancelant, estropié, s'appuyant sur les *muchachos* de service; l'autre, emporté sans connaissance par les pieds et la tête, mourut le lendemain : son cheval lui avait écrasé la poitrine.

Un quatrième taureau, de Gaviria, eut bientôt terminé sa carrière : il tomba mort au troisième coup de rejoncillo que lui planta l'héroïque cavalier.

Ne voulant pas laisser plus longtemps don Miguel Antonio Romero, exposé à des dangers que désormais il courait seul, et craignant sans doute qu'excité par l'enthousiasme public il ne se livrât à des actes d'audace outrée et ne fût saisi de la folie du courage, Sa Majesté lui fit dire qu'elle était satisfaite et qu'il pouvait se retirer.

Don Miguel Antonio Romero, après avoir remercié sa gracieuse souveraine, se retira tranquille et frais, comme s'il ne se fût rien passé, s'en alla s'asseoir à un balcon, d'où il regarda tranquillement le reste de cette course, à laquelle il avait pris une part si brillante.

Le lendemain, Son Altesse royale le duc de Montpensier envoyait à don Miguel Romero l'épée qu'il portait le jour de ses noces. La poignée en était d'or curieusement ciselé, relevé d'ornements d'argent d'un goût exquis, avec le chiffre du prince. Le duc d'Abrantès faisait présent à son vaillant filleul d'une magnifique montre d'or, et la reine le nommait écuyer du palais.

VII

C'était maintenant le tour des *toreros* de profession, et la course retombait dans les errements ordinaires : les *picadores* allèrent se mettre à leur poste, et l'on fit sortir le cinquième taureau, bai clair, de don Elias Gomez, devise bleue et blanche. Il reçut cinq coups de lance et mit un cheval hors de service ; on lui planta une paire de *banderillas* ensemble et deux séparément ; après quoi, il fut tué par Juan Jimenès de plusieurs estocades de *volapié*, les unes sur l'os, les autres portées avec trop de précipitation et à peine entrées. Deux coups de pointe terminèrent son agonie.

Le sixième, de Gaviria, de couleur foncée, ne se jetait pas sur les obstacles aussi aveuglément que les autres ; il paraissait réfléchir, et, avant de donner son coup de corne, restait quelquefois comme en contemplation devant le *picador*, ce qui ne l'empêcha pas d'éventrer deux chevaux et d'envoyer à plusieurs reprises les pesants cavaliers mouler leurs corps en creux dans le sable lorsqu'ils ne se rattrapaient pas assez vite avec les mains au rebord des *tablas*. Montès, le grand Montès, que cette solennelle occasion avait appelé dans l'arène, bien qu'il soit riche et marié et retiré du cirque, fit avec ce taureau ce manége de cape où nul *torero* ne l'a surpassé. Il faut voir l'aisance suprême de Montès, agitant son manteau sur le mufle de la bête furieuse, lui entourant les cornes comme d'un turban, et faisant tourbillonner de mille manières les plis éclatants du taffetas; puis, lorsque le monstre exaspéré se précipite sur lui, se drapant de la façon la plus majestueuse et l'évitant par un imperceptible mouvement de corps.

Trois paires de *banderillas* furent posées à ce taureau avec beaucoup de hardiesse et de dextérité. En les secouant pour s'en débarrasser, le pauvre animal fit envoler un nuage de petits oiseaux contenus dans un mince filet attaché à la baguette de la *banderilla*, et disposé de manière que les mailles se rompent au moindre choc, ou soient tranchées par le fer de l'hameçon lorsqu'on enfonce la baguette. Ces recherches n'ont lieu qu'aux grandes occasions. Les hampes des *banderillas* ne sont habituellement garnies que de découpures de papier; cette fois, pour plus de galanterie, les oiseaux portaient nouées au cou des faveurs aux couleurs d'Espagne, jaune et rouge. D'autres *banderillas* étaient garnies de fleurs et de feuillages, de sorte qu'on aurait pris les taureaux ainsi enguirlandés pour les victimes d'un sacrifice antique.

On sonna la mort, et Montès s'avança l'épée d'une main et la *muleta* de l'autre ; la *muleta*, comme chacun sait, est un morceau d'étoffe écarlate fixé sur un bâton transversal et qui sert au *matador* à détourner l'attention de son adversaire cornu ; l'épée à deux tranchants, longue, forte, flexible, est choisie parmi les meilleures lames de Tolède, qui a encore le secret de la bonne trempe : la poignée affecte une forme spéciale, et, comme on dit, ne serait pas à la main pour tout autre genre d'exercice ; elle se termine par une boule de cuivre qui s'appuie à l'intérieur de la paume et permet au *torero* de pousser son estocade à fond en pesant de tout son poids sur la garde de l'épée.

D'un coup plongé de haut et de la perfection la plus classique, Montès dépêcha l'animal avec cette *maestria* qui n'appartient qu'à lui. Pas d'effort, pas de violence, rien qui indique la crainte ou fasse sentir le péril ; il semble, quand on voit Montès à l'œuvre, que rien n'est plus facile à tuer qu'un taureau ; l'épée entre dans ce corps comme dans du beurre. La plaie est fermée si exactement par la lame, et la place si bien choisie, qu'il n'y a pas une goutte de sang répandue et que la mort arrive avant l'agonie. Nous ne savons pas ce que pouvaient être José Candido, Costillarès, Delgado, Juan Conde, Pedro Romero, el Americano, et toutes les anciennes célébrités du cirque, au temps où la tauromachie était à son plus haut point de splendeur ; mais nous doutons que jamais *espada* ait eu plus de sang-froid, d'adresse et de grâce virile dans l'exercice de sa dangereuse profession que le grand Montès de Chiclana, le *jamais assez vanté* Montès, comme disent les Espagnols.

Il fut applaudi à outrance et reçut les bravos avec une modestie fière, comme quelqu'un qui y est habitué et sait qu'il les mérite.

Le septième, de Lizaso, franc et clair dans ses allures, *prit* cinq coups de lance, pour nous servir de l'argot tauromachique, et fut *capéé* fort gracieusement par Arjona ; après qu'on lui eut posé trois paires de *banderillas*, il tomba comme foudroyé par un coup d'épée du même Arjona : coup qui n'est pas dans les règles et que proscrivent les puristes, mais qui n'en produit pas moins un très-grand effet. Tuer un taureau de la sorte s'appelle *atronar*, la pointe de l'épée pénètre dans le cervelet et cause une mort instantanée; l'endroit où il faut frapper n'est guère plus large qu'une pièce de trente sous : pour notre part, nous nous joignons aux *aficionados* romantiques, et nous n'avons pas le courage de blâmer cette brillante mais irrégulière estocade.

Le huitième, bigarré de couleur, poltron de caractère, ne put se décider à l'attaque. Vainement les *picadores*, s'avançant vers lui, le *citaient*, en élevant la lance et en clappant de la langue, il tournait la tête de l'autre côté et paraissait regretter ses pâturages; sentiment bien naturel, mais qui n'attendrissait pas beaucoup le public; car on demanda de toutes parts les *banderillas de fuego*. Les détonations de ces feux d'artifice qui lui éclataient aux oreilles lui firent exécuter d'abord quelques cabrioles, puis il retomba dans sa torpeur et reçut la mort comme un lâche des mains de Martin, qui fut obligé de lui porter cinq ou six coups, tant il se présentait mal.

Pendant que l'attelage des mules entraînait cette charogne, les *banderillas de fuego*, qui n'avaient pu servir, et qu'on avait fichées en terre par la pointe, détonnaient et faisaient long feu avec des crépitations bizarres.

Tout occupé que nous étions de l'appréciation de nos gladiateurs mugissants, nous avons un peu négligé nos braves alguazils, plantés devant le balcon de la reine, et exposés à tous les périls des *toreros* sans avoir leurs moyens de défense. Cette fête, si courte pour tous, dut leur paraître bien longue. — Cette file d'hommes noirs, à cheval, immobiles dans la place, préoccupait visiblement les taureaux, et l'endroit qu'elle occupait était devenu comme une espèce de *querencia* où ils revenaient toujours : les *chulos*, encouragés par les rires du peuple, ne se faisaient d'ailleurs pas faute d'amener les bêtes féroces de ce côté, sauf à les distraire au moment opportun. Le neuvième taureau, de Gaviria, courageux et léger, fondit sur la noire troupe, s'acharna à la poursuite d'un pauvre diable d'alguazil, médiocre écuyer, et donna à son cheval le coup de corne le plus ridicule du monde, de sorte qu'au lieu d'être plaint, le pauvre homme fut hué et sifflé. Ce même taureau se précipita sur les hallebardiers, qui baissèrent aussitôt leurs armes, avec tant de furie, qu'il rompit une hampe et emporta un fer de hallebarde dans le poitrail. Le *chulo* qu'il pourchassait s'était vivement faufilé entre les jambes des soldats, n'ayant pas eu le temps de regagner les *tablas*. Jose Redondo, ou le Chiclanero, car il est plus populaire sous ce nom, dépêcha ce terrible animal d'une estocade à la croix portée dans toutes les règles, et digne de l'excellente école de Montès, dont il est l'élève et le neveu, si même il ne lui tient pas par des nœuds plus resserrés.

Le crépuscule baignait déjà la place, lorsque sortit le dixième taureau, de Mazpule, — taureau de *sentido*, comme l'autre, c'est-à-dire ne se laissant pas amuser par la *cape* en tirant droit au but, et, par conséquent, fort dangereux. Léon le tua de deux coups d'épée, l'un mauvais, et l'autre bon.

Il faisait presque nuit quand on lâcha le onzième et le douzième taureau ; les objets avaient perdu leur couleur, et ce combat dans l'ombre prenait un caractère singulier et sinistre. On voyait vaguement onduler un dos monstrueux entouré de silhouettes noires. Nous ne pourrions donc donner aucun détail sur leurs prouesses obscures.

Les mules sortirent pour la dernière fois, et entraînèrent les corps des victimes achevées par le *cachetero*.

Tout le temps de la course, nous avions été préoccupé d'un détail puéril et bizarre : chaque cadavre de taureau ou de cheval, traîné par des mules, traçait sur le sable une traînée parabolique, partant d'une mare de sang et aboutissant à la porte du *matadero*, que nous ne saurions mieux comparer qu'à ces courbes décrites en l'air par le vol des bombes dans les gravures des villes assiégées. A la fin du combat, ces raies, de plus en plus nombreuses, formaient comme une espèce de bouquet de feu d'artifice sanglant, bien digne de terminer la *corrida de toros de corte !*

Aussitôt que les portes du *matadero* se furent fermées sur le dernier cadavre, les spectateurs envahirent l'arène, et ce grand espace, vide et blanc tout à l'heure, devint noir en une minute sous le fourmillement compacte de la foule.

Les sept cents torches de cire fichées sur les candélabres de bois attachés aux balcons s'allumèrent comme par enchantement, et formèrent un coup d'œil vraiment magique.

En Espagne, les illuminations se font toujours avec des torches de cire et des verres de couleur ; l'ignoble lampion y est heureusement inconnu. Il faut la stupide routine de notre prétendue civilisation pour faire brûler dans les jardins royaux, sous prétexte de réjouissance, ces dégoûtantes terrines de cambouis infect qui ne dégagent qu'une clarté louche et rougeâtre au milieu de flots de fumée noire. Singulière façon de célébrer un événement heureux que de s'empoisonner à faire fondre du suif sur des ifs bitumés de suie !

VIII

Le lendemain, la course recommença sur les dix heures du matin. Nous aimions ce combat au saut du lit, en négligé et d'une familiarité tout intime. Les spectateurs causaient avec les *chulos* à califourchon sur le rebord des *tablas*, et, comme la grandeur de la place et le nombre des combattants diminuaient de beaucoup le péril, des groupes de *toreros* inoccupés se tenaient sur l'étrier de la barrière, et devisaient en se chauffant au soleil ; car, bien que le temps fût clair, il soufflait une petite brise assez aigre.

Rien n'était plus joli que de voir scintiller sous le rayon, dans cet angle lumineux, les paillettes et les broderies des costumes. Les couleurs tendres des capes prenaient des nuances charmantes : — quel dommage qu'il n'y eût pas là un Goya avec sa palette !

De temps en temps, le taureau venait interrompre la

conversation, et le groupe bigarré se dispersait comme un essaim de papillons.

La forme quadrangulaire est moins favorable que la forme ronde aux luttes tauromachiques : — une place trop vaste ne convient pas. Les animaux se fatiguent en voyages, il est plus difficile de les amener près des *picadores*; leur attention éparpillée se détourne aisément; deçà, delà, ils s'essoufflent et s'alourdissent. Le risque est presque nul pour les hommes qui gagnent au pied et ne peuvent être rejoints par une bête *aplomada*. — Les détails du combat, vus d'une trop grande distance, perdent aussi beaucoup de leur dramatique; on ne saisit plus le jeu des physionomies, et, s'il faut le dire, on ne discerne plus les blessures; partant, l'intérêt et la terreur sont bien moindres.

Pour les courses ordinaires, la plaza Mayor ne vaut pas le cirque de la porte d'Alcala, bien qu'elle se prête à merveille au développement des cortéges et à la pompe des fêtes royales.

Cependant, malgré le sans-gêne de cette course matinale, une douzaine de taureaux furent expédiés, et une quinzaine de chevaux éventrés le plus galamment du monde.

A la course de l'après-midi, il y eut encore des *cabal-*

leros en plaza, mais présentés cette fois par la ville, sous le patronage du duc de Veraguas, corrégidor de Madrid. Le cérémonial fut à peu près le même que la veille; seulement, les carrosses n'avaient que quatre chevaux, et les cavaliers ne parurent que pour la forme; après avoir rompu un ou deux *rejoncillos*, ils se retirèrent, et la course eut lieu comme d'habitude.

Nous ne recommencerons pas la description minutieuse des *suertes* et des *cogidas* de cette *corrida*, nous craindrions d'ennuyer nos lecteurs. — Les taureaux sont un spectacle monotone à décrire; rien n'est plus simple et plus primitif que ce divertissement. Le sujet est la vie et la mort; — l'intérêt du drame, de savoir qui sera tué, de l'homme ou de l'animal féroce. — La pièce est invariablement divisée en trois actes, qui pourraient s'intituler : la lance, la banderille et l'épée. Mais cela suffit pour tenir haletants des milliers de spectateurs pendant des journées entières.

Le surlendemain, qui était le troisième jour, le temps, d'incertain devint tout à fait mauvais, et nous eûmes le le spectacle divertissant et singulier d'une course pendant la pluie.

En Espagne, dès que la course est commencée, rien ne peut l'interrompre. Les cataractes du ciel s'ouvriraient, il y aurait un tremblement de terre, que l'on continuerait avec un imperturbable sang-froid.

Des centaines de parapluies se déployèrent sur les *tendidos*, mais personne ne bougea : l'idée de s'en aller ne vint à qui que ce soit. La famille royale elle-même ne quitta pas son balcon, où, malgré l'abri du baldaquin, les rafales de l'averse l'atteignirent plus d'une fois.

Quelques plaisants tendirent des parapluies aux *picadores*, qui attaquèrent le taureau la lance d'une main et le riflard de l'autre. — Rien n'était plus comique.

Luca Blanco, qui devait tuer, avait retiré ses escarpins de peur de glisser sur la terre grasse, et courait en bas de soie et pieds nus dans la boue.

Les taureaux morts, entraînés par les mules et cuirassés de crotte, avaient l'air de masses informes ; les chevaux s'efflanquaient sous la pluie, les costumes déteignaient, tout prenait un aspect risible et piteux.

La bonne humeur du peuple ne s'était pas altérée un instant, et se traduisait en plaisanteries de toute sorte. Une personne, que les parapluies des gens placés devant elle empêchaient de voir, demandait à un voisin mieux situé :

— Que se passe-t-il ?

— On amène les chiens ; il y en a un qui vient de

mordre le taureau à l'oreille; voilà les nouvelles les plus fraîches.

Comme il faisait presque nuit, on suspendit la course pour faire avancer les voitures de la cour. Cette interruption au plaisir du peuple fut accueillie par des huées, des sifflets, et un vacarme épouvantable qui ne s'apaisa que lorsque la place fut libre.

Il restait encore deux taureaux; mais, vu l'heure avancée, la pluie de plus en plus forte, et l'obscurité de plus en plus épaisse, on ne les fit pas sortir du *toril*.

Alors commença un chœur formidable d'imprécations et d'injures, dont le refrain obligé était cette phrase chantée sur une mélopée bizarre : *Otro toro, otro toro, otro toro*, modulée dans tous les tons possibles.

Les *toreros* étant partis pendant le tumulte, force fut à ces *aficionados* enragés de se retirer aussi.

Les *corridas de toros de corte* étaient finies!

IX

Saturé de sang et d'émotions poignantes, nous avions besoin de sensations plus douces et plus idéales; il nous fallait, pour nous reposer de la brutalité du cirque, la sérénité du musée et la contemplation des chefs-d'œuvre de l'art.

Aussi, nous dirigeant du côté du Prado, entrâmes-nous avec un respect religieux dans le beau bâtiment dû à l'architecte Villanueva, dans lequel, chose extraordinaire pour un musée, on voit clair partout. Là, point de catacombes comme à la galerie du Louvre, où de rares fenêtres laissent filtrer un jour avare qui condamne les admirateurs opiniâtres de certains chefs-d'œuvre à des contorsions de possédés.

Un peintre, qu'on ne peut apprécier qu'en Espagne, c'est Velasquez, le plus grand coloriste du monde après Vecelli. Nous le mettons, pour notre part, bien au-dessus de Murillo, malgré toute la tendresse et la suavité de ce Corrége sévillan. Don Diégo Velasquez de Sylva est vraiment le peintre de l'Espagne féodale et chevaleresque. Son art est frère de celui de Calderon, et ne relève en rien de l'antiquité. Sa peinture est romantique dans toute l'acception du mot.

Un de ses plus beaux tableaux est celui qui est connu sous le nom de *las Meninas*. On y voit, à la gauche du spectateur, le peintre, la palette à la main, qui fait le portrait de Philippe IV et de la reine, qu'on aperçoit reflétés dans un miroir placé au fond de la chambre ; sur le premier plan, au milieu de la toile, l'infante doña Marguerite-Marie d'Autriche s'amuse avec ses menines. Les deux nains, Mari Barbola, et Nicolasico Pertusato, placés à droite, tourmentent un grand épagneul favori, qui souffre patiemment leurs impertinences.

Sur la poitrine du peintre, on remarque une croix de commandeur de Calatrava, à propos de laquelle on raconte cette anecdote : Philippe IV, charmé de cette toile, prit un pinceau, en trempa la pointe dans le cinabre étalé sur la palette de l'artiste, et de sa main royale traça cet insigne honorifique, disant que c'était la dernière touche à mettre au tableau. Manière délicate et charmante de récompenser un grand artiste !

Jamais illustration ne fut plus méritée, car Velasquez peut à bon droit se nommer le Titien espagnol.

Quelle fierté de pinceau! quelle largeur et quelle facilité de gentilhomme, sûr de sa race et de son talent! Tout est fait au premier coup, et étudié comme si chaque touche eût coûté un jour de méditation. Comme il excelle à rendre les armures damasquinées où, sur l'acier noir, glisse une lame de lumière blanche; les figures mâles et caractéristiques, les tournures cambrées, les poings sur les hanches, les grands airs de l'aristocratie féodale, les genets au profil busqué, les nains jouant avec les lévriers et les perroquets ; tout ce monde royal que personne n'a compris comme lui !

Par un singulier privilége du génie, ce grand artiste, familier des rois, a peint la dégradation de la vieillesse et de la misère, les trivialités de la vie, avec une force et une intensité dont Ribera pourrait être jaloux : ses mendiants valent ses rois, et ses pauvresses ses infantes.

Cet homme d'une si haute aristocratie, peintre ordinaire des rois, des reines et des infantes, devant qui posèrent si complaisamment Philippe III, Philippe IV, Isabelle de Bourbon, Marguerite et Marie-Anne d'Autriche, le prince don Balthazar Carlos, le comte-duc d'Olivarès et tous les grands personnages de l'époque ; ce Vénitien de Séville, si habile à écraser le velours, à faire miroiter la soie, à brunir les armures, à roussir l'or dans la fournaise ardente de son coloris, à nouer des rosettes de rubans roses et des tresses de perles aux tempes des jeunes infantes, à faire ruisseler la dentelle, la batiste et la guipure par les crevés des manches de satin, manie la boue et la fange sans dégoût, avec amour, comme s'il n'avait pas de délicates mains blanches, où se dessinent des veines gonflées par le sang d'azur des races nobles !

La société des gueux, des mendiants, des voleurs, des philosophes, des ivrognes et de misérables de toute nature dont se compose le monde fourmillant de la bohème, ne lui répugne en aucune manière. Les peintres espagnols ont tous d'ailleurs, à différents degrés, ce robuste amour de la vérité, que rien ne révolte et qui ne recule pas devant le réalisme le plus cruel.

Il faut voir quels affreux drôles, bronzés du hâle, bituminés par la misère, ridés, chassieux, lippus, peuplent ces noires toiles d'une brutalité sublime, d'une laideur idéale.

Quels haillons superbement déchiquetés, et quelle fierté dans ces lambeaux grouillants! Dans quel *rastro* Velasquez a-t-il trouvé de semblables guenilles ? Don César de Bazan lui-même, avec « sa cape en dents de scie et ses bas en spirale, » est un seigneur triomphant et superbe à côté de ces gaillards-là.

Regardez un peu, s'il vous plaît, ce gueux désigné, on ne sait trop pourquoi, sous le nom d'Ésope; il paraît à son accoutrement que, dans les idées de Velasquez, l'état de fabuliste ne devait guère être lucratif. Un sac grossier à qui un torchon sert de ceinture enveloppe son torse noueux et difforme comme un tronc de chêne ; sa main rugueuse, plissée aux articulations, se ferme sur un livre couvert d'un parchemin rance, graisseux, sordide, glacé par le pouce de lecteurs à qui l'usage de l'eau est inconnu : c'est affreux et c'est admirable ; toutes les richesses de l'art resplendissent sur cet immonde coquin ; cette crasse, c'est de l'or et de l'ambre en fusion ; ces loques valent la pourpre impériale, toutes ces ordures ont un prix inestimable. Dans ce masque monstrueux plaqué de tons violents, la vie éclate avec une force incroyable. Ces yeux enfouis sous un sourcil en broussaille, noyés dans des pattes d'oie de rides, ont le regard ; cette bouche égueulée a le souffle ; l'air passe dans cette barbe embrouillée et ces cheveux incultes.

Un des chefs-d'œuvre de Velasquez en ce genre, c'est le tableau des *Borrachos* (ivrognes.)

Au centre, on voit au milieu des buveurs un drôle à moitié nu, que le peintre a chargé de représenter Bacchus ; il est assis sur un tonneau, trône chancelant du dieu des ivrognes. Une couronne de pampres ceint sa tête et, trop large, lui tombe presque sur les yeux. — Devant le sacro-saint tonneau est agenouillé un buveur à qui le dieu confère quelque éminente dignité dans la confrérie de la Dive Bouteille, en lui cerclant le front d'une branche de lierre. L'air de componction et de gravité du vénérable soulard est admirable; les autres, plus ou moins ivres-morts, applaudissent avec un enthousiasme hébété; ils clignent lourdement leurs yeux avinés, ils tâchent de se redresser sur leurs jambes qui flageolent, et s'affaissent comme ces outres à moitié pleines que l'on veut faire tenir debout dans un coin.

Il règne dans cette toile une ivresse naïve, une joie grossière d'orgie soldatesque merveilleusement rendues. Comme ils sont heureux d'un bonheur stupide, comme ils rient bêtement de leurs grosses lèvres épaissies par la débauche! quelle richesse et quelle solidité de ton, quelle pâte opulente et grasse, quelle touche large et magistrale! la peinture ne peut aller plus loin.

Citons encore la *Reddition de Breda*, où se pavanent les cavaliers les plus fièrement campés; les *Forges de Vulcain*, où le dieu forgeron ne reçoit peut-être pas avec toute la majesté olympienne désirable l'annonce de son infortune conjugale, mais où brillent des chairs merveilleusement peintes, et différents tableaux de sainteté dont la description particulière nous mènerait trop loin — Mentionnons en passant différentes esquisses de paysage mêlées d'architecture et représentant des points de vue, des sites royaux ou de simples fantaisies pittoresques, traités avec une liberté de brosse et une puissance d'effet extraordinaires ; car ce grand homme fait tous les genres avec la même supériorité.

L'école espagnole peut se résumer en quatre peintres : Velasquez, Murillo, Ribera et Zurbaran.

Velasquez représente le côté aristocratique et chevaleresque ; Murillo, la dévotion tendre et coquette, l'ascétisme volupteux, les Vierges roses et blanches ; Ribera, le côté sanguinaire et farouche, le côté de l'inquisition, des combats de taureaux et des bandits ; Zurbaran, les mortifications du cloître, l'aspect cadavéreux et monacal, le stoïcisme effroyable des martyrs. Que Velasquez vous peigne une infante, Murillo une Vierge, Ribera un bourreau, Zurbaran un moine, et vous avez toute l'Espagne d'alors ; moins les pauvres, dont tous les quatre excellent à rendre les haillons et la vermine.

Bartolomé Esteban Murillo, né à Séville en 1618, fut disciple de Juan del Castillo, et se perfectionna ensuite à Madrid en étudiant les tableaux classiques du palais royal. Il eut trois manières distinctes, mais non pas assez différentes pour que son originalité ne soit pas toujours aisément reconnaissable ; on divise ses tableaux en froids, chauds et vaporeux. C'est un adorable peintre que Murillo, malgré quelques afféteries et quelques négligences; jamais coloris plus suave, plus moelleux, plus fondu, n'a envoleppé formes plus souples et plus aisément modelées; comme il sait épanouir dans le ciel des collerettes de chérubins, et frotter d'un rose charmant ces faces rebondies et ces petits talons enfantins ! quels gris de perle doucement argentés il trouve sur sa palette pour ombrer les têtes de madones, et quelles rougeurs pudibondes pour ces joues que colore l'annonce de l'ange Gabriel ! Impossible d'idéaliser avec plus de grâce le type des femmes de Séville; tout le charme de la beauté espagnole brille dans ces toiles adorables.

Il y a là une *Annonciation* qui est une chose ravissante, et une *Sainte Famille* qui, dans un autre genre, peut se soutenir à côté de celles du peintre d'Urbin.

Saint Joseph, assis, tient l'Enfant Jésus affectueusement embrassé. Celui-ci, portant un chardonneret sur le doigt, joue avec un petit chien qui guette le moment de saisir l'oiseau; la sainte Vierge, suspendant son travail, contemple avec un sourire céleste cette scène innocente.

Murillo a le secret de la puérilité divine ; il sait conserver à l'enfant qui sourit et qui se joue le regard illuminé, l'éclair prophétique ; nul mieux que lui n'allonge en rayons les boucles blondes, et ne fait plus naturellement prendre racine à l'auréole dans une tête frisée.

Bien qu'il se plaise à peindre les enfants et les femmes, il ne faudrait pas croire pour cela qu'il est incapable de rendre les natures mâles et les scènes vigoureuses ou même terribles.

Du petit Jésus, il peut faire un Christ ; et, de l'enfant rose, un cadavre bleuâtre étiré sur la croix, avec la bouche violette, béante, dans le flanc, les longs filets écarlates qui rayent la blancheur exsangue du corps ; ses jolis ciels, pleins d'azur et de nuages nacrés, s'emplissent de ténèbres et d'éclairs sinistres ; ses saints, aux regards noyés d'extases, il peut les décharner, les jaunir, les verdir, les rendre effrayants, comme le *Saint Bonaventure* qu'on voit à Paris, revenant achever ses Mémoires après sa mort, ou comme le *Saint Jean de Dieu* de Séville, portant un cadavre alourdi par le diable.

Le tableau de *Saint François d'Assise* présentant à la Vierge et à l'Enfant Jésus, qui lui apparaissent dans une gloire, entourés d'un nimbe de chérubins, les roses blanches et rouges sorties miraculeusement des épines dont il s'était flagellé pendant l'hiver, offre ce mélange de réalité et d'idéal qui forme l'originalité de Murillo. Le saint drapé dans son froc, l'autel et tous ses accessoires sont peints avec une fidélité naïve, un accent de nature qui fait ressortir admirablement la partie supérieure du tableau, illuminée d'un jour surnaturel, baignée d'effluves rayonnants et nageant dans cette lumière argentée que Murillo fait jaillir sans effort de sa palette harmonieuse.

La *Conversion de saint Paul* est une composition très-dramatique : le capitaine renversé de son cheval blanc, dans une pose pleine de mouvement et de caractère, tend les bras vers le ciel, dont la splendeur cause son aveuglement momentané. Dans ce ciel, d'un éclat éblouissant, apparaît le Christ avec sa croix. Les soldats, épouvantés, se dispersent de côté et d'autre; cela est peint avec un feu et une force étonnants.

Il y a encore de Murillo, au musée de Madrid, une suite de petits tableaux représentant les diverses phases de la vie de l'Enfant prodigue : *l'Enfant prodigue recevant sa légitime de son père; délaissant la maison paternelle ; s'abandonnant au libertinage, et mangeant en compagnie de ses concubines; agenouillé dans un champ au milieu d'un troupeau de cochons, et demandant pardon de ses fautes au Tout-Puissant,* qui sont des perles de sentiment et de couleur.

La *Purisima Concepcion*, le *Saint Augustin, archevêque d'Hippone*, la *Vierge enfant* prenant une leçon de sa mère Anne, l'*Éliézer et Rébecca*, et bien d'autres encore attestent le génie et l'inépuisable fécondité de l'artiste, qui a couvert des arpents de toiles et laissé sur toutes, même sur les plus négligées, des traces de son inspiration, toujours fidèle ; l'Espagne les compte par milliers : il n'est pas d'église, de palais, de cloître, d'hôpital, de galerie, qui n'ait son Murillo ; tous ne sont pas de lui sans doute ; mais, pour quelques-uns de faux, il y en a beaucoup de vrais.

Le nouveau monde ne doit pas être moins riche en productions de ce peintre, car il a commencé par travailler pour les marchands de tableaux de sainteté, qui envoyaient des cargaisons de sujets pieux aux grandes Indes ; les églises de Cuba, de la Havane et du Mexique doivent renfermer plus d'un chef-d'œuvre inconnu ; car, dans ces images payées à la toise, le jeune maître, pauvre, ignoré, méprisé de tous comme un barbouilleur, a dû mettre quelques-unes de ses plus fraîches inspirations.

A l'Académie de San-Fernando, il y a trois tableaux merveilleux de Murillo : les deux sujets de la *Légende de sainte Marie des Neiges*, qui sont de forme cintrée, d'un effet très-original et très-pittoresque; puis la *Sainte Élisabeth de Hongrie lavant la tête d'un teigneux*, l'un des chefs-d'œuvre de l'artiste.

Les belles mains royales de la sainte, près du crâne purulent dont elles essuient la sanie, produisent une impression étrange; plus elles sont blanches, pures, délicates et nobles, plus le crâne est sordide, marbré de plaques noirâtres et damassé de gourmes, plus le triomphe de la charité est grand; dans la charmante figure de la reine penchée vers ces plaies immondes, on distingue le dégoût involontaire de la femme de haut rang et le dévouement volontaire de la chrétienne. Le cœur de la reine se révolte, mais celui de la sainte palpite à la vue de toutes ces souffrances à soulager.

Sur les premiers plans du tableau se tordent des groupes de pauvres accroupis et tendant la main dans tout ce luxe de misère particulier à l'école espagnole. Ces gueux sordides, couverts de loques, forment, avec la sainte Élisabeth et les femmes de sa suite, un de ces contrastes dont Murillo sait tirer un si heureux parti.

Cependant, malgré les richesses de Madrid, c'est à

Séville qu'il faut voir Murillo ; la cathédrale et l'hôpital de la Charité renferment ses plus divins chefs-d'œuvre : l'*Ange emmenant un jeune enfant en paradis*, le *Saint François d'Assise recevant le petit Jésus dans ses bras* ; le *Moïse frappant le rocher*, composition gigantesque ; la *Multiplication des pains et des poissons*, le *Saint Jean de Dieu* dont nous avons parlé tout à l'heure, sans compter une infinité de *Madone* et d'*Enfant Jésus*, thème inépuisable que Murillo rajeunit toujours par quelque effet heureux, par quelque invention naïve et charmante.

Quant à Ribera, le premier tableau de lui qu'on rencontre dans la galerie le caractérise tout de suite : c'est un *Martyre de saint Barthélemy* ; le saint est aux mains des tourmenteurs ; ses nerfs sont tendus à rompre sur le chevalet, et les bourreaux l'entourent, le couteau dans les dents, prêts à commencer leur horrible besogne, dont l'artiste féroce ne nous épargnera aucun détail. — Il est difficile de se faire l'idée d'un pareil acharnement. Jamais Dioclétien, ni les plus farouches proconsuls n'ont trouvé supplices si ingénieusement cruels et d'une horreur si variée. — Avec quel plaisir ce terrible peintre élargit les lèvres des blessures, fait figer le sang en caillots de pourpre, et ruisseler les entrailles en cascades vermeilles ! comme il sait meurtrir les chairs, injecter les yeux, faire palpiter les muscles, tressaillir les fibres, panteler les poitrines ouvertes !

Le *Prométhée en proie au vautour* est d'une beauté monstrueuse et formidable qui fait horreur et stupéfie. Ce corps gigantesque, se tordant au milieu des ténèbres rousses du bitume et du vernis jaune, semble avoir été peint par un Titan, élève du Caravage; c'est de la rage, de la frénésie, du délire, un cauchemar de Polyphème ayant mal digéré les compagnons d'Ulysse dévorés à son souper.

Ce vautour, qui a creusé une caverne rouge dans le flanc de la victime de Jupiter, tire avec son bec un bout de boyau qu'il entraîne après lui; détail d'une vérité horrible et sinistrement repoussante. En effet, les oiseaux de proie, lorsqu'ils ont entamé quelque charogne, s'en éloignent en tirant du bec l'écheveau d'entrailles qu'ils dévident ainsi.

Les Christ mort, les martyrs, les supplices, les Madeleine et les saint Jérôme au désert, s'arrachant les cheveux et frappant d'une pierre leur poitrine de squelette; les vieillards croulant de caducité, les mendiants honteusement sordides, tels sont les sujets qu'affec-

tionne Ribera, et qu'il revêt, malgré leur horreur, de
la suprême beauté de l'art.

Quel aspect de suaire Zurbaran sait donner aux frocs
de ses moines! comme il engloutit dans le gouffre des
capuchons ces têtes émaciées dont on ne voit que les
lèvres entr'ouvertes par la prière, et comme il fait
sortir de dessous ces effrayantes draperies, où nulle
forme humaine ne se dessine, des mains maigres,
fluettes, jointes avec la ferveur profonde du catholi-
cisme le plus pur! L'Espagne seule pouvait produire un
tel peintre; la dévotion italienne est trop souriante et
se souvient trop de la religion charmante de la Grèce,
pour arriver à ce renoncement, à cette mort en Dieu,
à cet anéantissement complet, qui effrayeraient les
fakirs de l'Inde eux-mêmes.

Outre les chefs-d'œuvre de l'école espagnole, ce
musée renferme la plus étonnante collection de Titiens
et de Raphaëls qu'on puisse voir. C'est là que se trouvent le *Spasimo di Sicilia*, la *Vierge au poisson*, la
Madone appelée *la Perle* à cause de son inimitable
perfection, joyau enlevé, ainsi que bien d'autres, au
riche écrin de l'Escurial pour en doter l'univers.

Les Titiens surtout foisonnent: portraits, esquisses,
tableaux de sainteté, scènes mythologiques, toutes les

phases, toutes les manières de ce génie qui traversa, rayonnant, un siècle presque entier, sont représentées au musée de Madrid par des échantillons variés et splendides.

Une de ces toiles, entre autres, me retint en contemplation plus d'une heure. C'est une *Salomé portant sur un plat la tête de saint Jean-Baptiste*. Sous les traits de Salomé, le peintre, dit-on, a fait le portrait de sa fille. Quelle délicieuse créature, et quel dommage qu'elle soit morte depuis plus de trois cents ans, car j'en devins éperdument amoureux sur-le-champ! Je compris tout de suite le secret de ma mélancolie et de mes désespoirs; ils ont pour motif la cause raisonnable de n'être pas contemporain de cette charmante personne: penser qu'un être si adorable a vécu; que des gens de ce temps-là ont peut-être baisé le bout de ces belles mains ou effleuré cette joue blonde et vermeille, cette bouche de grenade entr'ouverte, fraîche comme une fleur, savoureuse comme un fruit, c'est à faire mourir de regret et de jalousie! Hélas! tant de beautés ont été la proie des vers, et, sans cette pellicule de couleurs étalée sur une mince toile, ce chef-d'œuvre du Ciel serait maintenant ignoré de la terre. — Le Ciel doit bien de la reconnaissance à Titien.

Nous n'irons pas plus loin; le lecteur peut-être est déjà las des points d'exclamation. Le dithyrambe est ennuyeux de sa nature; aussi bien est-il temps de retourner en France, la Guadarrama a décidément mis son diadème de neige. Partons, et passons encore une fois sous cet arc de triomphe de la Bidassoa, dont on a renouvelé la verdure et les ornements à l'intention de la jeune infante doña Luisa-Fernanda, devenue duchesse de Montpensier et Française.

1846.

EN GRÈCE

I

LE PARTHÉNON

En débusquant des Propylées, on a devant soi le Parthénon !

Arrêtons-nous à ce simple mot qui soulève tant d'idées : le Parthénon ou temple de la Vierge ! car Minerve, que les Grecs appelaient Pallas Athéné, était la plus pure création de la mythologie païenne ; sortie tout armée et toute grande du cerveau de Jupiter, elle ne connut aucune souillure, pas même la souillure originelle. Près de sa lance veillait accroupi le dragon gardien de la virginité ; la chouette, qui ne s'endort jamais, ouvrait au sommet de son casque ses prunelles nyctalopes, et la tête de Méduse servait d'égide à sa chaste poitrine ; c'était dans cet Olympe débordé une figure pure, idéale et vraiment divine, et, sans établir de rapprochement sacrilége, comme la madone de ce ciel corrompu où tous les vices de la terre avaient leur personnification déifiée. Aussi son temple fut-il le plus splendide de tout le paganisme et celui sur lequel s'épuisa le génie antique dans un suprême effort.

Le Parthénon actuel n'est pas le Parthénon primitif renversé pendant l'invasion des Perses et dont les débris gisent confondus avec le terre-plein de l'Acropole ou sous les constructions de date plus récente. Ictinus et Callicrate élevèrent, pendant le règne de Périclès, ce Léon X de l'Attique, un temple qu'ils firent d'une si radieuse perfection, que le temps semble avoir eu regret de l'entamer, et que, sans la barbarie de l'homme, il serait parvenu intact jusqu'à nous. Les siècles, plus pieux que les peuples, l'avaient respecté comme s'ils eussent eu le sentiment de l'art et qu'ils eussent compris l'impuissance de l'humanité à refaire une semblable merveille : là, en effet, posée sur l'Acropole comme sur un trépied d'or au milieu du chœur sculptural des montagnes de l'Attique, rayonne immortellement la beauté vraie, absolue, parfaite; ensuite, il n'y a que des variétés de décadence, et la Grèce garde toujours, accoudée à ses blocs de ruines, le haut droit aristocratique de flétrir le reste du nom de barbare. Nous nous sommes débarbouillés de nos tatouages, nous avons retiré les arêtes de poisson de nos narines, échangé nos framées de pierre contre des fusils à piston; mais voilà tout. En face de cette œuvre si pure, si noble, si belle, si harmonieusement balancée sur un rhythme divin, on tombe dans une humble et profonde rêverie, on se pose d'inquiétantes questions, on se demande si le génie humain, qui croit courir d'un pas si rapide dans le chemin du progrès, n'a pas, au contraire, suivi une marche rétrograde; et l'on se dit que, malgré les religions nouvelles, les inventions de toute sorte, boussole, imprimerie, vapeur, l'idée du beau a disparu de la terre ou que ses enfants sont impuissants à la rendre.

Les Propylées ne s'ajustent pas exactement avec l'axe du Parthénon, un peu plus reculé vers la droite par la disposition du terrain. Les anciens ne cherchaient pas comme nous la symétrie rigoureuse et mathématique, mais bien plutôt d'heureuses oppositions des masses; en quoi ils avaient raison.

Le chemin que l'on suit entre des quartiers de marbre, des débris de masures turques, des soubassements de murailles antiques, pour arriver à la façade du merveilleux monument, est bien la voie primitive, déblayée jusqu'au vif de la roche. Ictinus, Callicrate, Phidias et tous ces grands hommes vivant aujourd'hui de la vie universelle et éternelle ont posé leurs pieds divins sur cette pierre sacrée que tous les artistes devraient baiser, le front humilié dans la poudre des siècles !

Cette façade se compose de huit colonnes doriques, élevées sur trois marches et d'un fronton triangulaire. Rien n'est plus simple, et quelques lignes tracées à la règle sur une feuille de papier blanc suffiraient à en donner l'idée géométrique; et pourtant l'impression est profonde, soudaine, irrésistible. Tous les faux rêves que l'on s'était formés s'évanouissent comme des ombres légères; le nuage se déchire, et, sous un rayon d'or se détachant d'un calme fond d'azur, la réalité vous apparaît avec sa puissance souveraine mille fois supérieure à l'imagination.

Tant de couchers de soleil ont imprégné de leurs teintes roses les blanches colonnes de pentélique depuis le jour où elles s'élevèrent, à la voix de Périclès, dans l'air bleu de l'Attique, il y a deux mille quatre cents ans, que le marbre, doré de couches successives, a pris des tons rougeâtres, orangés, terre de Sienne, d'une vigueur et d'une puissance extraordinaires : on le dirait candi par cette ardente et riche lumière qui épargne aux ruines les lèpres de la mousse et les taches de végétations malsaines; comme de l'argent qu'on dore, le marbre, avec le temps, est devenu du vermeil.

La façade étincelante de blancheur que l'on élevait dans son imagination, sans tenir compte des siècles écoulés, fond comme un flocon de neige sous un rayon enflammé, et l'on trouve la couleur splendide là où l'on n'avait rêvé que a belle forme; quelques blessures blafardes, quelques éclats criards faits par les obus et les boulets troublent seuls cette chaude harmonie; et, si un gongorisme espagnol était permis en face de cette noble sévérité athénienne, on pourrait dire que le temple divin proteste silencieusement par les lèvres blanches de ses plaies contre la bestiale barbarie de l'homme.

Ces huit colonnes, cannelées de plis droits et chastes comme ceux de la tunique de Pallas Athéné, la déesse aux yeux pers, filent immédiatement et sans piédestal du degré de marbre qui leur sert de base jusqu'aux courbes harmonieusement évasées de leurs chapiteaux en s'amenuisant avec une douceur de dégradation infinie, et s'inclinant en arrière d'une façon imperceptible comme toutes les lignes perpendiculaires de l'édifice, conduites sur un rhythme secret vers un point idéal placé au centre du temple, le cerveau de Minerve ou celui même de l'architecte; pensée radieuse devant laquelle se penchent, par un mouvement unanime d'adoration mystique inaperçu de l'œil vulgaire, les formes extérieures du temple.

Je ne puis trouver de mot plus simple, malgré sa bizarrerie, pour rendre l'ineffable beauté de ces colonnes : elles sont humaines; leur marbre roux semble une chair brunie au soleil, et l'on dirait une théorie de jeunes canéphores portant le van mystique sur leur tête. C'est au bord du chemin d'Éleusis, quand passaient les processions sacrées, qu'Ictinus et Callicrate en ont rêvé les purs profils; ils les ont dessinées, l'esprit plein de ces formes charmantes. Nous qui ne connaissons que la ligne droite glacialement mathématique et qui n'est, en effet, que le chemin le plus court d'un point à un autre, telle que l'emploient nos architectes pseudo-classiques, nous n'avons aucune idée de l'extrême douceur, de la suavité infinie, de la grâce tendre et pénétrante que peut prendre la ligne droite ainsi ménagée : la chambre des députés, la Madeleine, que nous croyons ressembler au Parthénon, ne sont que des imitations grossières, comme celles que font les enfants à l'aide de pièces de bois géométriquement taillées à l'avance dans les jeux d'architecture qu'on leur donne au jour de l'an.

Malheureusement, le tympan du fronton est brisé ; ce n'est pas au temps qu'il faut s'en prendre. Un dessin fait en 1600 représente presque entier le chef-d'œuvre de la sculpture grecque. Il avait traversé les siècles et les barbaries ; encore trois pas de cent ans, il arrivait jusqu'à nous dans sa radieuse intégrité, les Gaulois de Brennus, les Bourguignons de Gautier de Brienne, les Florentins d'Acciajuoli, les Turcs d'Othman n'avaient pas effleuré sa dure chair de marbre ; à peine quelques boulets de Morosini *le Péloponésien* y étaient-ils inscrits en ricochets blancs sur les divines sculptures. C'est un civilisé, lord Elgin, qui a fait arracher du fronton les figures de Phidias ménagées par les bombes ; il l'a fait avec une brutalité de Vandale et une maladresse de portefaix ivre, et s'est attiré cette épigramme vengeresse de Byron, que le noble poëte est allé graver au haut du monument profané, au risque de se casser le cou : *Quod non fecerunt Gothi, hoc fecerunt Scoti.* Imitation d'un jeu de mots semblable fait contre les Barberini de Rome, qui se taillèrent un palais dans trois arcades du Colysée : *Quod non fecerunt Barbari, hoc fecerunt Barberini.* Il est vrai que les merveilleuses figures ainsi volées sont au Musée britannique, où l'on peut les admirer en revenant de visiter le Tunnel et la brasserie de Barclay-Perkins. Mais comme ils doivent avoir froid dans la brume de l'Angleterre, ces nobles marbres habitués à l'air tiède de l'Attique, et regretter le rayon rose du soleil couchant qui semblait faire couler la pourpre de la vie dans leurs veines de pentélique !

A chaque angle du fronton, il reste une figure, un torse d'homme et un corps de femme, fragments du poëme déchiré. La tête manque à ces deux cadavres de statues frustes, dégradées, mutilées, mais dont l'impérissable beauté a survécu à tant d'outrages et se fait deviner par deux ou trois lignes d'une tournure à désespérer tous les sculpteurs modernes. Ces figures isolées et tronquées ont l'air de pleurer leurs compagnes absentes, et de chanter sur les ruines les nénies de l'abandon.

Une frise de quatorze métopes, divisée par quinze

triglyphes, repose sur les huit colonnes doriques dont j'ai parlé tout à l'heure. Chaque métope contient un sujet sculpté, malheureusement pour l'art, presque indéchiffrable aujourd'hui, à cause de la cassure des saillies, de l'oblitération des creux, de l'effritement du marbre aux ardeurs de l'été, aux froidures de l'hiver. Le temps, qui achève quelquefois une rude sculpture avec son pouce intelligent, l'a trop promené sur les fins reliefs de celle-ci. Cette frise se poursuit sur les quatre faces du temple; mais elle n'est écrite bien visiblement que sur les faces antérieure et postérieure.

Une seconde rangée de colonnes, également doriques, précède le pronaos et porte une frise chargée de sculptures, une procession de personnages marchant de droite à gauche : ce sont des hommes, des femmes, des chevaux, des cavaliers accomplissant une panathénée sculpturale, avec des arrangements, des groupes, des poses de corps, des jets de draperie libres, vivants et souples, sans déranger en rien les lignes de l'architecture, et sans manquer à la gravité hiératique. Préservés par la frise antérieure, ces bas-reliefs ont beaucoup moins souffert que les autres, et je dus à la barbarie des Turcs, anciens profanateurs du Parthénon, le moyen de les admirer de plus près.

Entre le second rang de colonnes et l'angle droit des murailles du naos s'élève un grossier empâtement de maçonnerie en torchis et en briques, où se trouvent engagées les deux premières colonnes de la file. — C'est la cage d'un ancien minaret ruiné dont l'escalier s'ouvre dans l'intérieur du temple. Cet escalier est rompu en maint endroit. Les marches en ont disparu, la rampe reste seule, et, en suivant la spirale, on arrive au niveau de la frise, qu'on peut voir de près en s'aventurant sur des blocs de marbre qui couronnent l'édifice; l'on en distingue alors toutes les beautés plus en détail; mais il ne faut pas s'oublier dans les extases d'artiste, ni prendre du recul hors de propos, car l'on ferait une chute de cinquante pieds, et l'on se briserait comme une coquille de noix sur le sacré parvis.

Les murailles du naos, qui subsistent en partie; sauf de larges échancrures d'éboulement, se dessinent aisément à la pensée. Les lignes rompues se prolongent d'elles-mêmes, tant cette architecture est simple, claire, logique. Ces murailles se composent de gros blocs de pentélique rectangulaires; unis avec une justesse si grande, une précision si parfaite, que, dans les assises, — car ce qui distingue plus particulièrement l'architecture grecque du beau temps, c'est le soin extrême, le fini merveilleux de l'exécution : on tournait les rondelles des colonnes en les usant l'une sur l'autre, comme des meules de moulin, pour leur donner une adhérence complète; un pivot de bois d'olivier les maintenait, et l'on en conserve encore quelques-uns trouvés dans les décombres; — la cohésion était si parfaite, que les colonnes restées debout semblent monolithes. Les explosions, les tremblements de terre, la chute de la foudre, les bombardements n'ont pu désunir ces marbres, emboîtés avec la précision de charnières anglaises.

A l'intérieur, on aperçoit quelques vagues ombres de peintures byzantines; car le Parthénon, avant de devenir une mosquée, a été une église chrétienne. Au centre à peu près de la nef, j'ai remarqué sur le pavé une empreinte carrée et de teinte différente; c'était là que s'élevait la statue de Pallas Athéné, toute d'or et d'ivoire, le chef-d'œuvre de Phidias, avec sa beauté virginale et sévère, la protectrice et la marraine de la ville.

A propos de Phidias, les savants prétendent que cette statue était la seule de sa main qui fût au Parthénon; selon eux, les bas-reliefs des métopes doivent être attribués à d'autres sculpteurs, l'auteur de la Minerve et du Jupiter Olympien étant statuaire éburniste et n'ayant jamais taillé le marbre. L'érudition me manque pour apprécier la valeur de cette assertion ; cependant il me serait pénible d'effacer le nom de Phidias de la frise du Parthénon.

Autour de la place présumée du socle de la statue, on découvre, parmi les blocs bousculés, quelques fûts de petites colonnes qui formaient l'ordre intérieur du temple ; d'après les suppositions les plus vraisemblables, cet ordre se composait de deux rangs de colonnes ioniques superposées ; mais il n'en reste rien aujourd'hui.

L'opisthodome, ou trésor, occupe le fond de la nef ; il semble avoir été demi-circulaire ; mais son tracé réel est difficile à saisir sous l'amoncellement des décombres et des tronçons de colonnes renversées. Le toit a disparu, et le temple de Pallas n'a d'autre plafond que l'azur du ciel athénien. Sur les quinze colonnes qui bordent les faces les plus longues du parallélogramme décrit par le temple, il y en a six de brisées à différentes hauteurs, du côté de la mer ; neuf du côté de la terre, ce qui permet à l'air de jouer en tranches bleues dans la silhouette du Parthénon, lorsqu'on l'aperçoit de loin. — Ces effondrements, déplorables au point de vue de l'art, ne le sont peut-être pas autant au point de vue pittoresque; ils aèrent la ruine et lui donnent de la légèreté.

La chaude couleur orange qui dore la façade principale ne s'est pas étendue sur les autres parties du temple, où le marbre a gardé sa blancheur primitive, ou du moins un ton relativement plus clair. Ce contraste, qui serait brusque, ne frappe pas d'abord, ménagé qu'il est par la perspective; le fronton qui regarde le midi est blond comme l'or; celui qui regarde le nord, pâle comme la neige.

Sur le triple degré servant de soubassement au temple ont roulé çà et là des quartiers de frise, des assises de mur, des tronçons de colonne entre lesquels, tant le climat est sec et l'air brûlant, n'a pas germé la moindre mauvaise herbe. — On y chercherait vainement l'ortie, la ciguë, la mauve, l'asphodèle, le lierre, les scolopendres, les saxifrages et les pariétaires, qui jettent un vert manteau sur les vieilles pierres de nos climats humides; on dirait plutôt, à voir ces blocs bouleversés, si crus de ton, si vifs d'arêtes, un édifice en construction qu'un monument en ruine. Les botanistes ont pourtant découvert une petite plante locale qui ne

croît que sur l'Acropole, et dont le nom m'échappe ;
j'aurais bien voulu la rapporter délicatement pliée dans
une feuille de vélin, mais elle ne fleurit qu'au printemps, et quatre mois de soleil avaient calciné cet
âpre rocher, plus aride que la pierre ponce.

II

LE TEMPLE DE LA VICTOIRE APTÈRE

Lorsqu'on gravit la rampe semée de marches disjointes et interrompues qui mène de la porte découverte
par M. Beulé à la façade des Propylées, et qu'on arrive,
à travers les quartiers de marbre, les excavations et les
déblais mêlés de crânes et d'ossements humains, à peu
près à moitié de la montée, on a le piédestal de la statue d'Agrippa à sa gauche, et le temple de la Victoire
Aptère à sa droite ; les parois du rocher, recouverts de
murs de soutènement, forment terrasse et dessinent
deux ailes encadrant l'escalier.

Avant que cette entrée eût été déblayée (elle ne

l'était pas encore lors de notre visite à Athènes), on pénétrait dans l'Acropole par un petit chemin détourné passant devant le terre-plein du temple de la Victoire Aptère, et tout à fait indigne de la majesté du portique de Mnésiclès ; et pourtant l'on croyait que cette route oblique et détournée avait toujours donné accès à la cidatelle athénienne, malgré toutes les présomptions en faveur de l'idée contraire que devaient faire naître l'inspection du lieu et la logique architecturale ; mais l'escalier actuel est-il l'escalier antique ?

D'après l'avis des savants, les degrés qui subsistent encore auraient été refaits dans une restauration romaine vers le IIe ou IIIe siècle, les pieds de quinze ou vingt générations ayant usé le marbre des marches grecques. — C'est une question qu'il ne nous appartient pas de débattre, notre tâche se bornant à celle d'un simple touriste, mais qui nous semble pouvoir être résolue affirmativement.

Dans la face du soubassement qui regarde le Pnyx sont pratiqués deux enfoncements séparés par un pilastre et que les Turcs réputaient être l'orifice obstrué de sable et muré de deux couloirs souterrains conduisant à la plate-forme supérieure. Ce ne sont que deux niches à peine assez profondes pour recevoir une statue, où l'on a voulu voir des sanctuaires cryptiques de la Terre nourrice et de Cérès Euchloé; — une curieuse scène de la *Lysistrata* d'Aristophane ôte toute vraisemblance à cette supposition.

Une suite de degrés antiques, remis en place récemment et longeant le mur de la terrasse, haute à peu près de vingt-quatre pieds, conduit au temple de la Victoire, situé un peu en avant de la tour vénitienne qui empâte l'aile droite des Propylées.

Le temple de la Victoire Aptère surprend par sa petitesse; mais l'exiguïté de ses proportions ne lui ôte rien de son élégance : les Grecs savaient faire naître l'idée de grandeur par l'eurhythmie des lignes, sans avoir recours à l'énormité des masses, et ce monument, qu'on pourrait charger tout entier sur un wagon de chemin de fer, ne semble pas mesquin dans ce voisinage redoutable des Propylées et du Parthénon.

Ce temple miniature est tout en marbre pentélique; cette belle matière d'un ton si doux, d'un grain si parfait, ajoute encore à la perfection des formes; elle semble avoir été créée exprès pour la chair immortelle des dieux et les colonnes des temples.

L'édifice se compose d'une cella élevée de trois

degrés et de deux portiques tétrastyles d'ordre ionique, l'un sur la façade, l'autre à l'opposite.

La façade, orientée assez irrégulièrement, regarde d'une manière oblique la tour dont nous avons parlé; de sorte qu'en montant la rampe, on aperçoit d'abord le portique postérieur se présentant en diagonale ; ce qui est contraire aux idées modernes de symétrie absolue, dont les anciens tenaient peu de compte, comme on peut le voir par l'assiette plutôt pittoresque que géométrique de leurs monuments. — Peut-être aussi la nécessité de concentrer un grand nombre d'édifices dans une enceinte sacrée naturellement restreinte les faisait-elle se relâcher à l'endroit de la régularité.

Les colonnes du portique, dont le fût, d'un seul morceau, mesure douze pieds de hauteur, sont striées de cannelures froissées et fripées par le temps comme les plis d'une fine tunique autour d'un beau corps de femme : on dirait une draperie de Phidias jetée négligemment sur la hanche d'une statue ; des cassures intelligentes, des érosions pleines d'à-propos ont rompu les lignes droites et les pures arêtes et donné au marbre, d'une transparence dorée, l'aspect d'une souple étoffe de byssus.

Ovide raconte dans ses *Métamorphoses* de nombreuses histoires de nymphes changées en arbre et palpitant encore sous la tiède écorce. Ces colonnes, d'une grâce si vivante, vous font naître l'idée de jeunes filles enfermées dans le svelte bloc avec leurs corps blancs et leurs blanches draperies; le chapiteau même continue l'illusion : ses volutes arrondies rappellent les nattes de cheveux repliées près des tempes, et ses ornements les joyaux ciselés de la coiffure.

En regardant ces charmantes colonnes, on se demande si la ruine n'ajoute pas plus aux édifices qu'elle ne leur enlève. Ces profils estompés par le pouce des siècles n'avaient peut-être pas primitivement cette morbidesse exquise, cette suavité incomparable; les lignes plus nettes dans leur éclat neuf devaient se découper avec une rigidité architecturale moins favorable à l'effet. Cette sorte d'adoucissement des reliefs sied, d'ailleurs, bien à l'ordre ionique, qui, si l'on peut donner un sexe à des colonnes, semble, à côté du mâle dorique, une belle femme parée auprès d'un jeune homme austère et robuste; la petitesse du temple autorisait un style plus délicat, plus mignon, et l'élégance un peu mince des fûts s'explique par la légèreté du fardeau qu'ils ont à porter, poids bien diminué aujourd'hui, car le fronton a disparu, et il ne reste plus que la frise.

Deux piliers assez grêles, masqués d'ailleurs par les colonnes, forment l'entrée de la cella. Des trous de scellement, qu'on aperçoit encore, indiquent qu'autrefois une grille fermait à jour le sanctuaire, et laissait voir aux fidèles restés dehors l'image de la déesse placée au fond ; car l'enceinte n'est pas plus grande qu'une chambre ordinaire.

Cette image était en bois, comme presque toutes les statues archaïques. On la vénérait à cause de son ancienneté, et la barbarie même de ses formes imprimait un respect superstitieux qu'on n'eût pas accordé à une œuvre moderne plus belle et plus savante, de même que, chez nous, certaines madones noires sur fond d'or ont auprès du peuple plus de crédit que la plus suave Vierge de Raphaël.

Cette statue ne représentait pas la Victoire Aptère, mais bien Minerve Victorieuse, ou plus littéralement Minerve Victoire (Athéné Niké). La Victoire, être purement allégorique, n'avait pas de temple chez les Grecs. — Les anciens la plaçaient sous la forme d'une figurine ailée dans la main des grands dieux, comme attribut de la toute-puissance : la Minerve du Parthénon portait sur sa paume d'ivoire une Victoire d'or, qu'elle retenait ou lâchait à son gré, comme le fauconnier rappelle ou laisse aller le faucon; — sans doute, aux époques où déjà le sens des mythes païens se perdait, on s'étonna de voir cette statue sans ailes, et on inventa cette explication ingénieuse de la Victoire Aptère ne pouvant plus s'envoler du rocher de l'Acropole et fixée désormais dans son temple. Il y avait, dit-on, à Sparte un Mars enchaîné exprimant la même idée, par un symbolisme analogue.

Le toit est effondré. Pourtant le portique conserve son plafond, où l'on peut discerner encore, au fond des caissons, la trace des rosaces de métal. Tout autour du temple règne une frise de bas-reliefs dont les figures ont perdu qui leur tête, qui leurs bras, qui leur jambe, non pas par l'injure du temps, beaucoup moins destructeur qu'on ne le suppose, mais par la stupidité barbare des hommes.

Quel singulier instinct de perversité imbécile a poussé tous les peuples qui se sont succédé sur le sol sacré d'Athènes et ont mêlé leurs os aux éclats des marbres brisés, à mutiler les monuments, à balafrer le corps des héros et des déesses, à déshonorer les chefs-d'œuvre si purs de l'art antique? — Quand on pense, à voir la parfaite conservation des restes qu'ont épargnés les boulets, les bombes, les explosions de poudrières, le pic et le marteau, que toutes ces merveilles nous seraient parvenues intactes sans le vandalisme des vainqueurs et des vaincus, car les siècles roulent comme des gouttes d'eau sur ce pentélique si dur et si poli; on ne peut s'empêcher d'entrer dans des rages folles, et l'on enveloppe d'une commune malédiction Romains, Byzantins, Français, Italiens, Turcs et Grecs modernes ; car tous ont fait leur ravage, leur profanation et leur insulte.

Les sculptures du temple de la Victoire Aptère, à cause de leur proportion réduite et du peu d'élévation où elles se trouvaient, ont dû particulièrement souffrir; mais ce qui en subsiste est d'une beauté à faire naître les regrets les plus amers pour ce qui manque. — Deux faces des frises, celles du nord et de l'ouest, ont été enlevées par lord Elgin et se trouvent à Londres. — On les a remplacées par des moulages en terre cuite dont l'un s'est brisé en le posant; les morceaux en avaient été retrouvés employés comme matériaux dans les murs d'une poudrière turque.

La sagacité des savants et des antiquaires s'est longtemps exercée et s'exerce encore pour deviner quel peut être le sujet représenté par la frise orientale, c'est-à-dire celle qui occupe la façade du temple. Les hypothèses les plus ingénieuses ont été hasardées sans qu'aucune satisfasse ou convainque. Le marbre mutilé garde son secret pour ne laisser voir que sa beauté — et cela suffit à l'art; que ce soit une apothéose ou un jugement, un mythe inconnu ou un fait historique oublié, qu'importe!

Au milieu de la composition pyramide une figure de femme armée d'un bouclier et dont le mouvement indique qu'elle tenait une lance. A sa droite et à sa gauche, sont assis, l'un sur un fragment de rocher, l'autre sur un trône, deux personnages dans la pose qu'on attribue aux divinités. De chaque côté, se dessine un groupe symétrique d'hommes et de femmes. En dehors de ce centre de composition se passe une action inintelligible, un drame mystérieux, qui fait naître mille conjectures. A l'un des bouts du bas-relief, une figure assise et drapée paraît lutter contre deux femmes; à l'autre extrémité, trois femmes semblent accourir, tandis que deux autres cherchent à retenir un petit génie, ou un Amour, ailé et nu.

Telle est la disposition générale qu'on démêle à travers les cassures, les parties frustes et tous les outrages que tant de siècles de barbarie ont pu faire subir à un délicat chef-d'œuvre à la portée de la masse d'armes du soudard et de la pierre du gamin, cet éternel destructeur ; les figures du milieu et des extrémités sont très-endommagées, mais les autres groupes n'ont guère perdu que la tête et des portions de bras ; les torses sont entiers et les draperies ne comptent qu'un petit nombre de déchirures à leurs plis de marbre.

On peut encore en admirer le jet libre et fier, les ondulations harmonieuses jouant autour des corps, plutôt comme une atmosphère que comme un vêtement. Les figures ont de ces poses équilibrées et rhythmées, de ces fléchissements de jambes, de ces saillies de hanches qui plaisaient tant aux anciens, et qui étaient comme la musique des formes humaines. — Une immortelle beauté brille à travers les mutilations stupides, et les divins manchots, les héroïques décapités gardent leur puissance sur les âmes artistes.

Les autres faces, plus ou moins frustes, sont occupées par une suite de guerriers représentant une bataille idéalisée, dont il est impossible de désigner le nom et de préciser la date. — Le nom de toutes les victoires grecques voltige sur les lèvres ; mais aucune ne s'abat sur la frise en ployant ses ailes d'or et en traçant du doigt l'appellation cherchée. L'Histoire ronge ses ongles, mais l'art sourit en voyant cette lutte si bien engagée, ces beaux groupes mouvementés si habilement, toute cette composition si sculpturale. — Ce qu'il y a de certain, c'est que les adversaires sont des barbares asiatiques, des Mèdes ou des Perses, reconnaissables à leur chlamyde, à leur pantalon plissé, à leur parure presque féminine, et qu'on avait d'abord pris pour des Amazones; les guerriers grecs sont tout nus, sauf une courte et légère draperie qui leur vole à l'épaule, et n'ont rien qui indique une époque plutôt qu'une autre; la date sculpturale de ces frises serait moins difficile à fixer; leur style semble appartenir à la période écoulée entre Phidias et Lysippe. L'art, arrivé au plus au point de perfection, ne penche pas encore vers la décadence, mais il se raffine par la nécessité de faire du nouveau et d'éviter les lieux communs célèbres. C'est peut-être pour les raffinés le moment le plus exquis des grands siècles; le beau a la conscience de lui-même; il est voulu au lieu d'être spontané, et, quand la tentative a réussi, le but suprême est atteint, l'effort humain ne saurait aller au delà.

Il paraît, d'après les récentes découvertes, que le

bord de la terrasse qui regarde l'escalier était garni d'une balustrade de plaques de marbre ornée de bas-reliefs et supportant une grille. Quelques-unes de ces plaques ont été placées dans l'intérieur de la cella, où l'on peut les admirer de près; l'une d'elles représente une femme cherchant à retenir un taureau que devance ou que fuit une de ses compagnes, et l'autre une figure ailée connue sous le nom de Victoire à la sandale. L'art grec n'a rien produit de plus parfait que ce jeune corps caressé par les plis d'une draperie transparente comme par des lèvres amoureuses; ce n'est plus du marbre, c'est de l'air tramé, du vent tissé qui se joue en flocons autour de ces formes charmantes, avec une volupté chaste et pourtant émue; le mouvement du bras dénouant la bandelette de la chaussure est d'une souplesse et d'un naturel adorables; l'autre main retient mollement la draperie qui s'échappe, et les ailes palpitantes soutiennent à demi le corps incliné, comme celles d'un oiseau venant de prendre terre. De quel ciel d'azur ou d'or est-elle descendue, cette idéale création figée dans ce pur marbre dont le temps a respecté la blancheur ? Cette Victoire anonyme, ne serait-ce pas la muse de Phidias venant se poser encore une fois sur l'Acropole avant de s'envoler à tout jamais ?

III

L'ERECHTHEUM, LE TEMPLE DE MINERVE POLIADE, LE PANDROSIUM

Le plateau de l'Acropole était un véritable musée Sur cet étroit espace encombré de temples, de statues, d'autels, l'art païen s'était plu à entasser ses merveilles, et avait fait de tous ces monuments comme un seul temple, comme une offrande unique; il faudrait une autre érudition que la nôtre pour restaurer et restituer ces édifices dont il ne reste le plus souvent qu'un fragment de frise, un tambour de colonne, un chapiteau mutilé, quelquefois moins encore, deux ou trois assises, une rainure dans le roc, indiquant d'anciennes fondations.

Pour se reconnaître au milieu de cette carrière de débris amoncelés, ce ne serait pas trop du triple savoir de l'helléniste, de l'antiquaire et de l'architecte, que

possède M. Beulé, l'historien de l'Acropole, dont le livre
nous inspire un regret bizarre : c'est que, doué d'une
existence antérieure, l'auteur n'ait pas écrit le voyage
en Grèce à la place de Pausanias, le négligent et rapide
touriste; que d'incertitudes seraient fixées! que de secrets indéchiffrables lus couramment! — L'antiquité,
si éminemment artiste, n'avait pas le sens critique
et descriptif; et c'est bien dommage, car tant de
chefs-d'œuvre qui ont disparu vivraient encore dans
des pages fidèles. Quelle sagacité admirable déploie
M. Beulé pour retrouver l'emplacement des temples de
Diane Brauronia et de Minerve Ergané! comme il tire
parti du moindre indice, interprétant sans le forcer un
texte vague, interrogeant chaque pierre, trouvant une
date dans le scellement d'une assise, dans la forme plus
ou moins archaïque d'une lettre, dans la profondeur
d'une cannelure, dans une strie du rocher! avec quelle
logique il réunit ces renseignements épars qui n'apprendraient rien à des yeux moins attentifs et moins savants, pour en former un faisceau de preuves concluantes! Pièce à pièce, l'édifice se relève et reprend sa
place dans ce chœur de monuments merveilleux qui
menait sa ronde sacrée sur ce plateau sublime; les
statues absentes ou brisées en mille éclats par les bou-

lets, les bombes et les explosions, remontent sur leurs piédestaux, et cette chaine de chefs-d'œuvre qui accompagnaient le visiteur, des cinq portes des Propylées aux trois degrés du Parthénon, se reforme comme par magie! le Mercure propyléen, les trois Grâces drapées de Socrate, qui avait été sculpteur avant d'être philosophe; la lionne de bronze élevée à la courtisane Lecena, fidèle gardienne du secret d'Harmodius et d'Aristogiton; la Vénus offerte par Callias, ouvrage de Calamis; la statue d'airain de Dutrephès, général athénien percé de flèches dans un combat, de Crésilas; l'Hygie, la Minerve Hygiée, consacrée par Périclès sauvé d'une maladie, bronze plus grand que nature, du statuaire Pyrrhus, et qui a laissé l'empreinte de ses pieds sur le socle encore existant, la pierre où Silène s'est assis; l'Alcibius citharède de Nesiotès, rival de Phidias; l'enfant tenant un vase d'eau lustrale, et le Persée tenant la tête de Méduse, l'un de Lycius, fils de Myron, l'autre de Myron lui-même; le cheval Duricn, colosse équestre, imitation en bronze du fameux cheval de bois, laissant échapper de ses flancs Mnesthée, Teucer et les deux fils de Thésée; le bélier gigantesque, objet des plaisanteries des poëtes comiques; l'Epicharinus vainqueur à la course hoplite, de Critios et Nésiotès; le pancratiaste

Hermoycus, le général Phormion, qui, avant d'entrer en campagne, se faisait payer ses dettes par le peuple athénien, ont été restitués à leur vraie place avec une intelligence rare et une probabilité presque incontestable, partie d'après le récit assez obscur de Pausanias, partie d'après des inductions tirées de l'examen des lieux.

Il faut voir comme M. Beulé remue ses blocs, les retourne, les interroge sur toutes les faces et les force à confesser l'inscription antique, souvent posée contre terre. Les statues ont été enlevées, du moins celles qui n'offraient pas un caractère religieux, pour orner la maison dorée de Néron, ou n'ont laissé que des membres épars enfouis sous les décombres; mais les socles, masses pesantes et sans intérêt alors, n'ont été que peu ou point déplacés, et c'est à eux que M. Beulé a adressé des questions auxquelles ils ont presque toujours répondu; il a pu même, chose curieuse, corriger avec leur aide des fautes d'orthographe commises par Pline. Au temps de la domination romaine, la servilité grecque utilisa la plupart de ces piédestaux veufs de leurs statues, pour y élever les images de proconsuls ou d'administrateurs obscurs en retournant seulement les dés de marbre qui portaient les anciens chefs-d'œuvre, et c'est ainsi qu'ont été retrouvées tant d'indications précieuses, muettes jusqu'à ce jour.

Sur ces piédestaux, le jeune et savant archéologue a lu les noms de Strongylien, de Sthénis et de Leocharès, l'auteur du Jupiter Tonnant, de l'Apollon au diadème, du Ganymède, le sculpteur qui travaillait aux frises du tombeau de Mausole avec Briaxys et Scopas. Quel étrange amalgame de voir se succéder sur le même quartier de marbre les noms d'une famille athénienne et ceux de César-Auguste, de Germanicus, de Trajan et d'Hadrien !

Nous ne suivrons pas plus longtemps M. Beulé dans ses savantes investigations, où il remet debout cette nation évanouie de statues, et peuple d'une foule d'airain et de marbre cette solitude désolée de l'Acropole dont l'antiquité avait fait comme un petit Dunkerque de chefs-d'œuvre. Il nous faudrait le copier pour dire où s'élevaient le groupe de Minerve frappant Marsyas, le combat de Thésée, la statue de Flavius Conon, l'homme casqué aux ongles d'argent, œuvre de Cléœtas, la Terre suppliant Jupiter Pluvieux, dont l'autel occupait le sommet de l'Hymette, car l'œil du visiteur n'aperçoit qu'un chaos de blocs bouleversés; et il faut la patience d'un antiquaire pour retrouver leurs tronçons mutilés et frustes dans le musée fragmentaire, espèce d'invalides de la sculpture, disposé sous le portique de la Pinacothèque.

A la gauche du Parthénon, quand on débouche des Propylées, on trouve les ruines de trois temples, accolés les uns aux autres sans nul soin de symétrie, et d'une architecture différente : ceux de Minerve Poliade, d'Érechthée et de Pandrose, nommé aussi le Pandrosium;—ce singulier agencement montre encore une fois que les anciens ne tenaient pas autant que le pensent les modernes à la régularité absolue, et même l'évitaient pour charmer l'œil par la rupture des lignes. — Les lois de l'interséquence semblent leur avoir été connues et ils justifient souvent, sur ce point, les idées ingénieuses de M. Ziégler dans ses recherches sur la céramique et les principes de l'ornementation. Ici, peut-être, cette bizarre disposition de l'architecture a eu pour motif des superstitions locales qui ne permettaient pas d'adopter un autre plan.

L'Erechtheum renfermait la source salée que Neptune fit jaillir d'un coup de trident lors de sa dispute avec Minerve au sujet de la protection d'Athènes. La source a été tarie par les éboulements et les tremblements de terre; mais on voit encore sur le rocher, à travers le dallage disjoint, trois empreintes qui ressemblent aux rainures profondes que produirait le coup violent d'une fourche gigantesque. De tous les temps, la superstition s'est plu à retrouver dans ces jeux de la nature les traces du passage des dieux; et ne montre-t-on pas aux Pyrénées l'entaille de l'épée de Roland, et dans l'île de Sérendib la marque du pied d'Adam?

Le temple de Minerve Poliade (c'est-à-dire protectrice de la ville) avait son portique sur le flanc de l'Erechtheum, auquel il était adossé, de sorte qu'on y entrait comme par une porte latérale; le Pandrosium, où l'on ne pouvait pénétrer qu'en traversant le temple de Minerve, formait avec ce portique un vague parallélisme, et le plan géométral représente à peu près un T. L'Erechtheum était, comme la Minerve Poliade, d'ordre ionique; quant au Pandrosium, il ne se rattache à aucun ordre connu, et l'antiquité n'offre qu'un seul exemple de ce genre de construction..

Nous avons essayé de donner une idée de cette agglomération de sanctuaires juxtaposés bizarrement et réunis sous l'influence d'une idée religieuse. — Érechthée avait une généalogie fort compliquée et qu'il serait difficile d'expliquer décemment. Vulcain, épris de Minerve, l'attaqua avec tant d'ardeur, que, si la Terre ne se fût pas généreusement subsituée à l'objet des poursuites du forgeron boiteux, la déesse aux yeux pers eût couru le risque d'être fort compromise dans sa réputation virginale. — Érechthée, résultat de ce désir trompé, passa d'abord pour fils de Vulcain et de la Terre, — puis pour fils de la Terre toute seule, d'où lui vint l'épithète d'Autochthone. — Minerve cependant, émue de pitié, recueillit l'enfant dans une corbeille et l'éleva en cachette, craignant les railleries des dieux et ce rire olympien dont parle le divin aveugle. N'était-elle pas, d'ailleurs, un peu sa mère? Dans ce sanctuaire de Minerve vivaient les trois filles de Cécrops: Aglaure, Hersé, Pandrose; et la déesse, ayant remarqué un jour que sa ville chérie n'était pas assez bien défendue à l'occident, eut l'idée ingénieuse d'aller chercher une montagne à Pellène, en recommandant aux trois sœurs de ne pas regarder dans la corbeille.

Pandrose seule obéit à la défense: Aglaure et Hersé furent moins discrètes, et la corneille babillarde vola raconter l'histoire à Minerve, qui revenait, sa montagne sous le bras, et la laissa tomber de surprise et de confusion en voyant son secret découvert. C'est le mont Lycabette, qu'on aperçoit encore à la même place, dressant dans l'azur sa tête mordorée de soleil et surmontée d'un ermitage. Pandrose devint plus chère à la déesse; les deux sœurs se précipitèrent du haut de l'Acropole; Érechthée détrôna Pandion, roi d'Athènes, institua les panathénées, éleva des temples à Minerve, qu'il pouvait considérer, sinon comme sa mère, du moins comme l'occasion de sa naissance, et fut enterré dans le sol sacré de l'Acropole.

Ainsi, autour du temple de Minerve Poliade se groupent, si l'on peut s'exprimer ainsi à propos de divinités païennes, les chapelles d'Érechthée, son fils adoptif, et de Pandrose, sa confidente fidèle.

Les Grecs du moyen âge avaient fait une église de l'Erechtheum. Le Disdar-Aga, sous la domination turque, y renfermait ses femmes. Aucun outrage n'a manqué à ces charmants édifices, jusqu'à l'époque plus heureuse où l'on a relevé en partie les fragments tombés sous les boulets et restitué à peu près leur figure extérieure. On ne saurait se faire une idée de la perfection et du fini que les Grecs apportaient dans l'exécution de leurs monuments : les jambages de la porte du temple de Minerve Poliade qui existent les uns à leur place, les autres tombés à terre, où l'on peut les examiner de près, sont ornés d'un fil de perles entrecoupées d'olives, d'une délicatesse incroyable de travail; les bijoux les plus fins sont grossiers à côté de cela : Cléopâtre n'eut pas à son bras de reine un bracelet de gemmes plus rondes, plus polies, mieux enchaînées que ces perles de marbre qui pour nous valent celles d'Ophir et que les siècles semblent avoir pris plaisir à lustrer.

Près des fragments antiques, un morceau de marbre, travaillé dans un louable but de restauration, montrait toute la différence de l'exécution moderne à l'exécution ancienne, et pourtant la copie était d'une fidélité mathématique.

C'était dans ce temple que brûlait, sous un palmier de bronze, la lampe d'or ciselée par Callimaque, l'inventeur du chapiteau corinthien, et qu'un myrte pudique voilait l'obscénité d'un Hermès logé d'une façon assez incongrue chez une déesse vierge.

Le Pandrosium enfermait l'olivier produit par Minerve dans sa dispute avec Neptune; sous le feuillage de l'arbre sacré, richesse de l'Attique, s'élevait l'autel de Jupiter Hercéus.

L'entablement du Pandrosium ne s'appuie pas sur des colonnes comme les frises des temples ses voisins, mais sur des cariatides, piliers vivants, aux formes amples et puissantes, qui soutiennent, sans fléchir, le poids de l'architrave.

Un chapiteau orné d'oves, de rais de cœur, de fils de perles en manière de coiffure architecturale, porte sur leur tête aux boucles épaisses, aux longs cheveux nattés, et ménage admirablement la transition de la nature à l'édifice. Cette idée aura sans doute été inspirée à l'artiste par la vue de jeunes femmes revenant de puiser de l'eau à la fontaine de Callirhoé avec leurs urnes en équilibre. Les bras sont coupés comme ceux de la Vénus de Milo, mais avec intention, car leur saillie aurait dérangé l'aspect monumental des figures. Les draperies descendent à plis larges et symétriques, imitant les cannelures d'une colonne et se répétant à peu près sur chaque statue : une de ces cariatides a été emportée par lord Elgin et une copie la remplace.

Le Pandrosium est un des plus charmants caprices de ce noble art grec, qui s'en permettait peu et ne rajeunissait des formes consacrées que par l'idéale perfection du détail.

Entre ce trio de temples et les Propylées se dressait de toute sa hauteur cette colossale statue de Minerve Poliade coiffée du casque, armée de la lance et du bouclier, dont l'aigrette s'apercevait en mer du cap Sunium, comme pour effrayer les ennemis d'Athènes. — Aujourd'hui, l'œil ne découvre, au fond de la baie du Pirée, que la silhouette éventrée du Parthénon et la tour gothique qui empâte l'aile droite des Propylées. — Pallas Athéné ne protége plus sa ville.

CE
QU'ON PEUT VOIR EN SIX JOURS

I

LE LAC DE NEUCHATEL

Le Français — le Parisien surtout — est si naturellement casanier, qu'il lui faut un prétexte à peu près raisonnable pour partir, comme si le voyage n'était pas à lui seul un but ! Personne n'ose dire : « Je m'en vais afin d'être ailleurs, de ne plus voir les mêmes rues, les mêmes maisons, les mêmes figures. Le lieu où j'irai m'est indifférent, pourvu qu'il soit autre ; mon existence ordinaire m'ennuie comme un drame à salon et à tapis, et il serait temps de changer de décor. » Nous même, bien que nous y mettions plus de franchise, nous avons tâché de motiver à nos propres yeux notre départ soudain, en nous disant qu'on annonçait pour le 23 ou le 24 une exposition de l'industrie à la Haye, et qu'une exposition de l'industrie à la Haye (en hollandais *S'gravenhaag*) devait être bien curieuse.

Tout chemin mène à Rome : le dicton est vrai de toute autre ville quelconque, et notre itinéraire le prouve victorieusement. Nous aurions voulu rejoindre notre ami About en Italie, que nous n'eussions pas pris une autre route. Seulement, à Dijon, nous laissâmes le convoi filer vers Lyon et la Méditerranée, et, par l'embranchement de Dôle, nous arrivâmes à Salins le soir du même jour.

On s'habitue si vite à ce qui est, qu'en ce siècle de chemins de fer une diligence semble un mastodonte de la carrosserie, un engin de locomotion perdu et retrouvé par hasard sous quelque hangar tertiaire. A la faible clarté du ciel nocturne et aux rayons vacillants de quelques lanternes, nous regardions avec un œil de naturaliste le monstre antédiluvien qui devait nous emporter de Salins à Neuchâtel ; sa structure excitait notre étonnement et nous en faisions l'anatomie comparée. On nous établit d'une façon assez confortable dans une sorte de coupé à trois pans très-bien disposé pour voir, et l'on accrocha à la machine cinq ou six chevaux de poste. — Des chevaux de poste! il n'y en aura bientôt plus, et, dans quelques années d'ici, lorsque le réseau des voies ferrées aura rejoint ses mailles, on montrera le dernier de la race comme, à Venise, dans l'île de Murano, on montrait un cheval pour de l'argent.

Nous ne regrettons pas la disparition successive des diligences, et nous n'avons pas envie de blasphémer la sainte vapeur; cependant ces rondes croupes de chevaux à la queue nouée, ces sonneries de grelots, ces claquements de fouet, ces bruits de ferraille, et, dans les nuits fraîches, cette fumée de sueur et d'haleine enveloppant l'attelage en marche, avaient quelque chose de pittoresque, d'animé, de vivant qui n'était pas désagréable. Mais, aujourd'hui, Rossini seul voyage obstinément avec des chevaux, et ne veut point se fier aux hippogriffes d'acier et de cuivre fabriqués par Crampton.

Les premières ondulations des montagnes lointaines multipliaient les montées et les descentes et nécessitaient des relais rapprochés, quelquefois des renforts. Comme il faisait nuit, à peine était-il possible de distinguer à droite et à gauche quelques vagues silhouettes d'escarpements et de collines; mais, quand on eut dépassé Pontarlier, l'aube frissonnante et pâle se leva dans un ciel froid, grisâtre et brouillé; des lignes de terrains sombres et dénudés se dessinèrent sur l'horizon blafard. La nature souvent semble éprouver ce malaise du matin connu des travailleurs ou des viveurs nocturnes; elle a besoin d'étirer ses membres roidis et glacés, d'essuyer ses yeux lourds de sommeil, et de secouer l'épouvante des heures noires; la vie ne lui revient pas subitement.

L'élévation du lieu refroidissait sensiblement la température; le vent qui nous arrivait après s'être roulé sur la neige des Alpes rougissait notre figure penchée à la portière. Tout en grelottant, nous nous demandions pourquoi les gens qui furent toujours vertueux aimaient à voir lever l'aurore, et nous avouons n'avoir pas trouvé de réponse satisfaisante à cette question.

Il faisait complétement jour, quoique le soleil n'eût pas encore ôté son bonnet de nuages, quand la diligence arriva aux Bayards, le premier village suisse. On sentait déjà qu'on n'était plus en France ni en pays catholique; de légères différences de formes, difficiles à faire comprendre par des mots, avertissent les regards les moins attentifs qu'on passe d'une contrée à une autre. Il y a dans les moindres détails quelque chose de net, de propre, de soigné et de méthodique en même temps qui révèle une population protestante.

A partir des Bayards, la route devient très-pittoresque. Elle côtoie, par des pentes habilement ménagées, la montagne qui forme une des parois du val Travers, au fond duquel bouillonne et court la Reuse. Ce torrent, avec son petit air d'indépendance et de fougue, ses détours et ses cascatelles, n'en travaille pas moins comme un bon ouvrier; ses eaux écumeuses font tourner les roues de moulins et de scieries, sans rien perdre en apparence de leur liberté sauvage. Rien n'est charmant, d'ailleurs, comme ces fabriques vues de haut avec leur grand toit, leur bouquet de verdure et le feston de mousse blanche dont elles brodent le cours rapide de la rivière.

Sur la paroi opposée du vallon, la montagne se marbrait de larges taches d'un bleu noirâtre qu'on eût prises volontiers pour des plaques de mousse, et qui étaient des bois de sapins énormes. Dans les régions plus basses, au feuillage sombre des sapins se mêlaient des touches d'un vert plus tendre, décelant des arbres à feuillage annuel qui ne dépassent pas une certaine élévation.

Nous ne ferons pas une description particulière des Verrières, de Moitiers, de Couvet, traversés au trot de la diligence; mais nous pouvons dire le sentiment de surprise que nous avons éprouvé à rencontrer dans cette gorge solitaire des groupes d'habitations humaines si riches, si élégantes, si confortables, si bien tenues, et, chose rare, d'une construction originale. Les toits de ces maisons et souvent les étages supérieurs sont couverts de petites tuiles rondes de bois imbriquées et papelonnées comme des écailles de carpes, tandis que le rez-de-chaussée se revêt de carrés de bois simulant la pierre et taillés en pointe de diamant; aux arêtes des toitures scintillent des chaperons en fer-blanc d'un vif éclat métallique. Les chambranles des croisées et des portes sont rechampis d'un blanc qui tranche sur les couleurs vives des murailles, et, derrière les vitres, la mousseline suisse étale ses larges ramages. Chaque maison a son jardin rempli de fleurs et ombragé de marronniers aux thyrses roses. La Reuse, ou d'autres ruisseaux qui s'y rendent, traverse tout cela, apportant la fraîcheur et l'animation que l'eau donne au paysage, toujours incomplet sans elle. C'est l'horlogerie qui a fait, dit-on, les loisirs et l'opulence de ces bourgs charmants, où il semble qu'on serait heureux de vivre, sans être obligé toutefois de denticuler des roues de montre.

Tout en rampant sur le flanc escarpé du vallon, nous rencontrions de temps à autre le chemin de fer qui doit rejoindre Verrières à Neuchâtel, en train de se frayer une route à travers des obstacles que, dans tout autre siècle que le nôtre, on eût jugés insurmontables; tantôt c'était un remblai en quartiers de granit, tantôt une arche enjambant un torrent, ou bien la bouche noire d'un tunnel trouant une montagne. Quels immenses travaux pour obtenir l'horizontalité indispensable au railway! C'est un spectacle vraiment touchant que de voir ce pauvre animalcule humain, vermine parasite d'une planète, se donner tant de peine dans le but de secouer

L'antique pesanteur à tout objet pendante.

Et pourtant, par rapport à l'énormité du globe, cette tranchée colossale pour l'homme n'équivaut pas à une égratignure faite avec la plus fine aiguille anglaise sur la peau d'une orange. Les montagnes elles-mêmes ne sont que les rugosités de l'épiderme terrestre.

Malgré ces réflexions, le chemin de fer n'en est pas

moins une invention admirable qui sera dans l'avenir l'honneur éternel de notre siècle. Faire courir une locomotive à travers ce chaos de rochers et d'abîmes est une entreprise de Titans! La route carrossable elle-même ne les franchit qu'à force de pentes, de montées, de zigzags, et encore, à un endroit, est-elle obligée de forer la roche et de passer sous une arcade. Que diront les aigles et les chamois quand ils verront filer un convoi, aigrette de vapeur au front, dans leurs solitudes prétendues inaccessibles?

Parmi les alternatives de pluie et de soleil, nous avancions toujours, et bientôt, dans le fond d'une espèce de V gigantesque dessiné par les pentes des deux montagnes formant le col de la vallée, apparut au loin le lac de Neuchâtel, miroitant à travers la vapeur avec des teintes de plomb et de vif-argent.

Cette révélation subite, au tournant d'une route, d'une mer ou d'un lac, produit toujours un grand effet. Ici, les deux pans de montagnes formaient par leurs tons sombres d'admirables coulisses à la perspective.

En débouchant de la vallée après Rochefort, la diligence traverse Boudry et longe le lac jusqu'à Neuchâtel, entre de charmantes villas enfouies dans des massifs de rhododendrons et de marronniers roses. — Neuchâtel s'avance vers le lac sur une espèce de promontoire dans une situation admirable; l'aspect général de la ville est heureux et gai. Les fraîches verdures s'y mêlent dans une agréable proportion aux façades blanchies à l'italienne ou écaillées à la suisse.

A la descente de la diligence nous attendait un ami qui s'est retiré du tourbillon parisien pour se bâtir, au bord du lac de Neuchâtel, une retraite philosophique où nous avions promis de lui rendre visite. Nous voilà tout aussitôt reparti sur un léger phaéton; car la maison de notre camarade, située à quelque distance de la ville, baigne son pied dans le lac même, et il nous fallait rétrograder au delà de Boudry jusqu'à Bevaux pour descendre vers la rive. Nous nous croisions souvent avec ces petites voitures bizarres, particulières à la Suisse, espèces de chaises à porteurs placées de côté sur quatre roues. Quand on fait face au point de vue, rien de plus commode; mais on a quelquefois devant le nez une montagne se dressant à pic comme une muraille.

La nature, qui n'est pas soumise à la critique comme la peinture et n'a pas besoin de paraître vraisemblable, se permet parfois de singuliers tableaux. En voici un qu'elle s'était amusée à colorier, ce jour-là, des plus étranges tons de sa palette. Un aquarelliste anglais n'eût pas osé les risquer, et cependant l'exposition des *painters of water's colours* montre que les artistes britanniques ne sont pas timides.

Le premier plan se composait d'une large et longue bande de colza en fleur, d'un jaune de soufre ou de chrome aussi éclatant, aussi vif, aussi aveuglant que Colcomb peut le fournir en trochiste ou en vessie ; cette lisière d'or, par l'inclinaison du terrain qui se dérobait, tranchait nettement sur l'eau du lac, sans rupture de ton, sans demi-teinte intermédiaire. Un bleu de ciel vert exactement pareil à celui de la turquoise, teignait toute la région du lac, sur laquelle se détachait la plate-bande de colza; puis ce bleu allait s'assombrissant et prenait des nuances de burgau ou de plat arabe à vernis métallique. Plus loin, l'eau presque noire ressemblait à de l'ardoise. Un filet de lumière égratignée rayait transversalement cette partie mate, et de petits flots y produisaient par leur clapotis quelques points diamantés. Au delà de cette zone, le lac était violet, lilas, fumée de pipe. La rive opposée se distinguait à peine; par-dessus la mince ligne du bord, à travers les brumes du lointain mêlées et confondues avec les nuages, les Alpes suisses se glaçaient de brusques touches d'argent. Plus haut, dans un ciel haché de pluie et de rayons, flottaient des archipels de nuées semblables à des œufs à la neige par le côté voisin du bleu, et comme pochées d'encre vers l'horizon.

Un petit bateau à vapeur, son panache de fumée rabattu par le vent, pataugeait dans la bande éclairée comme une fourmi tombée sur du mercure.

Pendant que nous notions dans notre cervelle cette gamme de tons à désorienter tous les coloristes, car jamais on n'a fait un premier plan jaune serin, la voiture, quittant la route, nous menait par un petit chemin de traverse à l'ermitage de notre ami.

Figurez-vous une maison très-simple, à toit de tuiles, à murailles blanches, à fenêtres tournées vers le lac, se composant d'un rez-de-chaussée et d'un étage, avec un hangar pour le bûcher et une cabane de bois pour les filets ou engins de pêche. Ce n'est point le cottage prétentieux d'un philistin enrichi, c'est la retraite d'un jeune homme d'esprit, qui, après avoir mené une grande existence, a reconnu combien il faut peu d'outils et de place pour vivre heureux; cette science ne lui a guère coûté que deux ou trois millions. Ce n'est pas cher!

Une source limpide et claire bouillonne à deux pas et va se perdre dans le lac.

Trois barques d'une forme particulière, sans quille pour atterrir par les eaux basses, étaient échouées sur le rivage. Elles font partie de l'équipage de pêche de notre hôte, et sont graduées de force, selon le poids et la grandeur des filets dont on les charge; elles se manœuvrent au moyen d'une pelle assez semblable à la pagaie des sauvages. — D'après cet outillage formidable, vous croyez peut-être que le repas qu'on nous offrit avec une cordialité charmante consistait en truites, saumons, anguilles, écrevisses et autres produits aquatiques. En aucune manière. On a pris du poisson une fois, du temps de Jésus-Christ, et ce phénomène s'est appelé *la pêche miraculeuse*. Raphaël n'a pas dédaigné d'en faire une composition magnifique, dont le carton se voit à Hampton-Court. En revanche, les côtelettes, le jambon et le filet de bœuf étaient exellents. Notre paradoxe: « Les poissons n'existent que dans l'Ichthyologie de M. de Lacépède, » reçut une fois de plus une éclatante confirmation.

La rapidité extrême que nous imposait le peu de temps accordé à notre voyage nous fit repartir aussitôt pour Neuchâtel, où nous frétâmes une voiture, dont les chevaux, sous le fouet de notre compagnon de route, habitué à rouler vite, prirent une allure tout à fait inaccoutumée en Suisse. Il s'agissait d'être à Berne avant la nuit. La voiture était légère, le chemin pas trop montueux, le temps tout à fait tourné au beau, et nous courions la poste à travers des horizons splendides, comme au temps où il n'y avait pas de chemins de fer. A droite, miroitait le lac de Morat; au-dessus, dans ce lointain des pays montagneux dont on ne peut calculer la distance, des crêtes et des pics noyés de vapeurs à la base ébauchaient leurs sommets glacés et leurs flancs striés de neige aux lueurs du couchant. Nous ne saurions mieux les comparer qu'à des gazes bleues chiffonnées et lamées d'argent où le paillon s'allume par place sous un rayon de lumière.

On ne devait relayer qu'une fois, et nous laissâmes souffler les chevaux à une grande auberge en forme de chalet, où l'on nous présenta sur un plateau de cette eau de merises (kirschenwasser) claire comme le diamant, froide comme la glace, et qui a un petit goût d'acide prussique; c'est l'eau-de-vie locale.

Tout en s'extasiant sur la façon de conduire de notre compagnon, le maître de la voiture nous racontait ses petites affaires, et comme quoi il avait été guéri d'une maladie de foie par un empirique des plus singuliers. Cet empirique était un paysan du village de Lyss. Il demandait aux consultants leur nom, leur âge, et ne leur adressait, du reste, aucune question sur leur maladie. Cette formalité remplie, il ouvrait un volet de bois au fond de la chambre, donnant sur un verger, et regardait fixement la campagne. Après une contemplation muette, il se retournait vers le malade et lui dictait une ordonnance d'un effet infaillible; souvent même, quoiqu'il ne l'eût jamais vu, il lui disait des particularités secrètes sur sa vie ou celle de ses proches. En ouvrant cette fenêtre, ce médecin d'une nouvelle espèce s'adressait-il à quelque esprit familier, invoquait-il les forces mystérieuses de la nature, priait-il seulement Dieu de lui donner l'intuition du mal et du remède? C'est ce que nous ne saurions décider; toujours est-il que ce guérisseur inspire une foi aveugle à sa clientèle. C'est peut-être là tout son secret.

Au train dont nous allions, nous eûmes bientôt gagné Aarberg, petite ville très-pittoresque sur l'Aar, où nous devions relayer. On y entre et on en sort par un pont couvert en charpentes enchevêtrées soutenant un long toit. La rivière, sur laquelle nous jetâmes les yeux à travers les madriers, emmenait à la dérive des pièces de bois flotté que le courant pousse jusqu'à un certain endroit où on les repêche. Chaque bûche est timbrée de la marque du propriétaire et le tri s'en fait aisément.

Au milieu de la place d'Aarberg, entourée de maisons dans le vieux style suisse, s'élève une sorte de hangar en grosses poutres surmonté d'un beffroi ; un char à bœufs y était remisé, et les pauvres bêtes, levant leurs mufles humides, poussaient de longs et doux beuglements, ennuyées d'attendre leur maître, buvant sans doute dans quelque cabaret. Les bœufs semblent avoir le rêve et la nostalgie, sentiment qui manque aux chevaux.

C'est sur cette même place d'Aarberg que nous vîmes pour la première fois le costume national faire son apparition. — Un costume caractéristique est si rare maintenant, que c'est pour le voyageur une joie enfantine d'en rencontrer ailleurs qu'à l'Opéra. Ce costume consiste en une robe noire ou bleu foncé, courte de taille, et découpée sur la gorge de manière à laisser paraître comme une plaque blanche la chemise plissée et bouffante. Le corsage se referme à la base du col et produit l'effet d'une cravate. Le vêtement des hommes consiste en une veste, un gilet et un pantalon d'une étoffe qu'on appelle mi-laine dans le pays, et qui ressemble tellement à de l'amadou, qu'on n'oserait pas battre le briquet près de ceux qui la portent. Notons encore un autre détail. En passant près d'un chalet, nous remarquâmes que le chien de garde était attaché à une longue chaîne glissant au moyen d'un anneau sur une corde fixée près du toit de la maison, dont il pouvait ainsi faire le tour sans avoir pourtant la liberté de s'éloigner. Cette précaution, nous dit notre loueur de voiture, était inspirée par la crainte des incendiaires.

Quoique notre second relais ne marchât pas si bien que le premier, nous arrivâmes à Berne au commencement de la nuit, en longeant un magnifique bois de sapins, dont les fûts filaient à travers l'ombre comme des mâts de navire ou des nervures de piliers gothiques, et rappelaient cette étrange forêt que Gustave Doré fait parcourir au Juif errant; en feuilletant ces bizarres illustrations, nous avions trouvé les arbres crayonnés par le dessinateur trop pareils à des tuyaux d'orgue; nous nous empressons aujourd'hui de retirer notre critique. Doré avait raison. La nature justifie toujours l'art.

II

DE BERNE A STRASBOURG

C'est toujours une bonne fortune quand le hasard des heures et des routes vous amène la nuit dans une ville inconnue. A droite et à gauche de la voiture, les yeux avides essayent de percer l'obscurité et de saisir à travers l'ombre, étoilée çà et là de lanternes, quelques traits de la physionomie générale des édifices. On envie les prunelles nyctalopes des hiboux et des chats; à peine entré dans l'auberge, on en sort; on voudrait qu'il fît jour tout de suite, et l'on accuse l'aurore, même l'aurore d'été qui se lève si matin pourtant, d'être paresseuse au lit.

Il y a souvent une poésie, que détruit parfois la grande clarté, dans ces masses noires qu'ébauche un rayon perdu, un vague reflet du ciel nocturne, et les villes entrevues ainsi prennent des apparences bizarres, grandioses et fantastiques comme ces villes imaginaires que l'âme parcourt pendant le rêve.

Quoiqu'il fût tard déjà, après avoir commandé notre souper à l'hôtel du *Faucon,* le meilleur de Berne, nous nous lançâmes au hasard par la ville, avec un guide chargé seulement de nous ramener, si nous nous perdions, à notre point de départ.

Des arcades basses s'ouvraient au pied des maisons comme des gueules de caverne; des toits noirs mordaient de leurs déchiquetures singulières le bleu sombre des cieux; des colonnes se dressaient portant sur leurs chapiteaux des statues pareilles à des fantômes; des rigoles encadrées de pierres faisaient miroiter aux milieu de la rue leurs flaques d'eau brune écaillée de brusques lumières; quelques points brillants tremblotaient sur une façade encore éveillée, et le long des murailles filait de loin en loin un passant attardé.

Après plusieurs détours dans ce labyrinthe aveugle où le domestique de place, si nous nous égarions, devait représenter le peloton de fil d'Ariane, nous arrivâmes à une sorte de voûte sous laquelle s'enfonçaient les marches d'un escalier. Rien ne nous amuse plus en voyage que d'errer à travers un inextricable lacis de ruelles, que de suivre dans un édifice ténébreux des corridors sans fin, des spirales descendant vers des profondeurs mystérieuses. — C'est le plaisir que donnent les romans d'Anne Radcliffe et les eaux-fortes de Piranèse transporté dans la réalité. — Aussi tentâmes-nous, à tout hasard, la descente de l'escalier, *descensus Averni*.

Cet escalier aux marches raboteuses, d'une pente assez roide, coupé de loin en loin par des paliers, éclairé de faibles lueurs, avait sous sa voûte écrasée, entre ses parois sombres, quelque chose d'étrange et de sinistre, dû à l'heure sans doute; il rappelait ces rampes sans fin qu'escalade Panurge et que dégringole la troupe avinée des escholiers et des souldarts dans les illustrations de Rabelais par Doré.

Au bas de ces degrés, innombrables comme ceux qui se succèdent dans ces cauchemars d'architecture où l'on rêve qu'on cherche à sortir d'un château magique ou d'une ruine maudite, nous débouchâmes sur une plage encombrée par des billes de sapin; un air frais et un bruissement d'eau nous avertissait du voisinage d'une rivière : c'était l'Aar, qui entoure Berne de trois côtés et en fait une sorte de presqu'île au milieu des terres.

La lune n'était pas levée et la perspective se fermait à quelques pas devant nous; nous remontâmes donc l'escalier, dépouillé au retour de son mystère, puisque nous savions qu'il conduisait de la partie haute de la ville à la vallée profonde découpée par l'Aar. Pas plus à la montée qu'à la descente, aucun malandrin ne nous sauta à la gorge, nous demandant l'escarcelle ou la vie, comme cela eût été convenable, vu le style moyen âge du décor.

Quelle chose fâcheuse que d'être obligé de dormir en voyage! combien d'heures perdues! L'excitation nous eût bien tenu éveillé; mais le lustre était éteint, la rampe baissée, le spectacle fini, et, à moins d'illuminer Berne aux flambeaux, il n'y avait plus moyen de rien voir. Force nous fut de nous coucher.

Le lendemain de très-bonne heure, car nos minutes étaient comptées, nous sortîmes et nous parcourûmes en calèche découverte la grande rue de Berne, que nous devions quitter au premier départ du chemin de fer pour Bâle. Eh quoi! vous voilà déjà en route? Isaac Laquedem, « qui souffre à demeurer, » s'arrête au moins pour boire la chope de bière que lui offrent les bourgeois de Bruxelles en Brabant!

Il y a deux manières de voyager : la première consiste à passer dans chaque ville trois ou quatre jours, une semaine ou davantage s'il le faut, pour visiter les églises, les édifices, les musées, les curiosités locales, étudier les mœurs, l'administration, les procédés de fabrique, etc., etc.; la seconde se borne à prendre le prospect général des choses, à voir ce qui se présente sans qu'on le cherche, sous l'angle d'incidence de la route, à se donner l'éblouissement rapide d'une ville ou d'un pays, comme, au Cosmorama, on regarde défiler devant soi une longue bandelette peinte vous menant de Liverpool à San-Francisco, avec cette différence qu'ici le spectateur chemine et que le spectacle reste immobile. — Nous ne nous sommes arrêté à Berne qu'une heure et demie environ pendant le jour, et cependant ce nom prononcé fera désormais se dessiner dans notre esprit une silhouette précise, une configuration nette qui suffisent à notre curiosité. Les détails peuvent s'apprendre par des livres ou des gravures.

La grande rue de Berne a gardé ce caractère du passé, qui s'efface de jour en jour dans les autres villes, et que l'artiste aime tant à retrouver. On sent, ce qui est un grand charme, que d'autres générations ont vécu dans ces maisons de forme particulière et y ont laissé le cachet des mœurs disparues; des espèces de contre-forts en talus les piètent et leur donnent une apparence rassurante de solidité; des arcades surbaissées forment, de chaque côté de la rue, une sorte de portique ou de galerie couverte; les toits se projettent en saillie, et sur les balcons de serrurerie très-ouvragée, qui rappellent les miradores espagnols, nous avons remarqué des carreaux de damas rouge disposés en sofa, comme si les Bernoises passaient leur vie aux fenêtres, à la façon des Andalouses et des Maltaises. Ce détail tout méridional nous a surpris et nous semble contraire aux habitudes protestantes, qui se contentent du reflet de la rue dans ce miroir appelé *espion*.

Les enseignes des hôtels, des magasins, des *abbayes* pendent à des potences de fer travaillées et compliquées d'arabesques comme les majuscules ornées de Simon Vostre ou de Pigouchet. Jamais calligraphe n'a enchevêtré des traits de plume plus libres et plus souples que ces grands parafes de serrurerie au bout desquels brimbalent sur la tête des passants les aigles, les ours, les licornes, les singes, les Mores et autres emblèmes démonstratifs à l'usage des boutiques et des auberges; — c'est un motif de décoration charmant qui tend à disparaître et qu'on défend même, en beaucoup d'endroits, par amour malentendu de la régularité; ces fortes saillies rompent heureusement les lignes droites et accrochent l'œil à propos.

L'abbaye des Tisserands se blasonne d'un griffon ailé, de la tournure la plus fantasque et la plus héraldique. Le More appuyé sur sa targe a une mine truculente digne des héros sarrasins du Tasse et de l'Arioste. Rien n'est amusant comme cette statuaire de l'enseigne, où le sculpteur se laisse aller à tout son caprice.

Il y a dans le goût germanique une certaine furie contournée et ronflante dont les vitraux suisses et les gravures de Goltzius peuvent donner la note, et qui se prête très-bien aux fantaisies de l'ornement. Nous n'en voulons d'autre preuve que les jolies fontaines décorant la grande rue de Berne. Ce sont des colonnes d'ordre rustique, composite, salomonique, ou purement fantasque, à pans coupés, à volutes évidées, à chapiteaux touffus et feuillus, qui portent des statues cambrées sur la hanche, le jarret tendu, la gorge au vent, la mine outrageuse et fière, avec des draperies volantes, des plumes tire-bouchonnées en lambrequin, des épées, des balances, des écus et autres emblèmes dorés du meilleur effet. Ces figures appartiennent à l'allégorie, à la Bible, aux légendes locales.

Voici le nom de quelques-unes des fontaines qu'elles surmontent : la fontaine de l'Ogre (*Kinderfresser Bunnen*), de Samson, de la Justice, de l'Ours, des Tireurs, de la Cigogne. On en compte six dans la grande rue seulement. Et tous ces personnages prennent des poses de Titan escaladant le ciel... pour protéger un robinet!

Au milieu de la voie règne un canal d'eau vive recouvert de dalles de distance en distance pour le passage des piétons et des voitures.

Une grande tour coiffée d'un toit bizarre, avec bouquet de plomb et gloriettes, se dresse au bout de la rue, et présente au voyageur, sur la paroi faisant face à la ville, une figure gigantesque de saint Christophe ou de Goliath, on ne sait trop lequel, sculptée en demi-relief, avec une roideur de lignes qui fait penser aux images de complaintes; quelques restes d'ancienne enluminure achèvent la ressemblance. De l'autre côté de la tour, au-dessus de la porte, sont barbouillés en style troubadour les trois héros libérateurs de la Suisse.

Maintenant, nous allons dire adieu à Berne; mais, quelque pressé que nous soyons, nous jetterons un coup d'œil en passant à ces braves ours qui sont les armes vivantes de la ville et jouissent, à ce qu'on dit, d'une rente de sept cents livres. Ils étaient trois dans la fosse, un adulte et deux petits : l'adulte tournait en rond comme le cheval blanc du Cirque, sans doute dans l'espoir de quelque gâteau ; ce qui manquait de dignité pour un ours héraldique et rentier. Les deux petits se pourléchaient naïvement et n'avaient pas l'air de se douter qu'ils étaient des pièces de blason !

Le moyen de connaître une ville, c'est de la quitter, surtout lorsqu'elle est située comme Berne sur une espèce de promontoire qui entoure une vallée profonde.

En montant l'allée d'arbres qui conduit à la station du chemin de fer de Bâle, — arbres magnifiques dignes de poser pour Cabat ou Français, — on voit Berne se déployer sur son plateau avec la netteté d'un plan en relief. L'œil l'embrasse tout d'un coup. Les toits de tuiles, d'ardoises ou de plaquettes de bois, se découpent avec leurs arêtes aiguës : la cathédrale, le Rathaus, le Zeitglockenthurm, le Kœfichthurm, la tour de Saint-Christophe et autres édifices émergent à demi au-dessus des constructions bourgeoises, et donnent à la silhouette de la ville un air féodal et moyen âge tout à fait louable.

Devant cette vue, un de ces sauts de pensée familiers aux voyageurs nous transporta de Berne à Constantine, qu'on aperçoit de même du Coudyat-Ati, entourée par le ravin au fond duquel écume le Rummel, et reliée à la terre ferme par un pont plein de hardiesse; — seulement, les environs de Constantine, pulvérulents, dévorés de lumière, effrités de soleil, ne nourrissent que des cactus et des palmiers nains, et la plus riche, la plus luxuriante végétation revêt les pentes des collines qui entourent Berne. De chaque côté de la route, dans des prés d'un vert d'émeraude, éclataient, en pluie d'or et d'argent, ce que nous appellerons, faute d'un terme qui rende mieux l'effet, les bombes lumineuses d'un feu d'artifice de fleurs.

Les chemins de fer suisses ont quelque chose de débonnaire et de patriarcal. Les abords n'en sont pas défendus : l'on va et l'on vient sur la voie, et les machines n'y semblent pas si méchantes que les nôtres, qu'on prendrait pour des monstres d'acier et de cuivre prêts à tout avaler. En attendant le départ, qui s'opère tranquillement comme un départ de diligence ou de coucou, nous regardions avec reconnaissance quelques femmes qui avaient eu la délicate attention de revêtir leur costume national, pour la plus grande joie des touristes. Vous savez : cette pièce d'estomac, blanche, découpée dans la robe noire ou violette, étoilée aux angles de petits disques d'argent ciselé, d'où pendent des chaînettes de même métal ; cette taille sous le sein, ces manches ouatées et ballonnées comme les anciennes manches à gigot, cette cravate noire, ce nœud de ruban en papillon formant la coiffure. Dussiez-vous nous trouver puéril, cela nous faisait plaisir. Il est amusant, en ce siècle d'uniformité, de voir les costumes de Guillaume Tell dans une gare de chemin de fer. Une seule chose nous étonnait, c'était de ne pas entendre le chœur chanter :

> Toi que l'oiseau ne suivrait pas, ah ! ah ! ah !...

Les wagons sur les chemins de fer suisses et allemands n'ont pas la même installation que les nôtres. Les wagons français sont d'excellentes voitures, très-bien rembourrées, capitonnées et passementées; ils représentent l'idéal de la berline ou de la diligence, et, sous ce rapport, on ne peut adresser aux compagnies le moindre reproche, pour la première classe du moins. Les wagons suisses sont des salons avec de grands fauteuils à la Voltaire, une table au milieu, un tapis, une glace; on s'y promène comme dans une chambre. Nous approuvons beaucoup cet aménagement : il est vrai, il est logique, et il sera, nous l'espérons, bientôt suivi partout. Un train de chemin de fer doit offrir la même accommodation qu'un steamer maritime ou fluvial; c'est le steamer terrestre. Remplacez les voitures par des chambres communiquant entre elles d'un bout à l'autre du convoi; pratiquez dans ces compartiments plus ou moins vastes un ou plusieurs salons, une salle à manger, un café, une tabagie, une bibliothèque, un dortoir avec des cadres comme dans les vaisseaux. A l'extérieur de la chose, faites circuler une galerie, rendez praticable la plate-forme, ou plutôt le pont de ce navire à roulettes, et, alors seulement, la locomotion à vapeur sur railway aura rompu avec la vieille routine. N'est-il pas ridicule d'atteler à une file de fiacres l'irrésistible machine de Stephenson?

De Berne à Olten, le paysage qu'on traverse est de la plus rare magnificence. D'abord, lorsqu'on regarde en arrière, on aperçoit la dentelure des Alpes Bernoises, couronnées par la neige d'un éternel diadème d'argent. Puis ce sont des forêts de sapins gigantesques, aux troncs élancés et droits comme les colonnes d'une nef gothique, véritables cathédrales de la nature; plus loin, des prairies veloutées, étoilées de fleurs, traversées de cours d'eau, des massifs d'arbres d'une verdure et d'une frondaison sans pareilles au monde, des chalets à toits immenses, à galeries découpées, à fenêtres maillées de plomb, propres, soignés, confortables, qu'on voudrait emporter et mettre sous verre ; des villages qui semblent sortis d'une boîte de jouets d'Allemagne, et posés au bord de la route ; des collines boisées jusqu'au sommet, avec des éclaircies faisant trouée sur le ciel. Cela continue ainsi jusqu'à Olten ; de là jusqu'à Bâle, le paysage, quoique toujours charmant, n'a plus cette fraîcheur alpestre, ce caractère édénique qui nous ont si vivement frappé. On se rapproche de la plaine, et la terre, moins arrosée, ne verdoie pas autant.

Bâle a l'air moins suisse que Berne. Il y a chez elle de la ville allemande et de la ville anglaise. Ce qui lui donne un cachet particulier, ce sont les marronniers à fleurs roses qui accompagnent ou masquent à demi les façades des maisons dans les rues nombreuses que la boutique n'envahit pas. Qu'on s'y amuse beaucoup, nous en doutons fort ; mais le travail y trouverait une retraite agréable et paisible. L'église de Bâle, assez curieuse, mais bâtie en grès rouge d'Heilbronn, contrarie d'abord les yeux habitués aux teintes sombres des églises gothiques françaises ; puis l'on s'y fait et l'on admire le saint Martin partageant son manteau avec un pauvre, qui fait pendant à un saint Georges dressé fièrement sur ses arçons et enfonçant une lance de granit dans la gueule dentée d'une guivre, d'un dragon, d'une andriague d'une hideur chimérique. Dans la sacristie de l'église, on nous fit voir une copie ancienne de la célèbre *Danse des morts*, de Klauber, faussement attribuée à Holbein, et peinte à fresque sur le mur du cimetière, au couvent des dominicains. Fresque, mur et couvent ont disparu depuis 1805. Quelques fragments de l'œuvre détruite sont conservés au musée de la ville : une tête de femme, entre autres, d'un caractère doux et triste. Ce musée renferme plusieurs Holbein, un portrait de la femme du peintre et de ses deux enfants, d'une expression pénétrante et pleine de charme malgré la sévérité du faire; un Érasme, un Luther, une Catherine de Bora, des études pour le fameux tableau qui est à Dresde. — Holbein était de Bâle, et sa ville natale lui a voué un culte particulier : — c'est le *genius loci*.

Quoique l'hôtel des *Trois Rois* soit un grand hôtel tenu à l'anglaise avec toute la recherche et l'élégance modernes, il a conservé — ce qui nous a fait plaisir — son enseigne parlante : trois énormes statues coloriées et dorées de Gaspar, Balthasar et Melchior, qui font très-bon effet sur sa façade. Nous avons mangé là d'excellentes truites au gratin, et pris le café sur une terrasse dont le Rhin baigne le pied de son flot vert et rapide. On a devant soi, sur l'autre rive, le Petit Bâle avec ses vieilles maisons pittoresques; à droite le pont de bois, à gauche les embarcations amarrées, au fond les montagnes de la forêt Noire.

A cinq heures, nous prenions le chemin de fer de Strasbourg, où nous étions arrivé à dix heures du soir, rentrant en France pour en sortir; car, le lendemain matin, nous traversions le pont de Khel, nous dirigeant, par le chemin de fer badois, vers Heidelberg. Vous voyez qu'un feuilletoniste en vacances ne perd pas son temps!

III

HEIDELBERG, MANNHEIM

Strasbourg, qu'il n'est pas besoin de décrire, car, grâce au chemin de fer, c'est maintenant un faubourg de Paris, a pourtant, malgré son âme toute française, une physionomie très-allemande et très-caractéristique; on va bien loin pour étudier en grand détail des villes beaucoup moins curieuses. Ses hauts toits à plusieurs étages de lucarnes, sur lesquels nichent encore les cigognes et que dépasse de son prodigieux élancement l'aiguille ouvragée à jour du Munster, lui donnent un aspect tout particulier. Strasbourg boit de la bière comme une ville d'université d'au delà du Rhin, et sur les enseignes de ses brasseries le datif germanique se substitue souvent au génitif français; mais Strasbourg a de quoi faire respecter son accent, et les lignes de canons magnifiques posés les uns à côté des autres devant la fonderie et dans les cours des arsenaux, comme de gigantesgues claviers, pourraient au besoin couvrir la voix des railleurs de leur symphonie formidable.

Quand on se retourne vers la ville, avant de franchir le pont de Kehl, après avoir jeté un coup d'œil au monument de Desaix, élevé au milieu d'une prairie au bord de la route, on aperçoit dans la silhouette opaque du Munster une espèce de croix lumineuse formée par des baies qui se correspondent. Est-ce un effet fortuit ou ménagé à dessein par l'architecte ? — Le moyen âge était assez symbolique pour avoir songé à découper l'image du Salut sur l'élévation du pieux édifice comme il la dessinait sur le plan.

Le Rhin avait essuyé à fond la barbe limoneuse que lui prête Boileau, et il ruisselait rapide et limpide, bouillonnant aux bateaux du pont, et laissant à découvert de grandes places de son lit, temporaires îles de sable que la première crue doit recouvrir.

Une valise de poète n'est pas bien longue à visiter, et, au bout de quelques minutes, nous étions dans la salle d'attente, qui est en même temps une salle de restauration du petit chemin de fer badois. Les voyageurs, qui venaient probablement de déjeuner chez eux ou à leur auberge, mangeaient et buvaient déjà, car l'idéale Allemagne ne passe pas tout son temps à cueillir des vergiss-mein-nicht et à dire : « O Klopstock ! »

A chaque station importante se prélasse une sorte de chef de gare dans un uniforme assez semblable à celui de nos suisses d'église, portant en broderie le blason de la duché, et faisant faire place avec une canne à pommeau d'argent.

Comme la saison des voyages commençait à peine, le wagon n'était rempli que de gens du pays ou de véritables malades, de paralytiques sérieux se rendant aux eaux, mais non pour y tenter les chances du trente-et-quarante. Pour échapper autant que possible à cette compagnie lugubre, nous regardions les maisonnettes des stations intermédiaires, chalets en miniature, ou plutôt grands coucous de bois à la tyrolienne, festonnés de quelque brindille de vigne vierge et de volubilis; les ondulations lointaines de la forêt Noire bleuissant de ses ombres le bas des montagnes, les prairies plus rapprochées et semées de villages; ou bien quelque bastion crénelé tâchant d'allier le pittoresque du moyen âge à la science de Vauban; ou encore quelque burg tombant en débris comme une dent couronnée au sommet d'un mamelon. Après avoir changé de wagon, car ce chemin n'est pas direct et toutes ces petites lignes se relient entre elles, nous arrivâmes à Heidelberg.

Il s'agissait de ne pas s'endormir dans les délices de Capoue, c'est-à-dire de ne pas perdre à la table des hôtels un temps précieux. Donc, au débarcadère, nous hélâmes une calèche à deux chevaux pour aller tout droit aux ruines du château. Comme le petit Spartiate qui cachait un renard sous sa robe, nous laissions stoïquement la faim nous ronger le ventre, car nous avons l'œil plus goulu que l'estomac. Heidelberg n'était pas nouveau pour nous, mais on ne se lasse pas de le revoir. — Après le Parthénon et l'Alhambra, le château d'Heidelberg est la plus belle ruine du monde ; — nous mettons à part les ruines de Karnac que nous n'avons point encore vues.

Ce n'est pas la faute d'Heidelberg s'il a été pris, saccagé, bombardé à plusieurs reprises; et on ne doit pas lui en vouloir des maisons blanches, propres, neuves et tout à fait modernes qui bordent sa grande rue, presque entièrement composée d'hôtels, de brasseries, de magasins, de boutiques de libraires, de confiseurs, de marchands de tabac. — La maison du *chevalier de Saint-Georges*, sur la place de l'Église, montre ce que savaient faire les anciens architectes, et la comparaison des œuvres, il faut l'avouer, n'honore pas les architectes modernes. — Cette façade vermoulue, mais conservée soigneusement, est un rare échantillon de l'art charmant de la renaissance, demi-païen, demi-catholique, original dans sa double imitation. Figurez-vous un pignon aigu, trois rangées de fenêtres, deux tourelles ou plutôt deux cabinets projetés faisant saillie à travers les trois étages; semez là-dessus des mascarons, des bustes, des chimères, des feuillages, quelques vieilles dorures en harmonie avec la rouille vermeille de la pierre, et tracez au fronton en lettres lapidaires cette légende, talisman mystérieux qui semble avoir préservé la maison de l'incendie, des boulets et de la ruine : *Si Jehova non ædificet domum, frustra laborant qui ædificant eam*. La foi chrétienne éclate encore dans l'inscription suivante, parfaitement orthodoxe : *Soli Deo gloria;* mais la renaissance était trop fière d'avoir retrouvé l'antiquité et la mythologie perdues pendant le moyen âge, et elle mettait un aimable pédantisme à prouver qu'elle avait lu ses auteurs; aussi écrivit-elle sur cette triomphante façade, entre les deux pieux versets : *Præstat invicta Venus*. — Traduction un peu libre de la devise chevaleresque « Dieu et les dames. »

Pour monter au château en voiture, on sort de la ville, car il faut prendre la montagne à revers, et l'on suit quelque temps la rive du Neckar, une jolie rivière qui écume avec un murmure de torrent, sur de petits écueils, entre de hautes pentes boisées d'une verdure admirable, puis on s'engage dans une route ombragée de grands arbres, qui escalade par des zigzags contrariés l'escarpement assez rude de la fière colline, à travers des masses de feuillages moirées d'ombre et de soleil de l'effet le plus prestigieux. Cette promenade est un vrai enchantement. Quand on approche du sommet, on domine la vallée du Neckar, qui s'ouvre sur une plaine immense, indéfinie et bleuissante comme la mer. Les écroulements des fortifications, chaos de blocs et de verdure, forment le premier plan avec leurs tons heurtés et vigoureux.

Au-dessous, la ville d'Heidelberg s'aperçoit en abîme avec ses toits, ses cheminées, ses tours, ses clochers, sa cathédrale mi-catholique, mi-protestante ; à droite coule le Neckar écumant aux roches de son lit, se plissant aux arches du pont qui le traverse, et se dirigeant à travers la plaine vers le Rhin, qu'il rejoint près de Mannheim ; tout au fond à gauche, une bandelette d'un azur plus foncé, ébréchée çà et là, indique une chaîne de montagnes, les Vosges sans doute ; une ligne de vapeur trahit le cours du Rhin invisible. Éclairé par une lumière splendide, ce panorama, vu de cette hauteur, éblouissait et semblait plutôt un rêve de l'art qu'une réalité.

On entre dans le château par une tour carrée, au milieu de laquelle s'ouvre un porche béant surmonté de figures d'hommes d'armes sculptés en granit rouge, d'une tournure archaïque et barbare, qui semblent plus anciens que l'édifice même, et l'on débouche sur une place ou cour intérieure où vous attend un spectacle qui vous surprend toujours, quelque préparé que vous puissiez y être.

Deux palais magnifiques, celui d'Othon-Henri et celui de Frédéric IV, forment équerre au coin droit de la place, encombrée de végétations, de pierres et de débris de toute sorte ; le côté gauche est occupé par les ruines effondrées, crevassées du sévère manoir gothique de Louis le Barbu. Un puits monumental, que recouvre un portique ogival à colonnes de granit gris, et la porte d'entrée garnissent l'autre pan.

Nous n'aurons pas l'outrecuidance de refaire après Victor Hugo la description détaillée des merveilleuses ruines d'Heidelberg ; nous ne voulons que rendre en quelques lignes une impression qui, pour n'être pas nouvelle, n'en fut pas moins vive.

Faut-il maudire les bombes du général Mélas ou les bénir ? Nous pencherions pour ce dernier parti. Elles ont ébréché, juste à point, ces deux palais, vulgairement superbes peut-être dans leur intégrité, pour en faire les ruines les mieux réussies du monde. — La preuve que ces bombes tant anathématisées n'ont pas nui au monument, c'est que le bruit répandu d'une restauration prochaine a soulevé chez tout le monde artiste des tirades élégiaques et passionnées. — Si l'on relevait une seule des pierres tombées, si l'on arrachait le lierre des façades, les arbres poussés dans les chambres, si l'on remettait des nez et des bras aux statues invalides, l'on crierait de toute part au sacrilége.

Commençons par le palais italien d'Othon-Henri. Jamais dévastation si charmante ne ravagea une façade. En crevant les toits et les plafonds, les projectiles intelligents ont donné de l'air à tout le haut de l'édifice ; la dernière rangée de fenêtres encadre maintenant le bleu du ciel et forme comme une galerie à jour d'une légéreté et d'une élégance extrêmes ; 'ans le trou des boulets ont poussé des lierres, des saxifrages et autres plantes pariétaires dont la fraîche verdure se marie admirablement aux teintes vermeilles de la pierre. Heidelberg n'est pas une ruine noire ; avec ses tons carnés et ses feuillages de velours, elle semble une gigantesque rose moussue.

C'est, dit-on, un élève de Michel-Ange qui dessina cette délicieuse façade, merveilleux bijou de la renaissance qui pourrait servir de devanture à un palais de fée. La mythologie et la Bible s'y donnent la main de la façon la plus amicale : Jupiter, Hébé, Minerve et autres déesses au port triomphant, à la gorge fière, à la cambrure florentine, habitent l'entablement ou les niches supérieures; — les dieux de l'Olympe ne sauraient descendre plus bas. — Les étages inférieurs sont peuplés par des personnages plus sérieux et plus réels : le duc Joshua, Samson le Fort, Hercule le bien connu, David l'adroit berger, faisant la mine la plus farouche qu'ils peuvent, et se vantant de leurs exploits dans des cartouches historiées d'inscriptions allemandes.

Le palais d'Othon-Henri a trois étages, en comptant le rez-de-chaussée; chaque étage est dessiné par une corniche saillante, écornée de loin en loin, juste assez pour satisfaire à cette loi de l'interséquence que préconisait si vivement Ziégler dans ses rêveries architecturales; des piliers et des colonnes, brodés des plus délicats ornements, la divisent sans en altérer la ligne et séparent les fenêtres à frontons triangulaires qui alternent avec les niches rondes des statues; des arabesques, des rinceaux, des médailles de Césars romains complètent cette décoration féerique, à laquelle la nature, se piquant d'amour-propre, a voulu travailler, en suspendant aux fleurs sculptées ses plantes les plus délicates.

Un perron dont on a arraché la rampe de fer miraculeusement ouvragée pour la vendre à la livre, — vandalisme que nous n'avons pas le droit de blâmer,

— mène au palais désert. Un lierre énorme l'enveloppe et monte avec vous les marches disjointes de l'escalier, prêt à vous retenir de ses bras souples si le pied vous manque. Il ne reste à l'intérieur que des murs de refend, des chambranles de porte, des pieds-droits et un manteau de cheminée travaillé à merveille par des ciseaux inconnus, comme ceux qui ont fouillé, découpé et fleuri la façade. — Quelle chose étrange que le cadavre d'un palais, que cette coquille géante d'où l'être qui l'animait s'est retiré ! Voir pousser l'ortie où brillait la flamme du foyer, cela jette le plus frivole en rêverie.

Le palais de Frédéric IV est d'un goût plus allemand et plus moderne. Deux grands pignons à frontons et à volutes se font pendant sur sa façade, d'un grès plus sanguinolent et moins festonné de lierre que celui du palais d'Othon-Henri; le toit tout entier subsiste, et la ruine est moins complète. Les boulets, qui ont respecté les statues italiennes et mythologiques de la façade renaissance voisine, semblent avoir visé, comme des ennemis plus redoutables, ces personnages, empereurs et palatins casqués, cuirassés, couronnés, portant le globe ou brandissant le glaive. On dirait à les voir avec leurs tournures violentes, exagérées, anguleuses, comme en font prendre au corps humain les armures de fer, que l'architecte les a posés en sentinelles dans ses niches, comme des soldats dans des guérites, pour défendre son chef-d'œuvre. Il est impossible de voir des mines plus hautaines, des cambrures plus martiales que celles de ces héros rangés sur trois files, et qui semblent, tout blessés et fracassés qu'ils sont, vouloir s'arracher de leur piédestal pour courir à l'ennemi. Toute cette architecture à divisions fortement accusées, à tablettes, consoles, corniches, mufles de lion, d'un haut relief, prend de sa lourdeur même un singulier caractère de force, de richesse et de puissance.

Une galerie d'arcades à deux étages supportée par des colonnes trapues s'appuyant sur une tourelle octogone, fait le trait d'union entre Frédéric IV et Othon-Henri.

L'autre côté du palais donnant sur une terrasse, d'où l'on jouit d'une vue immense et d'où l'œil plonge dans des gouffres de verdure, quoique très-ornée, est d'un goût moins fier et moins superbe; d'ailleurs, elle ne porte aucune cicatrice guerrière sur sa face plus bourgeoise.

Nous ne vous obligerons pas à nous suivre dans la

promenade qu'une jeune femme qui montre les ruines d'Heidelberg aux étrangers avec beaucoup de grâce, de convenance et d'instruction, nous fit faire à travers les salles souterraines, les tours effondrées, les galeries coupées de larges brèches; mais nous vous prévenons, si vous visitez jamais la fameuse tonne dans la cave où elle est encore, de ne pas tirer la ficelle qui pend sous l'horloge placée à côté de Perhéo, le nain du dernier électeur, car vous seriez comme nous souffleté par une queue de renard que pousse un ressort.

Une heure à Heidelberg, lorsque quinze jours suffiraient à peine, c'est dur! mais il faut repartir, et voilà que, mené par un cocher hardi, notre roue enrayée dans un sabot, nous descendons une petite rue à pic, une vraie montagne russe, pour aller trouver la route de Mannheim, où nous irons avec nos chevaux, ne voulant pas attendre le passage du chemin de fer.

D'Heidelberg à Mannheim, la route est très-unie, très-belle, plantée d'arbres touffus et soignée comme une allée de parc. Nous rencontrions à chaque instant des chevaux superbes traînant du fourrage dans de légères charrettes, et qu'on eût admirés à Paris entre les brancards d'un coupé d'Erhler. De chaque côté de la route s'étendaient des campagnes verdoyantes et bien cultivées, et sur la gauche le Neckar faisait de temps en temps apparition.

Il était cinq heures et demie lorsque nous entrâmes à Mannheim, une ville toute blanche, toute neuve, toute régulière, d'un aspect riche et fashionable, avec des maisons à l'italienne, entremêlées de jardins; des palazzines à balcons vitrés, formant serre sur les quatre faces, à terrasses ornées de balustres, à vases remplis de fleurs; des hôtels gigantesques, capables de loger des légions de voyageurs; des rues larges à faire pâmer d'aise un Anglais, et des promenades presque royales.

Nous descendîmes à l'hôtel de l'*Europe*, d'où l'on a une vue admirable sur le Rhin, qui baigne presque le mur de remblai du jardin, et, après un repas succulent et délicat que nous avions bien mérité, n'ayant rien mangé depuis Strasbourg, pour finir notre journée si bien remplie, nous allâmes voir jouer *Norma*, en allemand, au théâtre de la ville, qui est fort beau et bien décoré.

Nous ne vîmes que le dernier acte, car le spectacle se couche de bonne heure de l'autre côté du Rhin. Mademoiselle Kern, grande et forte jeune femme, manœuvrant très-bien des bras superbes et fronçant un sourcil noir plus italien qu'allemand, représentait la vindicative prêtresse avec assez d'ampleur et de majesté. Les chœurs et l'orchestre étaient excellents. La décoration avait du caractère; au fond d'une crypte caverneuse se dressait l'idole monstrueuse d'Irmensul, et les racines des chênes druidiques, dont le feuillage se perdait dans les frises, se crispaient hideusement sur les roches comme de grands serpents végétaux.

Notons un détail local. La carapace du souffleur, qui chez nous ressemble à un fond de hotte, était arrangée au théâtre de Mannheim en coquille marine et formait ainsi un joli motif d'ornement.

Le spectacle fini, nous revînmes à l'hôtel de l'*Europe*, et, de la terrasse du jardin, nous regardions, en fumant, le large cours du fleuve, où tremblotaient des reflets de lune et de lanternes, et la flotte des pyroscaphes de la compagnie du Rhin amarrés au quai.

Dès quatre heures du matin, il fallait être levé, et pourtant le sommeil ne nous venait pas. Le Dampfschiff *Concordia* devait nous emporter de Mannheim à Dusseldorf, entre deux lignes de villes, de montagnes et de burgs, et nous faire accomplir, au vol de la vapeur, notre quatrième journée.

IV

LE RHIN

Quelle charmante manière de voyager que la navigation fluviale! le bateau à vapeur file comme la flèche, sans tangage ni roulis, entre deux rives assez rapprochées pour que vous en discerniez les détails. Vous pouvez vous asseoir, vous promener, descendre dans la cabine, remonter sur le pont, vous transporter de la poupe à la proue, fumer, lire, rêver, vous mêler aux groupes dont le costume ou la conversation vous intéresse. Vous marchez vous-même sur un plancher qui marche, et vous n'êtes pas réduit comme dans les autres modes de locomotion, voiture, diligence ou chemin de fer, à l'état inerte de colis. Vous avez tous les agréments et tout le confort du vaisseau, moins les indéfinissables angoisses et les avilissantes nausées du mal de mer. Nulle gêne, nulle souffrance, nulle fatigue. C'est le loisir occupé, le repos moins l'ennui.

Lorsque le temps daigne ne pas être trop hostile, que les nuées ne vident pas leurs outres de pluie, que le soleil illumine à propos le décor, et que le vent ne vous jette pas à la figure l'écume du fleuve, rien n'est plus amusant qu'une journée passée ainsi.

Il faisait ce jour-là « une jolie température, » suivant l'expression favorite des philistins. Quelques légers bancs de nuages flottaient dans la sérénité du matin, et les rivages se dessinaient sous un rayon de lumière favorable. Le Rhin s'étalait largement entre des berges peu élevées contre lesquelles moutonnaient de longues vagues produites par le sillage du bateau à vapeur, qui faisait danser les petites embarcations. — Il y avait encore peu de monde sur le *Dampfschiff*, mais chaque fois que l'on passait devant une petite ville ou un bourg, la *Concordia*, opérant une évolution sur elle-même, se rapprochant de l'estacade, ou, brassant l'eau à rebours, se laissait rejoindre par des barques chargées de voyageurs et de paquets.

La navigation du Rhin n'est pas autrement dangereuse, mais elle exige de l'attention ; le lit du fleuve change souvent de niveau, quelquefois il se hérisse de roches où une coque pourrait se découdre, et s'obstrue de bas-fonds sur lesquels on s'engraverait : aussi une inscription trilingue, comme celle de Rosette, enjoint-elle en allemand, en anglais et en français, de ne pas parler au pilote, qui ne quitte pas une minute la roue du gouvernail, imprimant à propos de légères déviations au docile pyroscaphe.

D'escale en escale, le pont se peuplait : il y montait des mères de famille allemandes, suivies de deux ou trois fillettes et d'une Gretchen naïve, n'ayant pas l'air *dame* de la femme de chambre anglaise, encore moins l'air *soubrette* de la femme de chambre française, mais rappelant le type de Marguerite dans les illustrations de Reschz ; des groupes d'étudiants coiffés de la petite casquette aux couleurs de leur pays, qui devrait bien remplacer partout l'affreux chapeau moderne ; des instrumentistes se rendant à quelque ville d'eaux et portant sous le bras des cuivres que leur fourreau de percaline verte faisait ressembler à des boas empaillés; des Anglais exacts de tenue, comme au bal; des Russes parlant toutes les langues, et que, sans cette faculté polyglotte, on eût pris pour des Parisiens.

Parmi ces Russes se trouvait une femme dont la toilette irréprochable de modernité contrastait bizarrement avec la figure aux pommettes arrondies, aux yeux légèrement bridés, aux lèvres un peu épaisses, aux chairs blanches et comme figées, d'un pur type tatar ou mongol.

Pour que les latitudes les plus opposées eussent leur représentants, une barque apporta deux nouveaux voyageurs, le mari et la femme sans doute, venant de l'Amérique du Sud, et offrant ce même désaccord de type et de costume. Figurez-vous la Petra Camara et son danseur habillés comme la dernière gravure des modes!

Dans toute cette foule, nous ne vîmes qu'une seule Parisienne, qui était Allemande à la vérité; mais sa robe, de la bonne faiseuse, signée madame Roger dans ses moindres plis, et ses manières parfaites justifiaient suffisamment notre erreur, reconnue plus tard.

N'oublions pas le garçon du bateau, vêtu d'un habit noir, cravaté de blanc dès l'aurore, qui, dans cette journée, fit au moins douze ou quinze lieues en allées et venues, portant à celui-ci du café, à cet autre du jambon, à un troisième des cigares ou de l'eau-de-vie, et qui, pâlissant de fatigue, mêlait sur sa figure truitée les perles de la transpiration aux taches de rousseur. A la fin du jour, il était livide et ressemblait à ces laquais fantastiques décrits par Achim d'Arnim, et qui se remettent en service après leur mort, parce qu'ils doivent quelque petite chose aux vers.

Comme pour faire contre-poids à cette circulation exagérée, une pauvre vieille dame paralytique, au masque bistré et camard, restait immobile sur sa chaise comme une idole indoue. Ses yeux seuls montraient qu'elle était vivante. Toutes les fois qu'il passait près d'elle, traînant le pied, le fantôme éreinté du domestique blême lui lançait un long regard d'envie : elle était assise !

Le Mein se jette dans le Rhin presque en face de Mainz, que nous appelons Mayence, par suite de ce système absurde de traduction des noms qu'on devrait bien abandonner. — Cependant jambon de Mainz ferait un singulier effet ! — C'est toujours un beau spectacle que la rencontre de deux grands cours d'eau dont l'un absorbe l'autre et l'entraîne à la mer en lui ôtant son nom : — ainsi l'homme débaptise la femme qu'il épouse.

Mainz ou Mayence fait une assez bonne figure sur la rive du Rhin avec ses lignes de remparts denticulés, ses tours à échauguettes, son quai d'hôtels, son dôme gigantesque aux quatre campaniles, à la coupole mitrée, au clocher brodé de sculptures; ses églises aux nombreuses aiguilles, et la flotte de puissants bateaux à vapeur et d'embarcations de toute sorte amarrés à son quai. — Ce premier plan de navires, de barques, de kopps, entremêlant leurs tuyaux et leurs mâts, produit toujours un bon effet, et l'aquarelliste regrette que le *Dampfschiff* passe si vite.

Un immense pont de bateaux traversant le Rhin, fort large à cette place, relie les deux rives du fleuve; en aval du pont, treize moulins, rangés en file, font tourner leurs grandes roues à aubes, comme les bateaux à vapeur, et l'on est étonné de les voir rester immobiles. Il semble qu'ils devraient descendre le Rhin avec vous.

Lorsque le pont, en s'ouvrant, a donné passage au *Dampfschiff*, on a en face de soi, sur le quai, de grands bâtiments de style Louis XIV, ennuyeusement classiques, dont la couleur, d'un rouge aviné, est désagréable à l'œil; le gris seul convient aux lignes sobres de cette architecture trop souvent imitée en Allemagne au XVIIe siècle.

Mainz dépassé, le Rhin se tachète d'îles et se borde de villes et de villages si rapprochés les uns des autres, qu'à peine a-t-on le temps de chercher leurs noms sur la carte. Les rives, plates jusque-là, tendent à s'élever.

A Bingen, situé au confluent de la Nahe, commence

le Rhin des burgs et des burgraves, la partie véritablement pittoresque du voyage; les collines s'escarpent en montagnes, et les rochers presque à pic resserrent le cours du fleuve, qui s'étrangle et devient plus rapide. Au milieu des eaux bouillonnantes, se dresse sur un écueil, le Mausethurm, ou Tour de la Souris, presque en face les ruines d'Ehrenfels, fièrement perchées au sommet de la montagne. Cette entrée est du caractère le plus grandiose. Les hautes pentes de schiste et d'ardoise jettent leurs ombres sur le fleuve profondément encaissé; on se sent dans un endroit dangereux, dans un lieu sinistre propre aux naufrages et aux tragédies. C'était, en effet, un coupe-gorge de vingt heures de long que toute cette partie du Rhin.

Le ciel s'était couvert; des amoncellements de nuées opaques rampaient sur ces noires murailles sillonnées, ravinées, s'avançant jusque dans l'eau. Un bateau sombré dont les mâts seuls paraissaient encore, formant des remous d'écume dans le fil du courant, disait que, si les burgraves n'étaient plus à redouter, le fleuve l'était encore; — du reste, on ne saurait s'imaginer combien sont nombreux ces nids de faucons féodaux; pas une pointe de roc, pas un escarpement qui ne porte le sien protégeant ou plutôt menaçant un passage, un bourg, une petite ville. Ils sont littéralement les uns sur les autres, presque aussi près dans la réalité que sur la carte. Vus du fleuve, ces bourgs présentaient à peu près le même aspect, et il serait malaisé d'en rendre les différences par la description; d'ailleurs, le bateau, sous la double impulsion de la vapeur et du courant, file si vite, qu'à peine a-t-on le temps de les apercevoir. Au Schloss-Rhenstein succède le Falkenburg, puis viennent le Sonneck, le Heimburg, le Rhindiebach, Bacharach avec son château de Staleck et sa chapelle de Saint-Werner, tout cela sur la rive gauche du fleuve. Il faut bientôt se retourner. Le Pfalz, une espèce de bastion hérissé d'une foule de clochetons et de tourelles en poivrière, émerge du Rhin à droite, au pied des ruines de Gutenfels. Le Pfalz dépassé, voilà que, sur l'autre bord, se dresse le Schonberg, et qu'on vous signale Oberwesel. Ne regardez plus Oberwesel, vous laisseriez passer sans les voir les Sept-Jeunes-Filles. Diable! ce serait dommage! Sont-elles jolies, ces Sept-Jeunes-Filles. Ce sont sept rochers à fleur d'eau sur lesquels ne se peigne aucune ondine, aucune elfe aux cheveux verts. Bon! voici le Lurleifelsen, dont la roche s'avance comme un promontoire dans le fleuve. La *Concordia* salue en passant, d'un coup de canon, l'écho célèbre du lieu, qui répond en honnête écho incapable de tromper la confiance des voyageurs et de la compagnie.

On ne comprend pas comment tous ces oiseaux de proie du moyen âge, au bec et aux serres d'acier, pouvaient vivre n'ayant autour de leurs aires qu'un cercle si restreint de rapines; il devait leur arriver souvent de jeûner sur leurs pics inaccessibles et de danser comme des noix sèches dans leur coquille de fer, tout hauts barons, tout seigneurs du mont et de la plaine qu'ils étaient. Et quels étranges logis! murs crénelés suivant les anfractuosités de la route, superpositions de tours, donjons, se dressant au milieu de la triple enceinte comme une citadelle dans la forteresse, passages souterrains, salles obscures et voûtées; on a peine à croire que des êtres humains aient vécu là, guettant par les étroites meurtrières le chariot sur la route, le bateau sur le fleuve. Que de batailles, de surprises, d'escalades, de meurtres ont dû avoir lieu dans ces repaires, habitations de héros brigands!

Quelques-unes de ces ruines sont telles que le temps, la guerre et les ravages de toute sorte les ont faites, c'est-à-dire fort belles, lézardées, ébréchées, effondrées d'une façon sinistre et pittoresque. D'autres sont raccommodées et remises à neuf, et, alors, elles ressemblent à des décors moyen âge de mélodrame. Le morceau moderne fait douter de l'authenticité du reste, et notre compagnon de voyage prétendait que c'étaient de faux burgs, des burgs de carton-pierre, placés là par la compagnie des bateaux à vapeur du Rhin, pour augmenter l'attraction du voyage. Selon lui, il ne devait pas *naturellement* y avoir autant de burgs que cela sur les rives du fleuve; ce paradoxe fut entendu et rétorqué comme il le méritait par la dame allemande, qui avait souscrit pour la réparation d'un de ces burgs accusés d'être postiches.

Cependant les passagers de la *Concordia* commençaient à se regarder d'un air hagard et famélique, et les horreurs du radeau de *la Méduse* se seraient certainement reproduites si le domestique blême, en habit noir et en cravate blanche, n'eût, avec l'aide de quelques mousses, disposé une longue table sous la tente des premières classes. Pour des affamés, c'est déjà un spectacle attendrissant qu'une assiette où il y aura peut-être quelque chose; aussi chacun s'était-il placé une heure d'avance. Enfin le souper parut; des bouteilles de vin de Moselle et de vin du Rhin rendirent la table pareille à un jeu de quilles, et les burgs continuèrent à se montrer sur les deux rives du Rhin sans que personne s'en souciât.

Gamache et Rabelais auraient pris plaisir à voir cette agape pantagruélique de cinquante pieds de long, où Paul Véronèse, le peintre des banquets, eût pu trouver un sujet de tableau.

Ce dîner, qui se prolongeait indéfiniment, justifiait le vers du poëte :

> Toujours par quelque bout le festin recommence !

Nous le pensions terminé, lorsqu'un immense plat de veau aux pruneaux le fit reprendre de plus belle. Le domestique pâle, plus mourant que jamais, replaça de ses mains d'ombre, devant les convives surexcités, du vin, de la bière, de l'eau de Seltz, du café, et se retira en chancelant. Depuis le matin, il avait maigri de deux livres comme un jockey entraîné...

Nous avions quitté la table à l'entrée du veau, et nous pûmes voir le Stolzenfels, dont le roi de Prusse a fait un château tout à fait habitable en le restaurant de fond en comble. Nous avons dit notre goût : nous aimons les ruines *ruinées*, et le burg ne nous plaît que démantelé, croulant, surplombant l'abîme de sa silhouette ébréchée.

En face de Coblence se dresse Ehrenbreitstein, vaste château fort, occupant tout le sommet de la montagne et regardant la Moselle s'épancher dans le Rhin. Coblence a l'aspect de toutes les villes qu'on voit du milieu d'un fleuve : un quai, des lignes de maisons que dépassent les clochers des églises. Les enseignes de ses hôtels semblent avoir conservé, par leurs emblèmes monarchiques, quelque souvenir de l'émigration française.

A partir de Coblence, les montagnes s'aplanissent, et les burgs, manquant de rochers, s'espacent. On en voit encore cependant quelques-uns. Au delà d'Andernach, où se passe la scène de *l'Auberge rouge*, ce conte de Balzac si palpitant d'intérêt, le burg Reineck, le Rolandseck, le Kœnigswinter, le Godesberg, montrent, au sommet de quelque escarpement, leurs remparts plus ou moins démantelés, trop éloignés pour qu'on puisse saisir aucun détail.

Saluons Bonn en passant, et hâtons-nous d'arriver à Cologne (Cöln en allemand). Aussi bien le jour baisse, et le soleil semble avoir peint pour nous, sûr d'être apprécié en artiste, un de ses plus magnifiques couchers.

Peu de villes font sur le bord du ciel une dentelure

plus découpée, plus hérissée, plus tailladée que Cologne. Ses pignons, ses toits, ses tours et son immense fragment de cathédrale inachevée se détachaient ce soir-là en vigueur d'un horizon orangé, et à travers les hautes fenêtres du chœur scintillait le disque rouge du soleil disparu derrière la ville. C'était grandiose, magique et splendide; l'astre semblait une veilleuse allumée pour la nuit dans la nef gigantesque; les cloches de toutes les églises sonnaient à pleines volées et répandaient leur harmonie catholique à travers la solennité du soir.

Presque tous nos compagnons de voyage débarquèrent à Cologne, et nous continuâmes pour ainsi dire seuls sur le bateau notre voyage vers Dusseldorf.

Le pont de bateaux franchi, nous longeâmes les piles géantes du pont de pierre et de fonte sur lequel le chemin de fer doit traverser le Rhin. Il était réservé au génie du XIX° siècle d'accomplir ce miracle; jusqu'à ce jour, ce fleuve orgueilleux, resté vierge, n'avait souffert aucune arche permanente sur son océan vert.

La nuit était venue. Les berges lointaines nageaient entre l'eau et le ciel, semblables à ces minces nuages noirs qui rayent transversalement l'horizon crépusculaire. Quelquefois des rangées de grands arbres se reflétaient si exactement dans le miroir bruni du fleuve, que la vue troublée ne distinguait plus l'image de l'objet. La lune, sur laquelle s'était posé un flocon de nuée pareil à cette chauve-souris qu'Albert Durer fait voler dans le ciel de sa *Mélancolie,* brillait derrière cette tache sinistre au milieu d'un immense halo, roue d'argent du char de la nuit. Quelques points rouges scintillaient et tremblaient au bout de longues perches courbées au fil de l'eau, où leur réflexion s'allongeait comme des anguilles de feu indiquant les bas-fonds à éviter; un vent contraire rabattait l'épaisse colonne de fumée du bateau à vapeur, et quelquefois la lune apparaissait à travers les flocons sombres, comme le soleil, aux jours d'éclipse, à travers une vitre noircie.

Tout prenait une apparence effrayante et fantastique. Les autres bateaux filaient près de nous avec des apparences de dragons aux yeux de braise. Comme un navire en détresse, nous tirâmes deux coups de canon. Des lumières se mirent en mouvement au milieu du fleuve, large comme une mer. Un grand obstacle noir que nous distinguions vaguement dans les ténèbres se déplaça pour nous laisser passer : c'était le pont de bateaux qui s'ouvrait. Nous étions à Dusseldorf, où nous devions prendre le bateau de Rotterdam.

V

DUSSELDORF.

Débarqué de la *Concordia* devant le quai de Dusseldorf, nous nous transbordâmes tout de suite sur le *Kœnig*, dampfschiff de corpulence respectable, croyant qu'il allait partir à l'instant même; mais le *Kœnig* était en chargement, et sur des traîneaux à roulettes arrivaient, de minute en minute, des caisses, des tonnes, des colis de toute sorte; le pont s'encombrait de la proue à la poupe à ne plus pouvoir y circuler, et toujours de nouvelles marchandises s'empilaient, et les petits wagons allaient du navire à la rive et de la rive au navire, rapportant des balles ficelées, des barriques, des paquets pesants et volumineux. Le bateau, surchargé, s'enfonçait d'une façon inquiétante ; déjà l'eau effleurait la ligne du bordage, et au-dessus de la cabine réservée ou du pavillon (c'est le terme local) où nous nous étions retiré, continuaient les piétinements, les bruits de roulettes, les chocs de coffres interrompant le demi-sommeil fiévreux, plein de cauchemars étranges, qui nous envahissait.

Dans nos ébauches de rêve, nous songions que toutes les marchandises de l'univers entreposées à Dusseldorf se chargeaient sur le *Kœnig*. Les piles de tonneaux, de jarres, de caisses, s'élevaient à la hauteur du tuyau, qu'elles menaçaient de dépasser; l'eau écumait sur la vitre des écoutilles hermétiquement fermées, et cependant, d'un funèbre bateau de charbon, éclairé bizarrement par des torches, des hommes noirs, pareils à des diables, jetaient dans la soute ouverte du dampfschiff une provision d'anthracite à faire, sans la renouveler, le voyage de l'autre monde.

De temps en temps, nous montions sur le pont pour secouer notre torpeur, et nous voyions que notre rêve à demi lucide se mélangeait d'une proportion de réalité assez forte; le chargement allait son train. Pour nous réveiller tout à fait, nous voulûmes allumer un cigare ; mais il était défendu de fumer sur le pont parmi toutes ces denrées inflammables et précieuses. Nous regar-

dions ce remue-ménage avec stupeur, et le souvenir
de l'arche de Noé, où certes il n'entra pas tant de choses, nous revenait involontairement. Sur le pont volant,
trait d'union du navire au rivage, la procession fantastique des portefaix défilait sans intervalle. Traqué
par les matelots et les hommes de peine, nous nous
retirâmes dans une étroite cabine, près du tambour
des roues, où il était permis d'allumer et de réduire en
cendre un havane, et, là, adossé contre la paroi peinte
en couleur de bois, sur quelques mots du capitaine à
propos des lenteurs de la douane hollandaise, nous re-
tombâmes, à travers notre somnolence, dans une rê-
vasserie bizarre : il nous semblait que le *Kœnig* était
parti, et qu'après une traversée presque sous-marine
pendant laquelle les poissons, avec leurs gros yeux
orbiculaires, nous regardaient curieusement à travers
les vitres du pavillon, il était arrivé enfin à la frontière
de Hollande. Là, des personnages singuliers, qui ne
nous étaient pas inconnus, apparaissaient sur le pont;
« ils portaient des chapeaux à trois cornes, des gilets
pourpres qui leur tombaient presque sur les cuisses,
des culottes en peau de daim, des bas rouges drapés,
de lourds souliers avec de grosses boucles d'argent, et
de longues vestes avec de larges boutons de nacre.

Chacun avait une pipe à la bouche et une petite montre ventrue dans la main droite : une bouffée de fumée, un coup d'œil à la montre ; un coup d'œil à la montre, une bouffée de fumée ; — ils allaient ainsi, » pendant que devant eux l'on ouvrait les caisses dont on éparpillait le contenu, et cela durait mille ans, et les gens de Vondervotteitmittis — car c'étaient eux, les méthodiques, les imperturbables, que la fatalité chargeait de visiter le *Kœnig*, — persistaient, d'un air automatiquement placide, à souffler des bouffées de tabac... Cela durait si longtemps, que les figures des gens de l'équipage se sillonnaient de rides et prenaient, sous leurs cheveux blanchis, l'aspect de la décrépitude à son dernier terme, et la moitié des colis du *Kœnig* n'était pas encore inspectée !

Dans les cauchemars, il y a un moment où l'horreur portée à son comble pousse le dormeur à faire d'énergiques efforts pour se réveiller. Nous ouvrîmes les yeux brusquement et violemment, fort surpris de ne pas voir autour de nous les personnages du *Diable dans le beffroi*, ces types du flegme hollandais si bien décalqués, d'après Edgar Poe, par notre ami Charles Baudelaire.

Sans avoir recours, comme Agamemnon et autres

héros de l'antiquité, à l'explication d'un onéiromante, nous comprimes, d'après notre songe, que la douane retiendrait longtemps le *Kœnig*, et que nous arriverions fort tard le lendemain à Rotterdam, si toutefois nous y arrivions. Aussi, prenant notre sac mêlé aux bagages, nous nous élançâmes sur la voie, résolu à partir par le premier chemin de fer. On nous avait, du reste, fort honnêtement rendu le prix de notre place, et, le *Kœnig* n'étant guère destiné qu'au transport des marchandises, nous ne pouvions lui reprocher sa lenteur.

Mais une heure du matin venait de sonner, et, à cette heure, Dusseldorf dort d'un sommeil paisible. Nous voilà engagé à travers les rues obscures, longeant les façades éteintes et cherchant quelque hôtel, quelque gasthaus ouvert. Tout en errant au hasard, nous pensions que Dusseldorf était la patrie de Henri Heine, et que peut-être nous passions, sans le savoir, par cette rue Bolker où il vit le jour pour la première fois, et où il apprit à écrire avec de la craie sur une porte brune. Nous nous étonnions de ne pas apercevoir à travers l'ombre le fou Aloysius danser sur un pied en psalmodiant les noms des généraux français, et l'ivrogne Gumpertz se vautrer dans le ruisseau en chantant *Malbrouck*. Tous les détails sur Dusseldorf dont l'auteur des

Reisebilder et de l'*Intermezzo* a semé sa délicieuse fantaisie du *Tambour Legrand* nous revenaient à la mémoire ; mais, comme ils étaient plus poétiques que topographiques, ils ne nous servaient pas à grand'chose. Enfin nous débouchâmes sur une espèce de place qu'un noir fantôme équestre, l'électeur Johann Wilhelm, à cheval, busqué dans sa cuirasse et coiffé d'une longue perruque de bronze, nous fit reconnaître pour la place du Marché ; ce qui n'avançait pas beaucoup nos affaires. Près de la statue, nous discernâmes un objet de cinq ou six pieds de haut, carré à la base, pointu au sommet, découpant dans la nuit la vague silhouette d'une guérite ; mais, en nous approchant, nous vîmes que la guérite était un soldat prussien dans sa capote grise, et surmonté du casque à paratonnerre : nous avions pris le contenu pour le contenant, le fruit pour l'enveloppe, — voilà tout.

Que pouvait faire à cette heure ce militaire ou plutôt ce vétéran, car il n'avait pas d'armes, en contemplation devant la statue de l'électeur Johann Wilhelm? Pensait-il aux cuillers d'argent que la noire statue a dans le ventre, et supputait-il le nombre de chopes qu'on pourrait boire avec leur valeur si on parvenait à les séparer du cuivre, comme le petit Henri Heine comptait les tartes aux pommes qu'on se procurerait avec cette vaisselle jetée dans la fonte insuffisante par les enthousiastes bourgeois de Dusseldorf?

Comme nous sommes un Français ne sachant pas un mot d'allemand, et que le soldat contemplatif était un Allemand ne sachant pas un mot de français, nous dûmes renoncer à satisfaire notre curiosité sur ce point et recourir, pour sortir de notre situation lamentable, à la pantomime, ce langage universel que la composition de quelques ballets nous a rendu familier.

Figurez-vous un feuilletoniste et critique d'art français au pied de la statue équestre de l'électeur Johann Wilhelm, à l'heure où les spectateurs parisiens sortent des représentations à bénéfice et où les spectres des légendes germaniques sortent des tombeaux, exécutant gravement la pantomime suivante devant un vieux soldat prussien, au casque pointu et à la capote grise : « Moi, » la main sur la poitrine, « étranger, » un geste dans la direction du port, « je cherche, » quelques pas à droite et à gauche, « une maison, » le doigt replié comme lorsqu'on frappe à une porte, « pour dormir, » les yeux fermés, la tête penchée et la joue appuyée contre le dos de la main, « car je suis las, » traînement de pieds, bras ballants, air accablé; « je vous récompenserai, » le pouce frôlant l'index un certain nombre de fois, comme pour faire glisser des monnaies.

Lucien Petipa, notre collaborateur chorégraphique, eût été content de nous; aussi, le vétéran fit une nutation de tête, empoigna notre sac qui commençait à nous peser, et se mit à marcher devant nous de son grand pas militaire, que nous avions quelque peine à suivre. De temps en temps, il s'arrêtait, tirait un cordon de sonnette, donnait de grands coups de poing contre une porte ou contre un volet, et nous attendions; mais rien ne remuait dans les maisons endormies, et les chiens seuls répondaient du fond des arrière-cours par des aboiements plaintifs.

Quelquefois, une étroite raie de lumière, filtrant à travers les contrevents fermés, nous donnait bon espoir; mais les portes ne s'ouvraient pas pour cela. On nous prenait pour des ivrognes ou des tapageurs nocturnes.

Enfin un logis se montra plus hospitalier que les autres : après une assez longue station sur le seuil, nous entendîmes, à l'intérieur de la maison, des bruits de pas, des grincements de verrou et des tours de clef de bon augure; un battant s'entre-bâilla avec précaution : dans l'hiatus se modelait une bonne vieille petite tête ridée et grisonnante, sculptée en casse-noisette de Nuremberg, et dont la lueur d'une lampe tenue haut faisait ressortir par de vives lumières et de fortes ombres la laideur fantastiquement bizarre.

Sur quelques mots de notre guide, l'être singulier nous livra passage, referma soigneusement la porte derrière nous, et nous conduisit, avec une démarche et des regards de somnambule, au dernier étage de la maison, dans une grande chambre à trois lits.

Cet hôtel n'avait pas l'apparence des hôtels ordinaires. On n'y voyait aucune de ces recherches confortables qui caractérisent les grandes auberges allemandes : ni tapis dans les escaliers, ni corridors à perte de vue, ni sonneries électriques; mais on était frappé par un certain air de modestie, de réserve et de froideur plus facile à comprendre qu'à décrire. Des images de madones dans des cadres de bois noir décoraient les paliers, et notre chambre était ornée d'une suite de gravures représentant les sept sacrements à l'aqua-tinta. Dusseldorf est pourtant une ville protestante, et ces imageries pieuses sont rares dans les villes qui suivent la religion réformée. Cette maison à physionomie monastique devait être une auberge de pèlerins ; car on sait qu'il s'en rend chaque année un grand nombre à Cologne pour honorer les reliques que contiennent ses églises.

Notre gîte assuré, il fallut de nouveau nous livrer à la pantomime, afin de savoir à quelle heure partait le chemin de fer. Nous fîmes le geste de nous lever et de reprendre notre valise en indiquant le nord, puis nous tirâmes dans le vide une ligne horizontale, et soufflant comme un chat en colère, pour imiter les jets de vapeur de la locomotive, nous décrivîmes avec la main des cercles multipliés simulant la rotation des roues. Le vieux militaire comprit; il compta jusqu'à sept sur ses doigts, se mit à renifler fortement et à tourner son bras avec une grande vitesse. Ensuite, il compta jusqu'à neuf, lança quelques *fut! fut!* moins accentués, traça quelques orbes plus rares, s'arrêtant à diverses reprises et prenant une expression nonchalante. — Rien n'était plus comique que cette scène renouvelée de Thaumaste et de Panurge, se jouant au milieu de la nuit avec un sérieux parfait.

Cela voulait dire : « Il y a un train express à sept heures et un train omnibus à neuf. »

Le vieux domestique à tournure de bedeau nous regardait, inquiet et émerveillé tout à la fois, comme si nous nous fussions livrés à des opérations cabalistiques; mais le militaire lui traduisit la chose en allemand, ce qui le rassura et le mit en belle humeur.

A six heures, notre guide vint nous reprendre et nous fit traverser Dusseldorf dans toute sa longueur; car la station du chemin de fer est à l'une des extrémités du lieu. Nous n'avons rien à dire de particulier sur Dusseldorf : c'est une de ces villes propres, régulières, bien bâties, bien pavées, qui ont l'approbation de tous les dictionnaires de géographie. La description qu'en donne Henri Heine suffit : « Dusseldorf est une ville sur le Rhin où vivent seize mille personnes, où se trouvent en outre enterrées quelques centaines de mille autres personnes, et, parmi ces dernières, il en est quelques-unes qui feraient mieux de vivre. »

Quelques habitants commençaient à montrer le nez; des femmes allaient à l'église ou au temple, car c'était un dimanche, et les voitures roulaient grand train du côté de la station.

L'express ne devait partir que dans une demi-heure. Nous avions le temps de déjeuner dans la salle du buffet, qui était tenu par une femme parlant français. Nous étions fatigué de pantomime, et cette rencontre nous fit plaisir. On nous servit du jambon, des côtelettes et de petits œufs d'un vert pâle, étoilés de mouchetures d'un vert plus foncé. C'étaient des œufs de perdrix, non pas à la coque, ni durs, mais mollets, d'un goût excellent, quoique froids.

L'aspect des pays traversés par le chemin de fer prussien n'a rien de bien pittoresque. Autant que la vue peut s'étendre à droite et à gauche du railway, la terre semble pauvre et maigre. Les stations n'offrent pas cette apparence de coquetterie idyllique qui nous avait charmé de Berne à Bâle, et de Kehl à Heidelberg : ni découpure de bois, ni festons de fleurs ; juste le trict nécessaire pour le service. A ces stations se tenaient un certain nombre de voyageurs attendant l'arrivée ou le départ des trains, et de curieux pour qui voir défiler une suite de wagons est un spectacle récréatif, surtout dans la monotonie du dimanche protestant. Tout ce monde, riche ou pauvre, élégant ou délabré, était en pantalon noir, comme s'il eût obéi à un édit somptuaire; jamais enterrement ne réunit un tel nombre de pantalons lugubres. La caisse des wagons était vert bouteille, de ce vert triste et mat dont sont peints chez nous les fourgons où les morts voyagent en poste. Ajoutez, pour la gaieté de la chose, les mâts de signaux, zébrés de noir et de blanc, aux couleurs de Prusse, et vous aurez un ensemble assez funèbre, surtout si vous étendez par-dessus tout cela un ciel gris de fer comme l'habit de Kant. La Prusse n'a pas dû produire beaucoup de coloristes, si le reste du pays ressemble à ce que nous avons vu.

Vers Emmerich pourtant, le sol s'améliore un peu : l'on aperçoit des prairies parsemées de quelques bestiaux, des villages, parmi des bouquets d'arbres, qui semblent propres et bien tenus ; le voisinage de la Hollande se fait sentir ; enfin se dresse un mât à flamme rayée de bleu, de blanc et de rouge comme notre drapeau tricolore, mais transversalement : nous sommes en Hollande. Un commissaire nous demande notre passe-port pour la forme, et nous le rend avec courtoisie en nous souhaitant « bon voyage » dans notre langue ; car, à la frontière hollandaise, on recommence à parler français, et nous ne sommes plus obligé de déployer nos talents de mime.

On nous transvase dans des vagons jaune-paille aux formes arrondies et ventrues, ayant une vague coupe de galiote, comme si l'on eût enlevé des canaux les bateaux-poste inutiles pour les poser sur les lignes de chemins de fer. Ces wagons étaient très-confortables du reste, malgré leur apparence de voitures d'eau, et doublés d'un velours d'Utrecht que le voisinage de la ville ainsi nommée permettait de croire authentique.

Au bout de quelques lieues à travers une contrée riche sans doute, mais ne portant pas encore le cachet bien marqué de la Hollande, les maisons s'espacèrent, les arbres disparurent, le gazon devint rare et l'horizon prit un caractère étrange. Nous entrions dans la *Campine* : on appelle ainsi la lande hollandaise. Ce sont d'immenses plaines, faiblement ondulées par les dunes, du côté de la mer, de ce gris violet dont la bruyère revêt les terres stériles, tachetées çà et là de larges plaques de sable blanc, lacs arides de ce désert, entrecoupées plus loin de mares d'eau croupie remplissant le creux des tourbières, et qui eussent assez rappelé les landes de Bordeaux si un ciel d'une nuance toute différente ne se fût étendu au-dessus de leurs solitudes ; c'était un ciel d'un azur laiteux, presque blanc, opalin, où se déployaient des nuages gris de perle à reflets nacrés, chiffonnés par le vent et formant des plis à cassures lumineuses comme celle du satin. La Campine, grisâtre au premier plan, glacée de tons laqueux dans le lointain, avec sa tonalité sourde, laissait toute sa valeur à l'atmosphère, que pénétrait un soleil caché pourtant et comme voilé par des superpositions de gaze. Bientôt le tableau changea ou, pour mieux dire, l'effet du tableau, car le convoi courait toujours à toute vapeur par la plaine sans fin. Des nuages sombres, s'élargissant de minute en minute, commencèrent à tacher le ciel; on eût dit que l'aquarelliste de l'infini avait trop chargé son pinceau d'encre de Chine, et qu'il essayait d'affaiblir la maculature en la lavant à grande eau. Une pluie cinglante, presque horizontale, tant le vent de la mer courait impétueusement sur cette campagne désolée, rayait en travers, au lieu de les hacher diagonalement de ses milliers de fils, les fonds d'un gris violâtre; Rembrandt lui-même, voulant rendre un orage, n'eût pas griffé plus furieusement le vernis d'une de ses planches.

La pluie était trop violente pour durer longtemps; le ciel s'égoutta et s'essuya; mais la Campine déroulait toujours ses sombres nappes d'ajoncs, de bruyères et de terrains nus. Il faut rendre cette justice aux Hollandais : toutes les fois qu'une pellicule de terre végétale recouvre cette poudre bonne à remplir des sabliers et à fourbir des chaudrons qui forme le fond de la lande, ils essayent d'y faire mordre une végétation quelconque. Dans plusieurs endroits, ils ont planté des pins. Le pin, qui est cependant un arbre vivant de peu, et même de rien, n'a pas trouvé de quoi se nourrir sur ce sol imprégné de poussière saline : les plantations ont végété misérablement, puis sont mortes; mais, en pourrissant sur la place, elles produiront quelques lignes de terreau; — certains endroits moins tourbeux ou moins arides laissent poindre une herbe maigre, mêlée de joncs qu'arrachent quelques moutons noirs.

Mais c'est assez parler de la Campine, abordons la Hollande de Paul Potter, la vraie Hollande. Vous n'exigerez sans doute pas de nous une description bien exacte d'Arnheim et d'Utrecht, traversées ou côtoyées au vol de la locomotive. Van der Keyden, van der Velde, van Meer, vous ont donné une idée suffisante de ces maisons de brique aux toits à escaliers ou à volutes, de ces canaux bordés d'arbres, laissant voir au bout de leur perspective un clocher ou un moulin, de ces barques à la coque goudronnée, au bordage vert pomme, mêlant leurs agrès aux branches et faisant sécher leur voiles à côté des linges pendus aux fenêtres : vous connaissez cela; mais nous allons essayer de rendre avec quelque précision la campagne telle qu'on l'aperçoit à droite et à gauche par les fenêtres du wagon; rien n'est plus charmant et plus singulier à la fois.

Représentez-vous un immense tapis du vert le plus frais, le plus tendre, le plus uni, ras à l'œil comme du velours et découpé par une grecque de canaux se rencontrant à angles droits, et remplis d'une eau brune comme du café faible ou du thé fort. La terre gazonnée est parfaitement de niveau et ne dépasse pas l'eau qui la baigne de l'épaisseur de deux feuilles de carton superposées. La moindre oscillation dans le mouvement de la planète submergerait tout. Chacun de ces carrés, qui semblent faits avec de la laine verte hachée et collée sur une glace comme les gazons des plans de ville, sert de parc à cinq ou six vaches et à trois ou quatre chevaux à la tête busquée, à la longue queue, aux jambes garnies de houppes de poils, qui se dressent et galopent effarés toutes les fois que passe la locomotive entraînant les wagons.

Des ponceaux, fermés de claires-voies, relient entre elles ces îles plates, immenses tapis de billard, entourés de bandes d'eau, où les animaux disséminés représentent assez bien les billes. Parfois une ligne de saules, une rangée d'arbres derrière laquelle glisse une voile de barque, un village avec son clocher, rompent l'uniformité du plan. Tantôt ce sont des maisons moitié planches, dans une touffe de verdure, au milieu d'un jardinet; tantôt des fermes dont le hangar est coiffé d'un toit mobile s'élevant ou s'abaissant au moyen de perches qui le supportent et le traversent, ou bien quelques-uns des moulins en forme de tourelle à collerette de charpente, popularisés chez nous par Camille Roqueplan.

D'autres fois, une chaussée traverse la prairie : vous croyez que c'est un chemin; pas du tout, c'est un canal dépassant le niveau des maisons voisines et dessinant au-dessus des toits une silhouette de bateau.

Dans ce paysage tout horizontal, les moindres objets saillants prennent de l'importance et se détachent admirablement; le lointain consiste en une raie bleue sur laquelle le ciel se pose comme sur la mer, ce qui laisse aux devants toute leur valeur. C'est grand et beau malgré l'absence de tout accident. Des milliers de vaches rompent, comme des touches blondes, le grand ton local vert, et des reflets de lumière font briller çà et là la surface des canaux avec un à-propos qu'un peintre envierait.

A mesure qu'on avance, le réseau d'irrigation se complique, les canaux se multiplient, la terre diminue; une espèce de mer intérieure vient presque laver le remblai du chemin de fer; sa vague, qui moutonne sous un vent du nord, est assez âpre. La locomotive siffle et lâche sa vapeur. Nous sommes à Rotterdam.

VI

ROTTERDAM, LA HAYE, SCHEVENINGUE.

Thackeray, l'auteur de *la Foire aux vanités* et du *Livre des snobs*, avec lequel nous causions, il y a quelques années, à Londres, nous dit dans le courant de l'entretien une phrase singulière et mémorable : « Oh ! oui, je connais beaucoup l'Espagne, je suis resté une demi-heure à Cadix ! »

Nous prîmes d'abord le mot pour une saillie du spirituel humoriste ; mais, plus tard, en y réfléchissant, la vérité de cette assertion bizarre nous fut démontrée complétement : un œil exercé sait tout de suite les différences des villes et des pays entre eux. Si l'on séjourne, bientôt le regard s'habitue et la sensation s'émousse : vous ne faites pas plus d'attention aux choses que les habitants eux-mêmes.

Donc, nous affirmons connaître, d'après la méthode

de Thackeray, Rotterdam, que nous avons simplement traversé en omnibus pour aller de notre point d'arrivée à la station du chemin de fer de la Haye.

Rotterdam est bien le type de la ville hollandaise : bâtie moitié sur terre, moitié sur l'eau. Cependant l'aspect général n'a pas de rapport avec celui de Venise que l'esprit est tenté d'évoquer comme point de comparaison. A Venise, les habitations ont le pied dans le canal même; l'eau clapote sur les marches des escaliers, et la gondole détachée du poteau bariolé vient vous prendre au bas des degrés au sortir de votre chambre. En Hollande, le canal est partout bordé d'un trottoir et souvent ombragé de grands arbres; il y a des rues où circulent des voitures, tandis qu'à Venise des ruelles étroites, qui ne sauraient admettre même un cheval, relient seules, au moyen d'innombrables ponts, les quartiers de la ville. Chaque maison a une face sur le canal et une face sur la ruelle, une porte d'eau et une porte de terre, disposition qui constitue une physionomie toute particulière qu'on ne retrouve pas à Rotterdam.

Nous longions un canal couvert de grandes barques, stagnant entre deux allées d'arbres, encaissé de larges quais sur lesquels roulaient des voitures, des calèches, des tilburys traînés par de rapides trotteurs. De chaque côté s'élevaient des maisons de brique rouge surmontées de pignons à volutes, dont les fenêtres et les portes se détachaient, encadrées de blanc, avec une propreté toute hollandaise ; quelquefois, une coupure de rue, interrompant la ligne du quai, nous permettait de plonger du regard dans l'intérieur de la ville, de saisir quelque profil d'édifice, quelque fuite de perspective bleuâtre. Au bout du canal se dressait la tour d'un moulin à épuisement, dont les ailes au repos ressemblaient, avec leurs nervures noires, à des ailes de libellule grossies plusieurs milliers de fois par le microscope solaire ; un autre canal s'embranchait sur celui que nous venions de quitter, également encombré de koffs, de galiotes, de pinasses dont les mâts de sapin grattés à vif avaient une nuance saumon à réjouir Isabey. Des magasins, des chantiers de construction laissant passer au-dessus de leurs murs des carcasses de navire pareilles à des squelettes de cachalots ; des jardins fermés de planches goudronnées ou peintes en noir, clouées horizontalement comme des bordages de bateaux, défilaient devant nos yeux avec mille petits détails caractéristiques ; au-dessus des arbres flottait parfois la banderole d'un vaisseau ; un mât d'artimon éborgnait une fenêtre, une voiture se croisait avec une barque.

Et la population? nous direz-vous; et les figures du tableau? Attendez, le malheureux écrivain n'a pas les ressources du peintre, dont la toile s'embrasse d'un seul coup d'œil; il ne peut présenter les objets que successivement, et phrase à phrase. Les Hollandais sont d'assez grande taille; ils ont des physionomies avenantes, et leur costume ne diffère en rien du nôtre. Les femmes, au teint blanc et reposé, rappellent les types chers à Gérard Dow, et font penser à ces jolies têtes de ménagères que l'on voit dans les musées, encadrées par une fenêtre guirlandée d'une brindille de liseron, d'une grâce si calme, si intime et si douce, qu'elles vous donnent envie de les épouser.

Une sorte de camisole d'indienne lilas, taillée comme les vestes à basquine que portent les Parisiennes par-dessus leur robe, constitue la seule originalité de leur vêtement. Quelquefois sous la mousseline du bonnet scintille un reflet d'or ou d'argent; mais n'anticipons pas sur les coiffures. — Nous voulons avoir, comme Aristote, sinon notre chapitre, au moins notre paragraphe des chapeaux.

Il est bien entendu que ces détails ne s'appliquent

qu'aux femmes du peuple ; la classe aisée suit comme partout la mode anglaise ou française.

L'omnibus nous dépose au débarcadère du chemin de fer qui mène à la Haye, et aussitôt nous voilà de nouveau en route. Vous voyez que l'épithète *demoboros* (dévorateur de peuples), dont Homère gratifie les chefs grecs, nous convient parfaitement.

L'aspect du pays est le même, à peu près, qu'en arrivant à Rotterdam par Utrecht. Ce sont de grandes plaines vertes, coupées de canaux, constellées de chevaux et de vaches ; mais le vert est moins frais, le jonc pointe, la tourbe affleure, l'eau croupit ; le sol n'a plus la même richesse ni la même fertilité, et cette ligne implacablement horizontale que dentellent à peine, au lointain, quelques silhouettes de fermes, de bouquets d'arbres ou de villages, finit par lasser les yeux. Ce pays absolument plat, nivelé à souhait pour le chemin de fer qui le traverse sans tunnel, sans tranchée, sans remblai, a besoin, pour plaire, de premiers plans accidentés, tels que bondes d'écluse, ponceaux, chaumières, cabarets, moulins, barques, et surtout d'une extrême fraîcheur de ton. La condition d'un ciel d'un gris fin ou d'un azur léger, papelonné de quelques cumulus de nuages blancs, n'est pas moins indispensable, car le ciel occupe en Hollande un immense espace, et la terre ne fait qu'une ligne étroite au bas de ce cadre.

Rien ne semble moins favorable à la peinture, et cependant la Hollande tient une grande place dans l'art, tandis que la Suisse, avec ses glaciers, ses rochers, ses lacs, ses abimes, ses torrents, ses forêts de pins, ses chalets pittoresques, sa magnifique végétation alpestre, n'a produit que Calame. En Suisse, la nature n'est pas proportionnée à l'homme et l'écrase : on peut faire beaucoup de peu, mais on ne fait rien de tout. En art, l'énorme est irréductible. Ne tentez pas ce qui dépasse l'échelle humaine. Mais laissons là cette métaphysique, et arrivons à la Haye.

La Haye a une physionomie de Versailles aquatique; on y sent la présence d'une cour à la grandeur des places, à la largeur des rues, à la régularité et à l'élégance des édifices. Des gens moins affairés que ceux de Rotterdam habitent ces maisons riches, calmes et propres qu'assainit un fossé de drainage où verdit souvent la lentille d'eau ; des barques plus rares glissent en silence sur les canaux ou stationnent paresseusement le long des berges; il y a plus de boutiques et moins de magasins; on vient dépenser ici la fortune acquise ailleurs. Des ponts en dos d'âne, à montée abrupte, à descente rapide, que les voitures escaladent au galop, enjambent le canal toutes les fois que la rue le rencontre et se présentent bien au bout des perspectives. A chaque pas, l'on découvre un motif d'aquarelle pour William Wyld, Cattermole ou Callow : une barque séchant sa voile, une allée d'arbres se mirant dans l'eau brune, un clocher ou un moulin entrevu à travers une coupure dans les maisons. Mais, avant de pousser plus loin nos courses et nos descriptions, il ne serait peut-être pas mauvais de descendre à quelque hôtel pour vaquer à ce que Rabelais appelle plaisamment la réparation de dessous le nez : certes, nous sommes sobre ; nous avons appris la frugalité en Espagne, en Afrique et en Grèce, un dé à coudre plein de chocolat, une cuillerée de couscoussou, une poignée d'olives noires nous suffisent... avec quelques cigares; mais n'oubliez pas que, depuis les œufs de perdrix consommés à Dusseldorf, nous n'avons rien pris que la fumée, et pardonnez-nous de vous conduire à la table d'hôte de l'hôtel *Bellevue*, sur la place du Parc.

La saison des voyages n'était pas encore commencée, et il n'y avait que trois ou quatre convives dans la salle à manger de l'hôtel, tapissée d'un superbe papier représentant diverses scènes tirées des *Incas* de Marmontel. Tout en dévorant, nous regardions le temple et les vierges du soleil, les grandes feuilles vert-pomme des lataniers, des talipots et autres végétations exotiques; le conquérant du Pérou en costume troubadour sur son cheval blanc, dans une attitude qui rappelait celle du Henri IV de Gérard; les Indiens à peau couleur de brique se livrant à la pêche, à la chasse et à la cueillette des fruits; et, la mémoire nous revenant, nous reconnûmes tour à tour, sous leurs coiffures et leurs pagnes de plumes, Cora, Amazili et Telasco dessinés dans un style d'Académie, et pas plus mal que bien des figures de paysages historiques.

Ce témoignage enfoui à la Haye d'une vogue tombée en désuétude depuis longtemps nous fit songer à l'instabilité des fortunes littéraires; peu de livres, malgré les railleries qu'on a pu en faire, ont été plus souvent imprimés que *les Incas*. Cette épopée en prose, dont tout le monde se moque sans l'avoir lue peut-être, a joui d'une grande popularité, et tel auteur célèbre aujourd'hui se moque de Marmontel, qui n'obtiendra jamais l'apothéose du papier peint, l'illustration de la salle à manger.

Vous avez sans doute oublié que cette course effrénée à travers les pays, les villes et les hommes dont nous retraçons l'itinéraire avait pour but de voir une exposition de l'industrie à la Haye. Tel était le motif plausible, honnête et modéré que nous avions donné à notre naïve envie d'être dans un autre endroit que celui où nous écrivons ces lignes.

Puisque tel était le prétexte de notre voyage, nous allâmes donc tout de suite, après dîner, à l'Exposition de l'industrie : c'était sur la place même ; figurez-vous une sorte de temple grec hexastyle, avec grosses colonnes blanches et fronton triangulaire, une de ces façades de bon goût qui peuvent servir également à une église, à une bourse, à un tribunal, à un théâtre, à une salle de concert, à un musée, et même à une Exposition de l'industrie. Mais à peine quelques ballots étaient-ils arrivés, malgré l'activité des promoteurs de cette solennité, qui n'avait pas l'air d'émouvoir beaucoup le flegme hollandais ; l'ouverture de l'Exposition, promise pour le 23 ou le 24, devait être reculée d'un mois ou deux, pour donner le temps de se mettre en mesure à des industriels trop pénétrés du précepte de Boileau :
« Hâtez-vous lentement. »

Notre conscience rassurée à cet endroit, notre domestique de place nous suggéra l'ingénieuse idée d'aller à Scheveningue, la promenade favorite de la Haye ; c'était précisément jour de fête, occasion excellente pour un voyageur pressé ; car les fêtes, comme les foires et les marchés, réunissent forcément au même lieu une foule de types et de costumes qu'on serait obligé de chercher çà et là avec la chance de ne pas les rencontrer.

On va de la Haye à Scheveningue par une longue avenue d'arbres bordée de maisons de plaisance, de brasseries, de cabarets, de boutiques de confiseurs et de petits objets confectionnés avec des coquillages. A chaque instant passaient de grands omnibus à trois chevaux menés très-vite, des calèches, des berlines, et d'autres voitures particulières ou de louage d'une carrosserie confortable, mais un peu lugubre, n'évitant pas assez la forme et la couleur des corbillards ; des cavaliers, en assez grand nombre, excitaient leurs montures et piaffaient à travers la foule ; c'était en petit l'effet des Champs-Élysées à sept heures du soir. Sur la chaussée marchaient les paysannes endimanchées, en robe étroite, à taille sous les bras, le jupon partant du dos, mais couronnées, depuis l'aïeule jusqu'à la fillette de sept ou huit ans, de ce demi-casque d'argent, coiffure digne d'une impératrice byzantine, qui enveloppe la nuque, contient le chignon, laisse le sommet de la tête découvert, et vient presser les tempes et le front de ses oreillettes arrondies; de chaque côté, à la hauteur de l'œil à peu près, scintillent des spirales d'or semblables à des vrilles de volubilis, des étoiles, des rosaces, ou des carrés d'orfévrerie taillés en miroir; une zone de mousseline ou de gaze cachant la racine des cheveux comme un bandeau de religieuse, complète la coiffure et laisse transparaître le métal poli du casque. C'est charmant, d'une originalité et d'un caprice exquis. Nous n'avons pas besoin de vous dire que les femmes comme il faut et les bourgeoises sont en chapeau comme chez nous. Pour les femmes, le beau n'existe pas; il n'y a que la mode, et encore ce qui doit faire conserver aux paysannes cette délicieuse coiffure, c'est que, par bonheur, elle est chère; y renoncer pourrait sembler plutôt un aveu de pauvreté qu'une preuve de goût.

On gravit une espèce de dune surmontée d'un casino, et la plage de Scheveningue se déroule à vos pieds avec son sable blanc comme du sel ou du grès en poudre, tamisé fin par le vent et la mer. Des bateaux de pêche échoués, à coque bitumineuse, à bordage noir, semblent poser là pour des peintres de marine, et s'arranger au premier plan en repoussoirs.

En ce moment, la mer du Nord tracassait ses vagues

grises, ourlées d'écume, sous un ciel presque blanc. On eût dit un tableau de van de Velde, sans cadre, si un vent glacial venant tout droit du pôle ne vous eût averti que vous étiez en plein air et non dans un musée. Cependant une musique militaire exécutait des valses et des polkas. Des gens accoudés à des tables fumaient ou prenaient des rafraîchissements, par cette température arctique, comme s'il eût fait une chaleur tropicale. De jeunes filles, en robes de printemps, se promenaient sur l'esplanade, éclatant de rire au nez de notre paletot à longs poils.

Quand nous fûmes suffisamment transi, nous regagnâmes l'hôtel *Bellevue* en claquant des dents, et ainsi finit notre cinquième journée.

VII

LA HAYE, DORDRECHT, ANVERS, BRUXELLES.

Quelque pressé qu'on soit, il est impossible de passer à la Haye, ne fût-ce qu'une heure, sans aller mettre sa carte de visite au Musée. Le musée de la Haye n'est pas grand; mais il ne contient guère que des chefs-d'œuvre; en attendant qu'il fût ouvert, nous errâmes à travers la ville, saisissant au vol quelque prospect, quelque détail particulier d'architecture et d'aménagement. Parfois, les fenêtres ont des vitres légèrement bombées et de teinte violette. Nous avions déjà remarqué à la pinacothèque de Munich cette préférence donnée au verre violet sur le verre blanc. Cette nuance est, en effet, douce à l'œil et favorable aux tableaux. Nous revîmes au jour un clocher qui, la nuit, nous avait paru d'une ornementation compliquée et fantasque, laissant scintiller le bleu sombre et les étoiles par ses interstices. Une certaine couronne en saillie, très-touffue et très-hérissée de chochetons, à ce qu'il nous semblait, nous avait étonné comme spécimen d'un style inconnu, mais qui se rattachait au gothique fleuri. C'était tout bonnement une galerie de charpente appliquée au sommet du beffroi pour cause de réparation et soutenue d'échafaudages et de poutrelles enchevêtrées. Voyez à quelles bévues s'exposent les voyageurs trop hâtifs!

Notre guide nous conduisit dans une rue bordée de boutiques d'orfévres où nous pûmes examiner de près et pièce à pièce les bijoux pleins d'originalité des femmes de Scheveningue ; mais une bonne fortune nous attendait au Musée qui ne nous laissa plus rien à apprendre sur la joaillerie hollandaise.

Le rez-de-chaussée du musée de la Haye renferme, comme on sait, une collection de chinoiseries et de curiosités; il faudrait huit jours pour l'examiner, car il n'y manque rien, pas même des sirènes de fabrique japonaise qui démentent le *mulier formosa supernè* d'Horace, bien qu'elles finissent en poisson ; mais ce qui est beau doit l'emporter sur ce qui est seulement curieux, et nous montâmes, non sans un soupir de regret au premier étage; le voyage, comme la vie, se compose de sacrifices. Qui veut tout voir ne voit rien. C'est assez de voir quelque chose.

Aussi allâmes-nous tout droit à la *Leçon d'anatomie du docteur Tulp*, de Rembrandt, une vieille connaissance à faire pour notre compagnon de route. Heureux l'homme intelligent qui ignore un chef-d'œuvre! quelle adorable sensation il s'est gardée! On a tort peut-être d'aborder trop tôt Homère, Eschyle, Dante, Shakspeare, Gœthe, et de s'éblouir les yeux, dès la jeunesse, de Phidias, de Léonard de Vinci, de Michel-Ange, de Raphaël, de Titien, de Rembrandt. Il ne reste plus à lire et à contempler que des œuvres inférieures, secondaires, médiocres ou franchement mauvaises, et cela, lorsque le goût formé est devenu superbe et dédaigneux ; commencer par l'ambroisie et finir par la panade, c'est triste ; mais qu'y faire ? Le seigneur Pococurante, dans son palais de la Brenta, se consolait en disant du mal des grands poëtes et des grands maîtres qui ne l'émouvaient plus ; nous ne l'imiterons pas, certes. La *Leçon d'anatomie du docteur Tulp* nous produisit, moins la surprise, le même effet qu'autrefois. Le cadavre, d'une pâleur bleuâtre, était toujours étendu sur la table de dissection, et les disciples de Tulp, têtes douces, graves et réfléchies, le regardaient avec une curiosité sans horreur ; car ce qu'ils demandaient à la mort, c'était le secret de la vie. Le professeur tenait dans sa pince les nerfs du bras dépouillé de sa peau et faisait sa leçon, toujours religieusement écoutée. Toutes ces figures sont des portraits sur lesquels on pourrait encore mettre les noms, car la tradition les a conservés. Nous ne les transcrivons pas, nous les avons déjà cités ailleurs. Ces noms, hérissés de consonnes, — le Hollandais économise les voyelles comme si elles étaient plus précieuses que les autres lettres, — ne représenteraient rien à nos lecteurs. Ceux qui les portaient, recouverts par l'oubli, n'ont laissé d'eux que leur ombre sur cette toile. Là, ils vivent de la vie immortelle de l'art, spécimen des hommes d'autrefois, et avec une réalité si intense, que leurs contemporains mêmes n'ont pas dû les connaître mieux ; ce sont des faces aux chairs colorées, aux barbiches blondes posées sur des fraises blanches, que fait ressortir un costume noir, et qui semblent dérobées, dans une glace. Vous vous retournez involontairement pour voir si tous ces dignes personnages ne sont pas derrière vous, projetant leur réflexion sur le tableau. Rembrandt n'avait que vingt-six ans lorsqu'il fit ce chef-d'œuvre. Il copiait alors scrupuleusement la nature en plein soleil et ne s'était pas encore enfoncé, à travers des ténèbres rousses, dans cette caverne pleine d'ombres et de rayons qui ressemble plus à l'officine d'un alchimiste qu'à l'atelier d'un peintre. Le Rembrandt de la Haye est le Rembrandt réaliste, auquel nous préférons de beaucoup le Rembrandt visionnaire d'Amsterdam.

Le tribut d'admiration payé aux merveilleuses qualités de l'œuvre, notre ami se permit une critique qu'il a plus que personne le droit de faire, car il s'est penché longtemps sur le marbre noir où l'on étale les cadavres blancs ; il prétendait que le docteur Tulp avait nettoyé et paré trop soigneusement le bras disséqué qui devait servir de modèle à Rembrandt. C'était, selon lui, de l'anatomie à l'usage des gens du monde. Sa remarque doit être juste; mais peut-être l'artiste a-t-il bien fait de ne pas distraire l'œil par des détails d'une vérité horrible. Qui sait, d'ailleurs, si l'emploi de tons rouges et sanguinolents n'eût pas dérangé l'harmonie grise et blonde du tableau?

C'est dans ce musée que se trouve le *Taureau* de Paul Potter, toile d'un prix inestimable, dont, à notre grand regret, nous n'apprécions pas tout le mérite, qui nous semble consister principalement dans la dimension insolite du cadre. Le taureau nous a paru cette fois-ci, comme à notre première visite, copié sur une bête empaillée; mais les moutons du premier plan sont à tondre: ils vont bêler. — La *Petite Vache* réfléchie dans l'eau nous plaît beaucoup plus que cette grande machine.

Nous n'avons le temps de vous parler ni de l'*Adam et Ève* de Rubens placés dans un paradis de Breughel, ni du portrait d'homme d'Holbein, merveille de dessin, de couleur et de ressemblance: — oui, de ressemblance! nous la garantissons, quoique le modèle, comme le peintre, soit mort depuis plus de deux siècles; mais jamais individualité plus reconnaissable ne se détacha du fond vert d'un panneau; — ni de l'*Infante* de Velasquez, ni de la *Suzanne au bain* de Rembrandt; mais il faut à toute force, dût le convoi partir sans nous, rester quelques minutes devant ce tableau de van Meer!

C'est une vue d'une ville de Hollande quelconque : des murs de brique rouge, des arbres, une arche de pont, des toits de maisons que dépasse un clocher ou un beffroi, un canal dont le quai forme le premier plan du tableau. — Vous trouvez cela à Delft, à Dordrecht, à la Haye, en sortant, au détour de la rue. C'est un motif traité mille fois, mais non dans cette manière abrupte, empâtée et puissante. Van Meer n'a pas le léché de l'école hollandaise. Il peint au premier coup avec une force, une justesse et une intimité de ton incroyables. Au bout de quelque temps, quand le regard s'est isolé des autres toiles, sa *Vue* produit une illusion complète : la peinture a disparu, les bonshommes debout sur le bord du canal prennent un tel relief, qu'on s'étonne de ne pas les voir remuer. L'eau miroite et le ciel brille comme un vrai ciel au-dessus les tuiles brunes et des arbres d'un vert foncé. La magie du diorama est atteinte sans artifice. Quel réaliste que van Meer!

Un coup de coude de notre compagnon nous fit retourner. Comme cela nous est arrivé plusieurs fois dans notre vie, nous abandonnions la proie pour l'ombre, et le tableau nous empêchait de voir la nature. Ah! vieux critique d'art incorrigible que nous sommes; pendant que nous regardions l'œuvre morte, l'œuvre vivante passait derrière nous : la Hollande, en habits de fête, se promenait au Musée sous la figure d'une jeune fille plaquée d'or comme la reine de Saba. Un casque de vermeil enveloppait sa tête gracieuse, et de ses tempes s'avançaient de mignonnes cornes en spirale, comme si elle eût été fille de Jupiter Ammon; à ces cornes se balançaient en scintillant de longues pendeloques de filigrane partant d'étoiles d'or à rayons multiples. Un bandeau de dentelles serrait le haut du front, et le visage ressemblait à de la crème rose et blanche, où l'on aurait laissé tomber deux violettes pour faire les yeux.

Elle avait un petit air modeste et charmant; et, quand elle se penchait vers les tableaux, ses boucles d'oreilles et ses plaques d'or frissonnaient, bruissaient et reluisaient amoureusement le long de ses joues, que colorait la honte ou le plaisir d'être regardée. Mais elle comprit bientôt qu'elle avait affaire à un étranger, et elle s'arrêta avec une virginale assurance, se tournant du côté du jour et souriant dans sa rougeur pour nous permettre d'étudier à notre aise la richesse et l'originalité de sa coiffure nationale.

Et d'autres vinrent, jolies encore, mais moins jolies cependant, avec des coiffures semblables ou variées par quelque caprice de détail, une marguerite au lieu d'une étoile, des plaques carrées ou en losange à la place de filigranes ; mais, hélas ! faut-il le dire ? toutes portaient sur ce charmant casque d'or un affreux petit chapeau à la mode de Paris, — comme on peut s'imaginer la mode de Paris dans l'Ost-Frise. — Heureusement, ce chapeau était posé tout à fait sur la nuque et ne cachait pas trop les vieilles et magnifiques orfévreries ; nous étions enchanté d'une telle rencontre due à la solennité du jour (la Pentecôte), qui faisait sortir des armoires luisantes et exhiber ces parures caractéristiques qu'on ne porte pas dans la vie ordinaire ; car la civilisation fait disparaître toute différence de peuple à peuple, et, à l'époque où le réseau de fer terminé, l'on pourra aller partout, il n'y aura plus rien à voir nulle part. Peut-être même, l'année prochaine, les voyageurs qui parcourront la Hollande nous accuseront-ils de fantaisie ou de mensonge. Ils ne retrouveront plus les casques d'argent, et les cornes d'or auront fait place à des boucles à l'anglaise.

Diable! déjà midi!... Comme les chefs-d'œuvre et les jeunes filles dorées abrégent le temps qu'on dit si long! — Nous voulions aller dans le parc, à la maison du bois, voir la grande peinture triomphale de Jordaens, le plus splendide bouquet de chairs roses et blanches que l'école flamande ait fait s'épanouir sur une toile ou sur un mur, sous prétexte d'allégorie; mais il faut y renoncer, car le commissaire de l'exposition future et le directeur de *l'Artiste hollandais* — il y a un *Artiste* à la Haye et très-bien fait encore! — nous attendent à déjeuner, et le convoi de Rotterdam part à une heure.

Nous avons déjeuné, et nous voici à la gare, assez en avance pour fumer un cigare avant le départ du train. — A propos de fumage ou de fumerie, — lequel des deux se dit? — avertissons les romanciers qui n'ont pas renouvelé depuis quelques années les couleurs de leur palette locale, de ne pas s'aviser de mettre, à la bouche des Hollandais ou des Allemands modernes qu'ils dépeindront, des pipes de terre, de porcelaine ou d'écume de mer, — Alphonse Karr écrirait : de Kummer; — on ne fume plus que le cigare par tous les pays que nous avons parcourus. Il est vrai qu'en général on l'implante perpendiculairement dans une espèce de pipe bâtarde à bout d'ambre, avec laquelle il fait un angle aigu d'un aspect drôlatique. La fumée monte ainsi par-dessus la tête du tabacolâtre et semble s'exhaler du tuyau d'une locomotive en miniature. Nous notons ce détail, insignifiant sans doute; mais l'on continue si longtemps à décrire des mœurs disparues, qu'on nous le pardonnera.

Si vous vous rappelez, nous avons décrit le chemin de Rotterdam à la Haye, ce qui nous dispense de décrire le chemin de la Haye à Rotterdam. Supposez-nous arrivé et embarqué sur le bateau à vapeur qui va rejoindre à Moerdyk le tronçon de voie ferrée menant de Hollande en Belgique; car nous devons dîner à Anvers.

Était-ce la Meuse, le Rhin, le Wahal ou tous ces fleuves mêlés ensemble sur quoi nous naviguions? Il nous serait difficile de le dire, même avec une carte sous les yeux, tant l'écheveau des embouchures s'enchevêtre et s'embrouille en ce pays plat et stagnant, quelquefois même au-dessous du niveau de la mer; mais c'était à coup sûr une eau large et profonde, une eau grise comme la mer du Nord, où elle se rendait; des navires d'un fort tonnage s'y mouvaient avec aisance; notre bateau lui-même était de taille à défier la houle. Outre les voyageurs à deux pieds, il transportait des passagers quadrupèdes, de belles vaches hollandaises dignes de servir de modèle à Paul Potter, qui tournaient, non sans quelque inquiétude, leur mufle humide vers le rivage. Elles paraissaient regretter leur plancher, — le plancher des vaches! — si estimé de Panurge et de tous ceux qui ont connu les affres du mal de mer.

Sur les rives à peine élevées de quelques pouces au-dessus de l'eau se distinguaient des maisons aux toits de tuiles d'un ton vif, des clôtures de planches goudronnées, des rangées d'arbres, et parfois l'ébauche d'un navire en construction avec ses côtes à jour et ses échafaudages rappelant les arcs-boutants d'une église gothique; des prairies semblaient flotter sur le fleuve comme ces pièces d'étoffe que les teinturiers lavent au fil de l'eau; de loin en loin, une barque, écartant des oseraies, s'enfonçait, par une saignée latérale, dans un champ qu'elle avait l'air de labourer.

Çà et là, la silhouette d'un vaisseau engagé dans un canal dépassait les verdures d'un jardin ou les toits d'un village, et le ciel immense, léger de ton, brouillé de nuages colorés en blanc par-dessus, en gris bleuâtre par-dessous, posait sur une ligne de terre et d'eau parfaitement horizontale, où les saillies des maisons et des arbres ne faisaient que de faibles bavochures; c'était très-beau, très-grand et très-étrange dans sa platitude, plus singulier peut-être que les élévations d'un pays de montagnes. Tout objet rapproché prend ainsi de la valeur : une cabane de planches, une écluse, un tronc de saule, une vacher, une coque de barque forment tableau tout de suite ; ils ont derrière eux de l'air, de l'espace et du ciel, et rien ne les rapetisse. En voyant cette nature, on comprend pourquoi les Hollandais sont si bons coloristes, tandis que les Suisses n'ont jamais su peindre.

Dordrecht fait une fort bonne mine au bord du fleuve, large à cet endroit presque comme un bras de mer. Elle a sur le quai une porte à fronton échancré et à volutes, formant une façade tout historiée d'inscriptions latines qui témoignent de la science et des vertus civiques de ses habitants. Ses maisons réjouissent l'œil par ce mélange de blanc, de rouge et de vert, retouches franches et gaies dont la Hollande ravive si à propos ses ciels laiteux et ses eaux grises. Une longue chaussée plantée d'arbres part de la ville. Sur cette chaussée roulait un tilbury traîné par un trotteur rapide. Les chevaux vont très-vite en Hollande, où il n'y a d'autres montées et d'autres descentes que celles des ponts.

Tous les Hollandais portent une cravache, fatuité de peuple maritime.

Le bateau, cependant, continuait à brasser de l'écume, et nous n'étions pas loin de Moerdyk. Enfin, nous aperçûmes une jetée en pilotis au bout de laquelle apparaissait la gare du chemin de fer ; l'eau commençait à prendre des airs de marine assez inquiétants pour les cœurs sensibles, et sa rencontre avec la marée ou le courant d'une autre branche la faisait bouillonner fortement. Ce fut avec plaisir que nous débarquâmes, tenant une vache par la queue comme un sannyasi ou un fakir indien.

De Moerdyk à Anvers, la route n'a rien de bien intéressant ; elle répète, d'une manière affaiblie, les paysages plats dont nous avons déjà donné la description ; puis viennent des landes désertes où nous aperçûmes quelque hérons, les uns rêvant sur une patte, les autres s'enfuyant en battant des ailes au râle de la locomotive.

Vers les six heures, nous étions à Anvers, qui n'a plus sa physionomie caractéristique d'autrefois, ses maisons roses, vert-pomme, ventre de biche, jaune-serin, lilas ; ses madones au coin des rues ; ses grands Christs porte-lanternes, peinturlurés à l'espagnole et si lugubres le soir ; et ses femmes encapuchonnées de la faille, l'antique mantille flamande. Nous descendîmes à l'hôtel *Saint-Antoine*, et, après quelques bouchées avalées à la hâte, nous courûmes à la cathédrale. Elle était ouverte, et les quelques lampes qui étoilaient l'obscurité des nefs ne nous permettaient pas de discerner les tableaux des chapelles, d'ailleurs fermées. Il fallut nous contenter de passer devant le *Crucifiement* et la *Descente de Croix*, de Rubens. Heureusement, nous les connaissions de longue date, et, le lendemain, à Bruxelles, nous nous dédommageâmes en rendant une visite matinale au *Martyre de saint Lieven* de Rubens, à la *Bacchanale* de Jordaens, au *Silène* de Van Dyck, et à ce mystérieux tableau du Calabrèse, réprésentant dans une ombre sinistre des combattants inconnus, énigme indéchiffrable où l'on ne comprend que la beauté d'une femme; mais quelle femme ! Elle sort de la nuit à moitié, comme la lune d'une nuage noir, et son souvenir né vous quitte plus.

Le soir même, nous étions à Paris.

Mai 1859.

FIN

TABLE DES MATIÈRES

EN AFRIQUE

I. — De Paris à Marseille.	1
II. — Traversée.	15
III. — Alger — Intra-muros.	42
IV. — — Extra-muros.	60
V. — Les aïssaoua.	78
VI. — La danse des djinns.	106
VII. — Inauguration du chemin de fer de Blidah.	127

EN ESPAGNE

I. — Les courses royales à Madrid.	141

EN GRÈCE

I. — Le Parthénon.	220
II. — Le temple de la Victoire Aptère.	242
III. — L'Érechthéum, le temple de Minerve Poliade, le Pandrosium.	254

CE QU'ON PEUT VOIR EN SIX JOURS.

I. — Le lac de Neuchâtel. 267
II. — De Berne à Strasbourg. 283
III. — Heidelberg, Mannheim 297
IV. — Le Rhin 312
V. — Dusseldorf 326
VI. — Rotterdam, la Haye, Scheveningue. 344
VII. — La Haye, Dordrecht, Anvers, Bruxelles 355

FIN DE LA TABLE

POISSY. — TYP. ET STÉR. DE A. BOURET.

www.ingramcontent.com/pod-product-compliance
Lightning Source LLC
Chambersburg PA
CBHW050548170426
43201CB00011B/1609